AROUND

Vol.100
2025 April

일과 일상 사이 Life With Work

KB232717

ISSN 2287-4216
ISBN 979-11-6754-041-6
KRW 18,000

9 791167 540416

03070

Chang Kiha, Jo Heejin, Lee Suzy, Namkoong Ihn,
Cho Ahran, Kim Kyurim & Seo One, rareraw,
Choe More, Hae Ran, Keem Hyejung

《AROUND》라는 이름으로 잡지를 꼬박 내다보니 어느덧
100번째를 맞이했네요. 잡지 초창기에 우리끼리 '100호가
나오는 날이 오면…'이라며 종종 머나먼 일처럼 흘린 적이
있었는데, 이렇게 막상 그 시간이 되어보니 우리는 그동안
별로 달라진 것도 없다는 생각이 드네요. 100호 동안 확신을
가지고 잡지를 만들었냐고 묻는다면 "아니요." 저는 100번
동안 스스로 자문자답을 하고 '이게 맞는 걸까?' 고뇌하기도
지루하기도 때론 기쁘기도 한 지난한 시간을 보내왔습니다.
빠르게 흘러가는 과잉 콘텐츠 시대에 휩쓸리지 않으며 중심을
지키고자 노력했어요. 흔들릴 때마다 항상 다시 기본으로
돌아가 제자리를 찾곤 했던 시간이었습니다. 복잡할수록
기본으로 돌아가 다시 땅을 밟는다는 마음으로요. 이번 호의
주제는 '일과 일상 사이'입니다.《AROUND》는 일상을 다루는
일을 하다 보니 서로 맞닿아 있을 수밖에 없어요. 이번 주제는
우리 자신을 돌아보며, 주변에 일과 일상을 잘 버무려 살아가고
있는 사람들을 떠올려봤습니다. 혼자 때론 같이 일하고
살아가는 우리 모두의 이야기일 테고, 앞으로도 계속해서
잘 해내고 싶은 우리 모두의 고민이 아닐까 생각합니다.
차근하며 단단하게 쌓아 올라온《AROUND》의 책을 보듯
저마다의 속도로 나아가는 사람들, 그동안 함께 잡지를 만들어
온 이들 중 100명에게 질문을 건넸습니다. 그리고 다시 그들이
우리에게 질문을 보내왔습니다. 곧 〈어라운드의 100번째 시선〉
이라는 전시로 함께 그 질문에 답을 해보고 싶습니다.

김이경—편집장

Contents

Looking

Around Us

우리의 시선을 나눕니다

최모레

지금껏 어라운드와 인터뷰를 비롯한 다양한 기사를 작업했는데, 독자들에게 인사를 전하는 건 처음이죠? 소개를 들려주세요.

반갑습니다. 포토그래퍼 최모레라고 합니다. '최모레Choemore'는 사진가로 일하기 시작할 때 지은 활동명이에요. 인생에는 마지막 순간이 여럿 있지만 그게 끝인지 모르고 살 때가 대부분이잖아요. 마지막일지도 모르는 그 순간들을 기억하자는 의미로 'Moment'와 'Remember'의 앞 글자를 땄어요. 이번이 《AROUND》 100번째 호라고 했죠? 저는 쉽게 지루해지고 새로운 것에 흥미가 생기는 편이라, 자의든 타의든 꾸준히 한 가지를 이뤄내는 일이 대단하다고 생각해요. 어라운드가 오랫동안 한 자리에 있는 것만으로도 기쁘네요.

다정한 마음 고마워요. 그래서 이번 화보는 어라운드의 걸음들을 함께한 포토그래퍼들과 채우고 싶었어요. 그간 함께한 작업물 중 인상 깊은 사진들을 부탁했는데, 유독 기억에 남는 촬영이 있어요?

75호 '나를 위한 움직임Move Your Body'에서 송은정 작가의 인터뷰로 《AROUND》에 처음 참여했는데요. 그때가 11월 말이었으니까, 꽤 쌀쌀한 날에 함께 창경궁을 걸었는데 분위기와 풍경이 잘 어우러져서 결과물이 만족스러웠던 기억이 나요. 또 84호 '산책자A Walker'에서 표묘묘 고우리 작가를 만난 것도 떠오르네요. 그분의 고양이 겨울이에게 마음을 빼앗겨 나중에 컷을 확인해 보니 겨울이 사진만 100장 가까이 되었거든요(웃음). 어라운드와의 작업은 일하러 가는 건데도 되려 에너지를 받는 기분이에요.

그동안 궁금했던 게 있어요. 포토그래퍼의 마음속에 'A컷'이 분명히 있을 텐데, 매거진에 쓰이지 않을 때도 있잖아요. 그럴 땐 어떤 마음이 들어요?

음… 아쉬운 마음이 들겠죠? 그렇지만 '인터뷰'라는 형식은 이미지를 우선하기보다 그날의 이야기와 어울리는 컷을 쓰는 게 맞다고 생각해요. 다행히 《AROUND》에 실리는 사진들과 제 A컷이 크게 다르지 않아서 마음이 통했다는 생각에 기분 좋았던 적이 많죠. 저한테 아름답게 보이는 장면이 어라운드 동료들에게도 아름답게 보이나 봐요.

그러고 보니, 모레 씨는 왜 포토그래퍼가 되고 싶었는지도 묻고 싶었어요.

고등학생 때 친구가 사진 동아리에 들어간다길래 따라갔다가 카메라에 흥미가 생겼어요. 당시 로모그래피나 젤리 카메라가 유행했는데, 아기자기한 도구가 사진을 찍어내니까 신기했던 거죠. 그 길로 사진과에 진학해서 지금까지 온 거예요. 그리고 포토그래퍼에겐 사진을 찍는 것이 전부는 아니잖아요. 보정처럼 촬영 컷을 가다듬는 작업은 내가 어떤 사람인지 보여주는 것 같아서 재미있어요. 같은 풍경을 보더라도 각자 생각이 다를 텐데, 저는 무엇을 보고 어떤 걸 생각하는지 말보다 사진으로 표현하는 게 더 편하고 마음에 와닿아요.

최모레라는 사람이 셔터를 누르고 싶은 순간에 대해 들려줄래요?

슬프지만 아름다운 장면을 봤을 때. 예를 들면 버려진 것이나 쓸쓸한 것, 그 사이에서 아름다움을 발견하는 게 좋아요. 사진을 보는 이들은 프레임 안에 머무는 장면만 기억하고 그 바깥의 것들은 알 수 없잖아요. 그래서 최대한 꾸며내지 않고 진솔하게 담으려고 해요.

이번 호에서는 저마다의 일과 작업에 대해 이야기를 나눌 거예요. 본인의 일을 자신만의 언어로 새로 정의해 본다면요?

흘러가는 삶을 잡아두는 일 아닐까 싶네요.

에디터 이명주

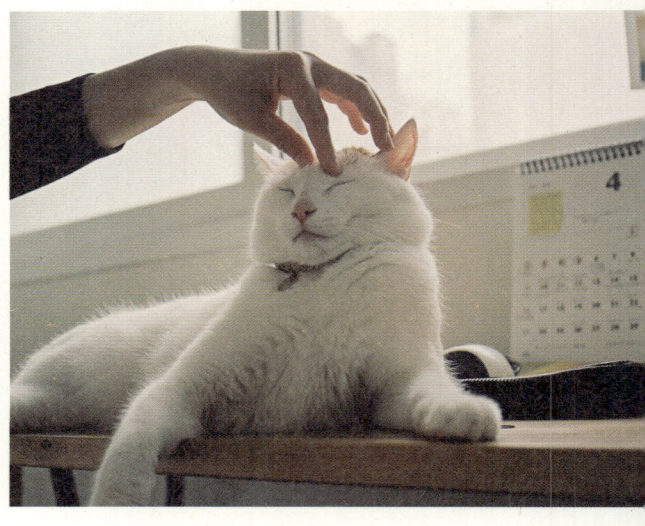

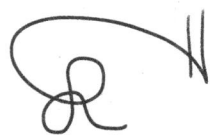

해란 씨와 종이 위에서 인사를 나누니 기분이 남다른데요. 요즘 어떤 일상을 보내고 있어요?
얼마 전까지 해외에 머무르며 새로운 환경에서 경험을 쌓았어요. 지금은 한국으로 돌아와 친구들과 즐거운 시간을 보내고 있죠. 몸과 마음을 단련하는 시간을 소중히 여기는 터라 요가나 발레, 수영 같은 운동도 꾸준히 해요. 얼마 전엔 친언니가 쌍둥이를 출산해서 육아를 도와주기도 했네요. 주로 하는 라이프 스타일 인터뷰 사진 작업 외에도 일상의 크고 작은 변화 속에서 새로운 시각과 감정을 마주하는 일이 저를 즐겁게 만들어요.

우리와 인연이 가장 긴 포토그래퍼를 뽑으라면 바로 해란 씨일 거예요. 아마 이름을 보며 익숙하다고 생각하는 독자들도 있을 테고요. 《AROUND》가 100호를 맞이했어요.
정말 감회가 새롭네요(웃음). 어라운드와의 인연은 2014년에 제가 먼저 이메일을 보내면서 시작되었어요. 아마 《AROUND》 12호였을 텐데 한 코너에서 저의 작업물이 처음 소개되었거든요. 그후 2015년, 그러니까 25호에서 백현진 작가와의 인터뷰를 통해 본격적으로 물꼬를 트게 되었죠. 어라운드는 저한테 한국에서의 첫 협업 파트너였기에 더욱 특별한 존재로 느껴져요. 따뜻한 시선이 담긴 어라운드의 이야기 안에서 저도 성장을 거듭했다고 생각하고요. 앞으로도 오래도록 사랑받길 바라요.

그 걸음도 함께해 주세요. 긴 시간 우리를 지켜보았으니, 그간 변한 것과 변하지 않는 것을 알아봤을 것 같아요.
변한 것과 계속 변할 것은, 주기적으로 어라운드의 동료들이 바뀐다는 거예요. 대략 2-4년 단위로 새로운 동료들이 합류하면서 각자의 개성과 시선이 더해지는 걸 늘 흥미롭게 지켜봤어요. 반면에 변하지 않는 점은 인터뷰가 주로 인터뷰이의 집이나 작업실 같은 개인적인 공간에서 진행된다는 거예요. 매번 그들의 삶이 묻어 있는 곳을 둘러보는 과정이 참 소중해요. 그 과정은 사진에도 진솔하게 스며들거든요. 인터뷰가 본연의 모습과 공간을 존중하는 태도가 《AROUND》의 큰 특징이자 매력이라고 생각합니다. 이번 화보 역시 그날의 분위기나 이야기가

잘 스며든, 애정이 가는 컷들을 골랐어요.

수많은 작업 중에서 여전히 마음에 선연한 인터뷰가 있다면요?
그동안 흥미롭고 멋진 사람들을 많이 만나 뵈었지만, 아무래도 첫 촬영의 기억을 꼽고 싶네요. 백현진 작가의 작업실에 방문했을 때 공간에서 느껴지던 강렬한 개성과 독창적인 분위기를 잊을 수가 없거든요. 사진을 찍으면서도 작가님의 작업 방식이나 생각을 가까이 들을 수 있어서 무척 인상적이었죠.

해란 씨와 작업할 때마다 느낀 게 있어요. 현장에서 인터뷰를 위해 모인 사람들과 한데 섞여 편안한 분위기를 만들어주죠. 때로는 인터뷰이에게 먼저 질문을 던질 때도 있고요.
인터뷰는 한 사람의 진솔한 이야기를 들을 수 있는 기회잖아요. 그런 순간은 흔치 않아요. 저뿐만이 아니라 대부분 나의 삶에 대해 진솔하게 말할 기회가 없거든요. 그래서 촬영할 때마다 인터뷰이의 삶을 그들의 목소리로 직접 듣는 게 좋더라고요. 그러다 보면 궁금증이 떠올라서 적절한 틈을 엿보다 묻게 되기도 해요. 자연스레 오가는 이야기를 통해 현장에 모인 사람들 사이에 친밀감이 생기면 훨씬 수월한 촬영이 될 수 있어요. 저는 제가 하는 일을 친절하고 유머스럽게, 이야기 전달하는 거라고 정의하고 싶어요.

이야기를 잘 듣고 호기심이 많은 사람이기에, 저는 언젠가 인터뷰어로서의 해란 씨도 기대한답니다. 마지막으로, 나의 주변을 카메라로 어떻게 담아내고 싶은지 궁금해요.
부분적으로 흩어져 있던 모빌 조각들이 하나의 형태로 합쳐지는 순간처럼 느껴질 때가 있어요. 저는 그럴 때 셔터를 눌러요. 어떤 대상을 찍든 편견 없이 바라보고, 그들의 고유한 아름다움을 있는 그대로 담고 싶죠. 그 안에 흐르는 감정이나 분위기, 순간의 온도까지도요. 몸을 움직여서 갈 수 있는 모든 공간을 거닐며 전체와 사물을 바라보는데, 그렇게 한다면 아는 장면도 다르게 보일 때가 있어요.

김혜정

마지막 순서로 혜정 씨를 만났네요. 77호 '기록생활자My Record' 화보에서는 "얼마 전까지 독일에서 지내다가 한국에 돌아왔다."고 했고 "프리랜서 사진가로 일상을 기록하며 지내고 있다."고 소개했어요. 그때와 지금은 무엇이 달라졌어요?

한국에 돌아온 지도 벌써 5년이 되었네요. 여전히 사진을 찍고 있다는 사실은 변함없지만, 이제는 직장인으로서의 삶도 함께 꾸려가고 있죠. 프리랜서로만 활동하던 때와는 확실히 다른 리듬으로 지내고 있는데 사진으로 순간을 기록하고 싶다는 마음만큼은 여전해요. 다양한 리듬을 경험하면서 더욱 폭넓은 시선과 영감을 얻고 있다고 느껴요.

3년 전부터 어라운드와 때때로 작업하고 있죠.

맞아요. 제가 사진을 공부하고 있을 때, 《AROUND》 1호가 창간되었다는 소식을 들었거든요. 그 시절부터 언젠가 꼭 함께 작업해 보고 싶다는 마음을 품었는데, 이렇게 인연이 닿은 게 참 신기하고 감사해요. 기억에 남는 작업이라면… 94호 '식탁 위에서Time To Eat'에서 만난 다와와의 인터뷰가 떠오르네요. 다와는 독일에서 지내던 시절 알게 된 친구인데, 당시에는 둘 다 각자의 미래에 대해 고민하는 시기를 보내고 있었어요. 시간이 지나 서로가 꿈꾸는 것들을 이뤘고, 그런 친구의 모습을 제가 찍을 수 있다는 것만으로도 무척 뿌듯했죠.

혜정 씨 사진에서는 일상 속 편안함과 가지런한 마음가짐이 돋보인다고 생각해요. 일을 대하는 자신만의 원칙이 있어요?

가장 중요한 건 조급해하지 않는 태도예요. 아무리 바빠도 최소한 몇 초는, 그 장면과 나 사이에 여유를 두려고 해요. 너무 급하게 촬영하면 그때만 볼 수 있는 미묘한 감정이나 분위기를 제대로 포착하지 못했다는 아쉬움이 남더라고요. 결국 우리가 함께하는 모든 과정은 오랫동안 기억하고 싶은 순간을 붙잡아 두기 위함일 테니까요.

자신이 하는 일을 '포토그래퍼'나 '사진작가' 말고 다른 말로 표현해 본다면요?

일상의 조용한 순간들을 채집하는 일이라고 할래요. 우리는 흔히 특별한 이벤트나 극적인 장면에 집중하곤

하지만, 사실 하루 대부분은 소소한 순간으로 채워져 있어요. 저한테는 그런 소소함을 놓치지 않고 바라보는 것이야말로 사진의 본질이라고 느껴져요. 눈에 확 띄지는 않아도, 의외로 그 안에 가장 진솔한 감정과 풍경이 담겨 있거든요.

사진을 찍는 것과 《AROUND》를 만드는 것 사이엔 '주변을 돌아보는 일'이라는 공통점이 있다고 생각해요. 나와 가까운 자리에 시선을 두고 의미를 건져내는 건 어떤 가치가 있을까요?

우리는 늘 무언가를 놓치면서 살아가잖아요. 그런데 사진이나 이야기는 스쳐 지나갈 뻔한 장면을 붙잡아 둘 수 있어요. 작고 사소한 것이라도 고유의 가치를 발견할 수 있고요. 주변을 하나하나 살피다 보면 자연스레 나 자신까지 돌아보게 되고, 그 과정에서 삶이 좀더 깊고 풍요로워진다고 느껴요. 작은 의미들을 놓치지 않고 쌓아가는 일이, 결국은 우리 삶의 큰 그림을 완성해 줄 거예요.

자꾸만 곱씹어 보고 싶은 답이네요. 훗날에 담아보고 싶은 장면이 있어요?

다양한 사람들의 집을 살펴보고 싶어요. 빛이 드나드는 창가나, 가족이 함께 모이는 식탁 혹은 켜켜이 쌓인 시간의 흔적이 고스란히 남은 방 구석구석 같은 풍경 말이에요. 그런 지점들을 차분히 들여다보면, '우리'라는 존재나 '나'라는 사람의 이야기가 자연히 드러날 거예요. 어라운드와 함께하게 된다면 더욱 좋겠네요!

Creation
창작

더듬거리며 만들어 가는 일

시름이 없던 어린 시절, 그의 노래 '싸구려 커피'를 처음 들었을 땐 재밌다며 웃음을
터뜨렸다. 좀더 자라 인생에서 기쁨과 슬픔을 비슷한 빈도로 오갈 땐 '동산은 왜 할까'의
가사를 곱씹으며 매사에 덤덤한 나를 바랐다. 이보다 더 시간이 흐른 후, 그와 마주 앉아
함께 이야기를 나누게 되었을 땐 그와 비슷한 사람이 되어보고 싶어졌다. 음악을 말할
때마다 빛을 잃지 않는 소년의 얼굴이 되는 사람. 말에서 노래를, 노래에서 말을 짓는
사람. 뮤지션 장기하에게 영원히 고이지 않고 어디로든 흘러가 볼 마음을 배운다.

에디터 이명주   포토그래퍼 Hae Ran

A Person Who Flows Everywhere
영원한 소년의 얼굴로

장기하—뮤지션

사람은 나에게서 두각이 나타날 때 희열을 느끼잖아요. 그러려면 많은 사람이
참여하는 게임에서 일등 하는 방법도 있지만, 내가 새로운 게임을 만들어서
가장 먼저 참여하면 그것도 두각이라고 생각해요.

나는 때때로 특별한 사람

**앞서 사진 촬영할 때는 기하 씨가 건반을 누르거나
휘파람을 부르거나, 멜로디를 흥얼거리던 것 빼곤
고요하더라고요. 이곳을 합주실로 쓴다던데 평소에는
분위기가 어때요?**
글쎄요, 고요할 수가 없죠. 음악을 만드는 곳이니까
평소에는 엄청 시끄러워요. 건반이나 베이스, 디제잉
테이블에 드럼도 있으니까 깜짝 놀랄 만큼 큰 소리가
오가요.

**아깐 데이비드 보위의 'Life on Mars?'도 잠시
흐르던데요.**
맞아요. 합주실이자 작업실이기도 하니까 여기 앉아서
좋아하는 노래들을 들어요. 원래 여긴 밴드 혁오가 쓰던
공간이었고, 저는 밴드 '장기하와 얼굴들(이하 때때로 '장얼'로
표기)'의 전용 합주실을 썼어요. 장얼의 마무리와 함께
그곳을 정리하고 몇 년 쉬다가 다시 음악 작업을 시작할 때
이곳으로 온 거예요. 마침 혁오도 휴식이 필요해서 같이
쓰면 좋겠다는 생각이 들었거든요. 봉제인간까지 세 팀이
하루 중 시간을 나눠서 쓰고 있어요.

**오늘의 대화가 책으로 쓰여 읽힐 즈음엔 봄이 시작했을
거예요. 지난겨울은 어떻게 보냈어요?**
작년 12월 첫 주에 단독 공연 〈하기장기하〉를 일찌감치
마친 후로는 별거 안 하고 놀았죠, 뭐(웃음). 맛있는 거
먹으러 다니고 늘 만나는 친구들 보고. 새 앨범 작업은…
작년부터 시작했는데 이전과 작업 방식이 좀 달라요. 곡
단위로 만드는 게 아니라 음반 전체가 하나의 작품이라는
생각으로 임하고 있죠. 아직 정확히 곡을 만든 건 아니지만
일 년 전부터 마스터플랜을 세워보고 있어요.

**밑그림을 그리는 중이군요. 언제쯤 듣게 될지
궁금한데요.**
저도 궁금해요(웃음). 해본 적 없는 방식으로 작업하고
있으니까 얼마나 걸릴지 잘 모르겠어요.

문이 하나 있을 거예요. 그 문으로 제가 천천히
걸어 나갈 거고요. 그리고 여러분에게 말을
걸 거예요. 말은 노래가 되고, 악기 소리도 하나둘
스며들 거예요.
모든 곡은 도미노처럼 포개지고 목걸이처럼
이어질 거예요. 그리고 서서히, 여러분은 음악
안으로 들어올 거예요. 제 음악도 여러분 안으로
들어갈 거예요. 그러다 보면 네가 난지 내가 넌지
여기가 어딘지 아무것도 상관없는 순간이
올 거예요.
우리는 하나의 뭉치가 되어 평화로운 시간을
보낼 거예요.
그래도 작별의 시간은 오겠죠. 저는 인사를 건네고
다시 처음의 그 문으로 걸어 들어갈 거예요. 그때
여러분은 생각하게 되겠죠.
아, 벌써 다시 보고 싶다, 장기하.

—단독 공연 〈하기장기하〉 소개글

**지난해 열린 단독 공연에 대해 좀더 이야기를
나눠볼까요? 공연 내내 곡의 끝과 시작을 분명하게 두지
않아서 모든 노래가 그야말로 '끊임없이' 이어졌어요.
마지막 곡을 안내하기 전까진 인사도 안 했죠(웃음).**
아, 그 공연을 직접 보셨다고 했죠? 감사합니다. 공연을

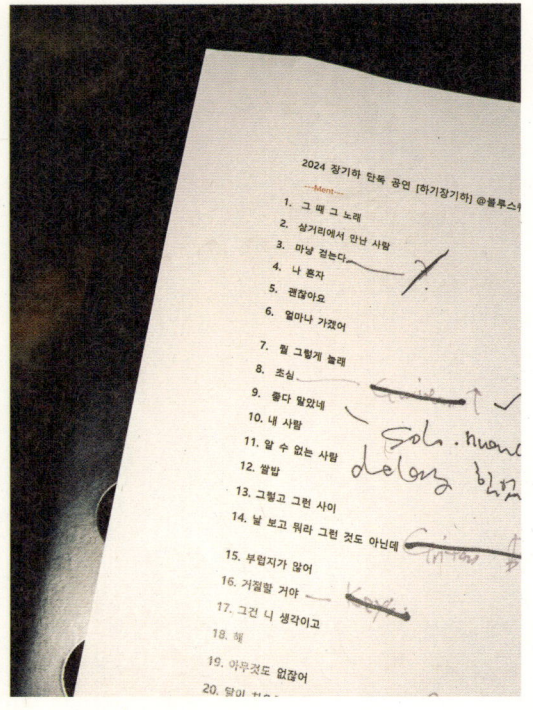

그동안 살면서, 나의 가벼운 고통을 어루만져
준 것은 주로 무엇이었던가. 친구들과의 대화였다.
마음이 잘 맞는 친구들과 만나 이런저런 잡담을
나누는 것만으로도 우울한 기분이 날아가는 일은
얼마든지 있었다. 잡담을 나누는 친구들은 그저
돌아가며 자기 이야기를 할 뿐이다. 내가 만드는
노래는 일종의 잡담인 것이다. 거기에 담은 나의
마음이 누군가의 마음에 가닿아 공명하면, 그는
내 노래에 위로 받았다고 느끼는 것이고 말이다.
공연을 할 때나 친구들을 만날 때나, 내가 바라는
것은 딱 한 가지다. 거기에 모인 모든 사람이
즐거운 시간을 가진 뒤 좋은 기억을 안고 집에
돌아가는 것 말이다.

—장기하, 《상관없는 거 아닌가?》 중에서

**그러고 보니 몇 해 전 쓴 산문집 《상관없는 거 아닌가?》
에서도 공연을 일방적인 행위라고 표현하지 않았어요.
친구들과의 대화와 닮았다고요.**
공연을 직접 하거나 좋아하는 뮤지션을 보러 갈 때마다
늘 그렇게 생각해요. 그 순간에 마음이 맞는 사람들끼리
모여서 그냥 노는 거라고요. 가만 보면 친구들이 모여
보내는 시간과도 비슷하죠. 친구들끼리 만나면 작게는
각자의 역할이 있잖아요. 어떤 사람은 농담을 주로 하고,
어떤 사람은 리액션 담당이라 엄청 웃어요. 그렇지만 그게
백 퍼센트의 몫은 아니에요. 역할이 조금씩 바뀌었다가
합쳐질 때도 있으니까요. 그것처럼 우리에게 약간의
역할은 주어졌을지 몰라도, 공연자만으로 공연할 수 없고
관객만으로 공연할 수 없으니까 저마다 다른 성격을 가진
친구들이 모여 두어 시간 재미있게 보낸다는 생각으로 해요.

준비할 때 중요하게 생각한 부분이 곡을 계속 이어지도록
만드는 거였어요. 그 아이디어는 디제잉에서 얻은 건데,
일천한 실력이지만 제가 직접 해보거나 디제잉 공연에
가서 들어보니까 음악이 끊기는 경우가 없더라고요.
그러니까 몰입감이 높아지고요. 앞 곡의 후주와 뒤에
이어질 곡의 전주를 겹쳐 두는 걸 '매시업'이라고 하는데,
그 형식으로 공연을 해보고 싶다는 생각을 줄곧 했죠. 장얼
시절을 포함해서 콘서트를 위해 편곡을 이렇게 열심히
한 건 이번이 처음이에요.

**처음에는 멘트나 쉼이 없는 걸 의식했는데, 조금
지나니까 말 한마디 오가지 않아도 상관없을 정도로
노래에 푹 빠졌어요. 그 자리에 있던 모두가 같이 한바탕
논 기분이랄까요.**
대중음악 콘서트에서는 한 곡 끝나고 박수받고, 또 한 곡
끝나면 박수받는 형식이 일반적이잖아요. 곡마다 감상을
나눌 수 있다는 장점도 있지만, 저는 그럴수록 노래하는
사람과 연주하는 사람, 박수하는 사람이 나뉘어 있다는 걸
계속 재확인받는 것 같아요. 그게 단점으로 느껴졌고요.
아까 말씀드린 디제잉 파티에서는 음악을 들으며 춤추다
보면, 누가 음악을 틀어주는지보다 내가 음악을 즐기고
있다는 거에 더 집중하게 되거든요. 관객과 가수, 주체와
객체로 굳이 구분하지 않는 분위기가 돼요. 바라던 대로
공연을 즐겨 주셨다니 더욱 감사하네요.

**그런데 "나는 미리 연습한 대로 노래를 하지만,
한편으로는 매 순간 관객들의 눈치를 살핀다."고도
말했죠.**
일부러 그러는 게 아니라 그렇게 될 수밖에 없어요.

왜 그런 거예요?
예를 들어 대화하다가, 갑자기 떠오른 농담을 하면
친구들을 웃길 것 같은 기분이 들 때가 있잖아요. 근데
막상 반응이 예상과 다르면 그땐 수습을 해야 돼요(웃음).
센스 있는 친구들은 자연스럽게 넘어가는데, 센스가
부족한 친구들은 어떻게든 무마해 보려다가 되려 수습이
어려워지기도 하거든요. 관객들은 표정이나 몸짓, 박수와
목소리를 통해 자신들의 감정을 전해줘요. 당연히 저는
그걸 받아들고 그다음에 해야 할 행동을 결정하는 거예요.

똑같은 노래도 차분히 부를 때가 있고, 혹은 무대를 휘젓고 다니며 부를 때도 있죠.

가끔은 내가 원하는 대로 관객이 따라오지 않는 느낌도 받을 것 같아요.
그럼요. 상황마다 다를 텐데요. 그런 느낌을 받았을 때 제가 과도하게 당황하는 모습을 보이면 분위기가 풀리면서 재밌어지는 경우도 있고, 반대로 관객이 쉽게 이끌리지 않는 느낌마저 의도한 것처럼 행동하는 경우도 있어요. 공연을 거듭하면서 저도 관객과 대화하는 센스를 조금씩 더 배워나가는 것 같아요. 그런데 가장 중요한 건 무리수를 던지지 않는 거예요. 제가 관객으로 머물던 경험을 토대로 생각해 보면, 음악으로 재미있게 해주고 있지도 않으면서 목소리 크게 하라고 소리치면 오히려 반감이 들더라고요.

맞아요. 청개구리처럼 반대로 하고 싶죠. "싫은데?"
"아니, 너 뭔데? 잘하면서 그런 말 하든가." 이렇게도 생각하고요(웃음). 공부 열심히 하고 있는데 공부하라는 말 들으면 하기 싫은 것처럼 잘 놀고 계신 경우에는 가만히 제 할 일을 하는 게 제일이고, 수줍어하는 분위기라면 조금 등 떠밀어 드리는 게 제 몫이에요. 같은 공연이라도 그날 공연장에 흐르는 무드라든지 날씨라든지, 함께하는

사람들이나 여러 가지 영향을 줄 만한 것들의 조합이 어떠냐에 따라서 제 모습이 좀 달라질 테고요. 그래서 눈치를 보는 거예요, 무얼 해야 하는 상황인지 파악하기 위해서.

좋은 무대를 만들기 위한 장기하의 기본이네요.
그게 제 스타일인 것 같아요. 물론 그 밖의 것을 중요하게 생각하는 공연자들도 있겠죠. 그래도 저는 이왕 모였다면 그날 모인 조합에 맞게 적절한 모습을 보여주면서 같이 재미있게 놀고 싶어요. 맨날 똑같이 하는 것보다 분위기를 잘 맞추는 게 낫지 않나요?

그래서 기하 씨 무대를 사랑하는 사람들이 많을 테고요. 공연의 끝자락, 나 혼자서는 아무것도 아니라면서 "집에 있다가 합주실로 가는 순간, 무대에 도착하는 순간 뭔가 더 나은 사람이 된 것 같은 느낌."이라 했는데 어떤 의미예요?
음… 모든 공연이 중요하지만 그중에서도 단독 공연을 앞두면 거기에 집중하려고 다른 일정을 확 줄이는 편이에요. 그러다 보면 오히려 더 한가해지거든요. 합주하는 시간 말고는 별거 안 하고 사람들도 잘 만나지 않고 혼자 있어요. 그런데 사람이 집에 가만히 있으면 다 똑같잖아요. 릴스 보다가 몇 시간 흘러가고, 졸리면 자고, 배고프면 먹고.

(웃음) 누워서도 하루가 금세 흘러가죠.
그러니까요. 그러다가 공연이 시작하면 뭐랄까… 특별한 사람이 된 것 같은 기분을 느끼니까 그날의 나와 이전의 나 사이에 간극이 더 커진다고 할까요? 내가 이런 사람일 때도 있고, 저런 사람일 때도 있는 건가? 그렇다면 내가 특별한 존재처럼 느껴지는 이유는 결국 '장기하의 음악'이라는 공통 관심사를 가지고 모인 사람들이 있기 때문인 거잖아요. 그 마음을 있는 그대로 표현했어요.

문득 어릴 때는 어떤 사람이 되고 싶었는지 궁금해져요. 지금의 모습을 상상했을까 싶고요.
상상할 수가 없죠. 이렇게 될 거라곤… 전혀 상상하지 못했어요. 어릴 때 친구들과 노래방 가는 거랑 가요 듣는 걸 정말 좋아하긴 했거든요. 실시간 유행 곡은 다 좋아했는데, 제가 초등학교 때 서태지와 아이들이 데뷔를 했어요. 그래서 서태지와 아이들 팬 출신이고요. 지금도 친한 이적 형이 패닉이라는 그룹으로 데뷔했는데 나오자마자 굉장히 센세이션했어요. 만든 사람의 개성이 느껴지는 음악들이 좋아서 십 대 때 한창 들었고, 이후로는 H.O.T.처럼 아이돌 1세대 노래도 즐겨 들었죠.

기타나 드럼처럼 다룰 줄 아는 악기가 생긴 것도 십 대 시절이라고 들었어요.

첫 기타는 중학생 때 아버지가 사주셨어요. 아버지도 대학교 때 밴드 하시면서 음악을 좋아하던 분이라 한번 해보라고 툭 사주셨던 것 같아요. 그때부터 조금씩 혼자 쳐보곤 했죠. 그리고 다녀본 분들은 아시겠지만 청소년 시기에 악기를 친근하게 접하기 좋은 곳이 바로 교회나 성당이거든요. 교회에서 연주하던 형들이랑 가까워지면서 드럼에 흥미가 생겼고, 기본 교재를 따라 해보니까 어떻게 연주하는 건지 알겠더라고요. 교회 친구들이랑 모여서 밴드를 하고 CCM 자작곡도 만들어 봤죠. 그때는 일주일 중에 주말 새벽에 제일 일찍 일어났어요(웃음). 노래를 듣고 부르기만 하다가 스스로 만들 수 있다는 걸, 남들 앞에서 공연하는 게 재밌다는 걸 그때 깨달았죠.

내가 무얼 할 때 즐거운지 알았다면 그 일을 업으로 삼고 싶다는 생각도 자연히 떠올랐을 텐데요.

그래서 고등학생 때 음대를 가겠다고 부모님께 말했어요. 그랬더니 "네가 어느 정도 소질이 있는 건 알겠지만 천재는 아닌 것 같다."고 하시더라고요. 천재라도 벌어먹기 힘든 게 예술계라고요. 그 말이… 너무 맞는 말인 거죠. 내가 음악을 좋아하는 거지, 천재라는 근거는 전혀 없으니까. 대학교 가면 하고 싶은 걸 해보라는 말씀을 듣고 일단 입시 공부를 열심히 한 거예요. 그렇게 대학에 가고 어느새 3학년이 되었는데 하고 싶은 게 음악밖에 없더라고요. 취직할 생각하니 마음이 답답해지고, 남들이 말하는 직업이나 돈 버는 일 생각해 봐도 다 싫은 거예요. 음악 빼고 재미있어 보이는 게 아무것도 없었으니까 드럼을 제대로 해야겠다는 생각을 했어요. 좀더 연습해서 먹고살 수 있는 실력을 가져야겠다고요. 밴드 '눈뜨고코베인'과 함께하면서 프로 뮤지션이 되어야겠다는 희망을 가진 게 그즈음이죠.

그때는 부모님이 뭐라고 하셨어요?

눈뜨고코베인의 드러머로 활동할 때는 텔레비전에 나오는 일이 없었기 때문에 제가 어느 정도로 음악에 진지하게 임하는지 집에서 알 수 없었어요. 그래도 제가 먼저 부모님과의 약속을 지켰으니까 부모님도 취업하라며 압박하기보다 충분히 시간을 갖고 기다려주셨죠. 아마 그땐 놀 만큼 놀았으면 할 일 하겠지 하셨던 것 같은데(웃음), 제대 후에 장기하와 얼굴들을 하겠다고 했을 때도 약간은 당황하셨지만 있는 그대로 봐주셨어요.

남들 하란 대로 따라가지 않고 인생에서 제대로 해보고 싶은 걸 찾아낸 게 대단하게 느껴지는데요. '천재도

밥 벌어먹기 힘든 예술계'인데(웃음).

사람은 나에게서 두각이 나타날 때 희열을 느끼잖아요. 그러려면 많은 사람이 참여하는 게임에서 일등 하는 방법도 있지만, 내가 새로운 게임을 만들어서 가장 먼저 참여하면 그것도 두각이라고 생각해요. 그래서 개성이 중요한 거죠. 이미 많은 사람이 하는 걸 열심히 하는 게 아니라 드물더라도 내가 잘하는 게임을 자꾸 찾아나가야 했으니까요. 음악을 대할 때도 나다운 걸 하려고 했어요. 그게 어쩌면 두각을 나타내기 위한 저만의 편법 아니었을까요? 부당하다는 의미가 아니라 흔히들 하지 않는 방식이라는 의미의 편법이요.

그 뒤로 시작한 장기하와 얼굴들은 꾸준한 음악 활동을 선보였죠. 장얼의 노래는 뚜렷한 개성으로 하나의 장르처럼 여겨질 정도로 인상 깊었고, 또 대중의 사랑도 얻었어요. 10년간 활동 후 매듭지었는데 어떤 계기가 있었는지 궁금해요.

장얼의 마지막 앨범 [mono]에 들어갈 노래들을 모두 작곡한 이후에 한 결심이었는데요. 노래를 만들어 놓고 보니 굉장히 마음에 들더라고요. 제가 매사에 군더더기 없는 모양새를 좋아해요. 거기서 희열을 느끼죠. 음악엔 멋있고 좋은 소리가 많기 때문에 뮤지션이라면 한 곡에다가 이것저것 넣고 싶은 마음이 들기 마련인데, 그걸 어떻게 하면 배제할 수 있을까 끊임없이 고민했어요. 지금껏 만든 것 중 가장 군더더기 없는 모양새로 완성된 음반이 [mono]라는 생각이 들어서, 여기에서 마무리를 짓는다면 팬들과 우리에게 좋은 이야기로 남을 수 있을 것 같았죠. 나아가 장기하와 얼굴들은 제 목소리가 큰, 독재적인 형태의 밴드였기 때문에 멤버들도 각자 하고 싶거나 전면에 나설 수 있는 프로젝트를 하길 바랐고요.

저는 무얼 시작하는 것만큼이나 그만두는 데도 용기가 필요하다고 생각해요. 나를 설명하는 가장 큰 수식어를 내려둔 이후에는 허전하지 않았어요?

돌이켜 보면 허전했던 것 같아요. 2018년에는 좋은 마무리를 위해 많은 노력을 쏟아부었던 터라 잘 끝났다는 것만으로도 기쁨과 안도감, 뿌듯함에 젖어 있었어요. 2019년부터는 휴식을 취하면서 시간이 많으니까 혼자 베를린으로 훌쩍 떠나보기도 했거든요. 한 달 반 정도 머무는데 생각만큼 즐겁지가 않은 거예요. 언제나 함께하던 일상을 혼자 보내면서 마음이 텅 빈 것처럼 고독했던 것 같아요. 그때는 잘 몰랐지만요.

그 시기를 회상하던 에세이에서는 "고등학교 때는 신을, 대학 초년생 때는 철학 사상을, 그 후에는 음악 그중에서도

밴드를 믿었다.”고 했는데 여전히 무언가 믿는 게 있나요?
가장 마지막으로 믿은 게 밴드였어요. 과거형으로
말하는 이유는 예전에는 무슨 종교처럼 밴드 음악이
다른 장르보다 우위에 있다고 생각했지만 지금은 그렇지
않기 때문이에요. 시간이 갈수록 생각하지만 믿음은…
무척 위험할 수 있어요. 세상에 백 퍼센트 확실한 게
어디 있겠어요. 그런데 확실하다고 믿는 순간부터 다른
사람에게 폭력적으로 행동하거나 피해를 주는 일이 생기는
것 같아요. 나만 옳다고 생각하는 믿음 때문인 거죠. 그런
생각이 살면서 더욱 크게 들어요. 어쩌다 보니까 음악을
하고 있지만 이것만이 우월한 길이 아니라 여러 갈래 중
내가 걷는 길일뿐이라고 생각해요. 내가 걷는 길이
모두에게 맞을 수도 없거니와 그럴 필요도 없죠.

믿는 게 없다는 말이 서글프게 느껴졌는데 오히려
마음의 여유를 만든 거네요.
더 이상 무언가를 믿지 않더라도 나의 삶에서 흘러가는 것
전부를 소중하게 여겨요. 나에게 익숙하고 중요한 형태의
음악 활동이나 일상, 오늘처럼 대화를 나누는 시간,
작업과 합주를 위한 이 공간 같은 것들이 얼마나 소중한지

알거든요. 그것이 절대적일 거라고 신념을 가지지 않아도,
충분히 하루하루 흘러가는 걸 소중하게 여기고 의미 있는
삶을 살 수 있어요.

밴드를 마무리 지은 뒤 안식년을 보냈다곤 하지만,
첫 에세이도 출간하고 영화 음악 작업도 했죠. 꾸준히
바빴던 거 아닌가요?
이것저것 했는데 사실 휴식을 취한 건 맞아요. 소설가
무라카미 하루키가 쉴 때는 소설을 쓰지 않고 번역을
했대요. 그 이야기를 처음 읽었을 땐 ‘이게 무슨 말이야?’
싶었는데 나중에는 그 의미를 알겠더라고요. 저는 저한테
가장 중요한 직업 활동이 공연이라고 생각하거든요.
2-3년간은 남들 앞에서 노래를 전혀 하지 않았으니까
쉰 거죠.

버티지 않고 흘러가기

무대에 서지 않아도 앞으로 '장기하'라는 이름으로 어떤 음악을 보여줄지는 쉬는 동안에도 계속 탐구했죠?

맞아요. 밴드로 활동한 10년을 뒤로하고 앞으로 뭘 하고 싶은지 고민해 봤어요. 가장 중요한 결론은 '최대한 멋대로 해야겠다!'. 그게 저한테는 초심 같은 거기도 하거든요. 물론 제가 '초심 따위 개나 줘 버려'라는 가사를 쓰긴 했지만(웃음). '싸구려 커피'나 '달이 차오른다, 가자'를 만들 때는 그걸로 돈을 벌 수가 없을 거라고 생각했어요. 어차피 내 취향은 대중성과 거리가 멀어 보였기 때문에 흥행에 대한 눈치를 보지 않고 표현하고 싶은 걸 한 건데, 예상치 못하게 반응을 얻어서 소위 말하는 '데뷔'를 하게 된 거고요. 견물생심이라고, 연예인이라 불리고 방송에도 나가니까 누가 바란 것도 아닌데 다음에 보여줄 음악도 반응이 좋아야 할 것 같은 기분이 들더라고요. 마음속에 그런 종류의 군더더기가 10년 동안 많이 붙어서 쉬는 시간에는 그걸 다시 최대한 덜어내려 했어요. 완벽히 처음과 같은 마음일 순 없겠지만, 솔로 앨범이 크게 주목받지 못하더라도 아무 상관 없다는 생각으로요.

그러고 보니 첫 솔로 EP 앨범 [공중부양]이 나왔을 때 소개글에 이런 말을 썼어요. "다 만들어 놓고 보니 대체로 뭔가 붕 떠있는 느낌이었다. (중략) 디딜 땅을 잃은 채 둥둥 뜬 삶."

일단 베이스가 들어간 곡이 하나도 없거든요. 밴드 음악이라고 하면 드럼이나 베이스, 기타, 건반을 예상하고 저도 당연히 그 악기들을 습관적으로 떠올렸는데, 이번엔 목소리 한 개만 있으면 된다고 생각했어요. 목소리부터 쭉 녹음하고 편곡 과정에서 대중음악으로 들리기 위한 최소한의 악기 사운드만 추가했죠. 드럼 비트는 '쿵짝쿵짝' 정도로 단순하게, 화음도 복잡하지 않게요. 그리고 1절에서 할 말 다 했으면 굳이 2절로 넘어가지 않았어요.

기하 씨 음악의 정체성은 무엇보다 목소리와 노랫말이 이룬다고 생각해요.

저도 제 목소리를 가장 나답게 활용하고 싶어요. 사람의 말에 운율이 이미 존재한다는 거 느끼세요? 저마다 리듬이 있고 감정을 많이 담을수록 또는 강조하고 싶을수록 그 리듬이 강해져요. 제 작업들은 말 자체에 스민 운율을 활용한 게 거의 대부분인데, [공중부양]에서는 그걸 더욱 보존하고 강화하는 방식을 취했어요. 나아가 아예 제가 평소에 말하는 음높이 범위에서 노래를 만들었죠. 노래와 일상에서 통용되는 음높이에 차이가 나는 게 일반적인데 그중에서도 저는 말하는 목소리가 꽤 낮은 편이거든요. 지금 생각해 보면 기존보다 낮은 음역대의 목소리가 곡을 채우다 보니까 베이스 역할을 해주면서 굳이 악기 소리를 더하지 않아도 됐던 것 같아요.

> 방금 전까지도 촛불처럼 환했던
> 얼굴을 후 불어서
> 어둡게 꺼뜨리고는 너는 예전에도 여러번
> 반복해왔던 그 얘기를 다시 꺼내
> 얼마나 가겠어
> 그래봤자 얼마나 가겠어
>
> —'얼마나 가겠어' 가사 중에서

군더더기가 없는 걸 좋아하는 성향대로 가사에도 쓸데없는 걸 말하고 싶지 않다고 했죠. 혹시… 일이 아닌 일상에서도 그런가요?

쓸데없는 이야기를 아예 안 하는 사람은 없지 않을까요? 하지만 되도록 안 하려고 노력해요. 과연 내가 이 말을 하는 게 의미가 있을까, 가만히 있는 게 낫지 않을까, 이렇게 생각해 보는 습관이 있어요.

한편으로는 과잉된 표현이 필요한 순간도 있잖아요. 기하 씨가 와인을 좋아하시니까 예를 든다면, 너무나 맛있는 와인을 발견했을 때 온갖 미사여구로 그 기쁨을 표현할 수도 있죠.

물론 그럴 때는 온갖 마음을 담아서 말하고 싶은데요(웃음). 내가 느끼지 않은 걸 말하고 싶진 않아요. 똑같이 와인을 예로 들면, 마시기 전에 이런저런 설명을 듣곤 하잖아요, 잘 익은 딸기 향이 난다든가. 직접 먹었을 때 와닿는 맛이 설명을 들었기 때문에 나는 건지, 자연스레 내가 느낀 건지 헷갈릴 때가 있죠. 그럴 때 급하게 표현하려다 보면 느끼지 않은 것도 말하게 되는데, 그런 말을 좋아하지 않아요.

기하 씨에게 궁금한 게 있는데요. 말과 노랫말은 무엇이 다르다고 생각해요?

저한테 말과 노랫말은 크게 다르지 않은 것 같아요. 오히려 경계선이 굉장히 모호한 채로 내버려두는 편이죠. 모든 말이 노래가 될 수 있도록. 그리고 말을 하는 순간에는 이미 거기에 음악이 담겨 있다고 생각해요.

그렇다면 지금 봐도 잘 지었다 싶은 가사가 있어요?
이건 때마다 답이 달라질 텐데 지금은… '가만 있으면
되는데 자꾸만 뭘 그렇게 할라 그래'. 그 노래를 만들고
나니까 저에게 그 말이 주는 영향이 더욱 커졌거든요.

**자주 듣는 노래라 그 말을 듣자마자 멜로디가
떠오르네요.**(웃음) 장기하의 음악을 들을 때마다
세상살이에 초연한 것 같다는 느낌을 받아요. 현실에서
이러쿵저러쿵 마주하는 불안이나 고민에도 좌지우지되지
않을 것 같고요.
오히려 좌지우지되는 것 아닐까요? 막 버티려고 하기보다
좌로 밀면 좌로 넘어가고, 우로 밀면 우로 넘어가고.
저는 실제로 매사에 초연하지도 않고, 불안과 고민을
잘 피하지도 못해요. 휩쓸릴 만한 순간이 다가오면 지금이
그런 시기구나, 오늘은 또는 이번 달은 이렇구나 하고
바라볼 수밖에 없어요.

그건 분명 회의나 냉소와는 다를 거예요.
그럼요. 겉으로는 별로 휘둘리지 않는 척, 쿨한 척해도
속으로는 부정적인 방향으로 흘러갈 거라고 믿는 태도가
회의나 냉소 아닌가요? 분명히 그럴 거라고 믿는 '믿음'의
문제인 거죠. 그런데 제 생각에는 정말로 어떻게 될지,

우리가 하는 일들이 잘될지 안될지 전혀 알 수가 없어요.
무조건 안되는 게 아니라 잘될 수도 있는데 지금은 알 수
없다는 것, 그저 모르는 것이라 생각해요.

> 많은 경우에, 사람들은 그 성공을 손에 넣는
> 순간 자신이 그걸 얼마나 절실히 원했었는지
> 잊어버린다. 혹은 그 성공으로 인해 완전히 새로운
> 종류의 불행을 맞이하기도 한다. 모든 사람은
> 각자의 눈앞에 놓인 불행을 어떻게든 헤치고
> 나름의 행복에 닿고자 막연한 고군분투를 하고
> 있다.
>
> ─《상관없는 거 아닌가?》 중에서

그렇기에 듣는 이들에게 담담한 위로가 되기도 해요.
《AROUND》는 이번에 100호를 맞이해서, 일의 의미에
대해 들어보려고 해요. 사람은 왜 일을 할까요?
아, 너무나 큰 질문인데요. 그걸 알아낸다면 거의
논문감인데….

**(웃음) 그럼 세상에 '사람'은 너무나 많고 제각기 하는
일이 다를 테니까 빼기로 해요. '장기하'는 왜 일이나
작업을 할까요?**
(잠시 고민한다.) 자기의 존재 가치를 느끼기 위해서가
아닐까요? 평소 하는 음악은 놀이와 일 사이에 머무는 것
같아요. 제가 요새 피아노를 연습하고 있는데 남들 앞에서
보여주려는 게 아니라, 취미 활동이자 다음 창작에 영향을
미치길 기대하고 하는 거거든요. 음악을 바라보는 관점을
바꾸거나 확장하길 기대하면서요. 그게 돈을 벌어다 줄지
아닐지는 모르죠. 반면에 영화 음악 작업을 두 편 내리
할 때는 확실히 일을 하고 있다고 느꼈어요. 한 집단의
일부로서 내가 기능을 해야 되는 의무가 있었거든요.
같은 음악이지만 나의 쓸모를 느끼게 한 건 후자였어요.

그 기분에 대해 좀더 자세히 듣고 싶어요.
대중음악가로서 먹고살 수 있다는 건 대중의 선택을
받았기 때문이고, 그건 굉장한 운이 따라준 거예요. 그저
제가 하고 싶었던 걸 표현하는 방식으로 일을 해오다
보니까 스스로 직업 능력이 있는 사람인지에 대해서는
모호할 때가 있어요. 내가 너무 대충 하고 있나, 잘하는
것도 아닌데 운으로 때우고 있었나 싶죠. 반면에 영화 음악
작업은 정말 까다롭거든요. 작업량도 많고 감독님 요구
사항도 많아요. 하지만 한 편을 다 만들고 나면
저 자신이나 대중이 아니라 이 집단의 보스가 만족했다는
컨펌을 해주는데, 거기서 직업 음악인으로서 충분하다는

자각을 얻어요. '이 필드에서 나는 쓸모가 있는
사람이구나!' 이렇게요. 그러고 나니까 다시 돌아와
제 음악을 만들 때도 그저 근거 없는 운에 기대고 있는 건
아닌지 싶던 의심이 사라진 것 같아요.

**사람은 일을 할수록 좀더 능숙해질 텐데, 과거와 현재의
나를 비교해 보면 어때요?**
분명히 능숙해지는 것들이 있죠. 관객을 살피고 상황에
대처하는 건 무대 경험이 쌓일수록 탁월해질 수밖에
없어요. 그리고 음악을 이해한다는 건 참 어려운 일이지만,
꾸준히 작업하고 제가 좋아하는 음악의 범위를 넓혀가면서
아주 조금은 더 이해할 수 있게 되었고요. 반면에 변함이
없는 건… 에디터 님이 보기에는 저한테 변함없는 부분이
있나요?

…자신을 즐겁게 만드는 일을 하려는 것?
맞네요. 그건 확실해요, 하기 싫은 건 하기 싫다!

**저는 지금까지 에디터로 일하면서 작은 '꼼수'가
생겼어요. 인터뷰이에게 사전 질문지를 전할 땐 몇 개
없는 것처럼 간략하게 보내고 현장에서는 '진짜 질문지'를
꺼내서 더 많은 질문을 던지는데요.
지금 그렇게 하고 계신 거였어요?**

**(웃으며 고개를 끄덕인다.) 미안하지만 맞아요.
기하 씨에게도 하나의 일을 오랫동안 해오면서 얻은
꼼수가 있는지 궁금해서 털어놨어요.**
에이, 에디터님 이야기는 겸손하게 표현하면 꼼수고
실은 노하우죠(웃음). 저는… 원체 꼼수를 좋아하지

않아요. 꼼수가 무언가를 쉽게 얻으려는 마음이잖아요.
그러니까 내가 어떤 행위나 방식에 익숙해져서 큰 힘을
들이지 않아도 가능하게 되면 한 우물에 고이는 기분이
들더라고요. 그래서 습관적으로 하는 것들에 대한
거부감이 있어요. 그런 걸 완벽히 떼어내진 못해도요.

**그렇다면 지금까지 하던 일과는 달리 새로운 경험을
하는 것에도 언제나 기꺼운 마음이에요?**
일이나 창작에 관련되어 말하자면 주변에서 그동안 다른
분야에 도전하고 싶지 않느냐는 질문을 곧잘 받았어요.
연기도 해보고, 책을 쓰거나 영화 음악을 만들어
봤으니까요. 이제는 분야를 넓히기보다 깊어지고 싶은
마음이 훨씬 커요. 어느 분야인 게 중요한 게 아니라
한 사람으로서, 창작자로서 더 깊어지길 바라는 거죠.
음악이나 공연처럼 원래 하던 걸 제대로 하고 싶다는
생각이 나날이 더 커지고 있어요.

**일과 일을 대하는 마음에 관해 나눈 긴 이야기도 이제
슬슬 마무리를 지을 시간이네요. 〈하기장기하〉에서
기하 씨가 문밖으로 사라지고 공연이 막을 내린 것처럼,
자신이 사라지고 자신의 작업물만 남은 세상에선 어떤
사람으로 기억되고 싶어요?**
제 작업이 사람들 마음속에 얼마나 오래 남을지는 모르는
거죠(웃음)? 지금도 이미 기억에서 완전히 잊힌 작업물도
많은걸요. 그래도 저보다 적어도 몇 년은 더 살겠지만요.
기억이란 건 그런 거니까. 음… '만들어 놓은 걸 보니까
괜찮은 사람 같던데?', '만나서 얘기해 봤다면 꽤 괜찮았을
것 같은데?' 이런 느낌이면 충분해요.

그날의 우리에게,
장기하 씀

장기하의 음악은 하루 중 적재적소에 떠오른다. 그에게 우리네 보통의
순간에 추천하고 싶은 자신의 곡이 있는지 물었다. 노랫말 따라 몇 마디
툭 내뱉어 보면, 어떤 하루를 보냈든 그만하면 봐줄 만하게 느껴진다.

[공중부양](2022)

일도 손에 잡히지 않고 누군가와 만나기도 싫은,
모든 게 지겨운 날

"가만 있으면 되는데 자꾸만 뭘 그렇게 할라 그래"

—'가만 있으면 되는데 자꾸만 뭘 그렇게 할라 그래'

모든 게 지겹다…. 이 경우에 불편한 감정이 드는 이유는 현재 상황이
잘못된 것 같다는 마음 때문에 괴로운 거거든요. 이러면 안 된다는 마음이
드는 거죠. 제 생각엔 하고 싶은 게 없으면 그냥 안 하면 돼요. (에디터의
덧붙임. 이 노래는 단 한 문장이 열여덟 번 반복된다.)

[별일 없이 산다](2009)

하고 싶은 말이 있는데 전하지 못해
두고두고 마음 쓰이는 날

"그와 마주앉으면 오랫동안 준비했던 그 얘기를 건네야겠지마는…."

—'말하러 가는 길'

저와 처음부터 함께 일한 지금의 회사 대표님이 남한테 껄끄러운 진심을
말하는 걸 참 어려워하는 분이세요. 저한테 처음으로 조금 불만을 표현하기
위해서 이 노래를 반복해서 들었다는 이야기를 십몇 년 전에 들려준 적
있는데요. 지금까지도 대표님은 그 얘기를 가끔 하세요.

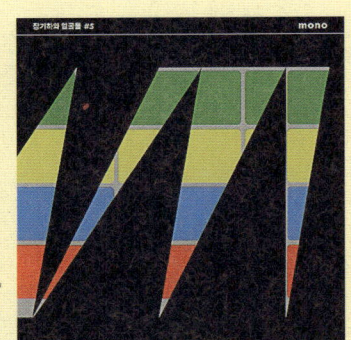

[mono](2018)

누가 뭐라 해도
나만의 '완벽한 하루'를 보낸 날

"내가 너로 살아 봤냐 아니잖아 / 니가 나로 살아 봤냐 아니잖아"

—'그건 니 생각이고'

아무리 완벽한 날을 보냈다고 해도 잠들기 전에 뭘 하겠어요? 휴대폰 들고
인스타그램 보겠죠? 피드를 내리다 보면 그 생각이 깨질 수도 있어요.
왜냐하면 하루를 더 잘 보낸 것 같은 사람도 있으니까 나의 완벽함이
불완전하게 보이거든요. 그런 생각과 거리를 두기에 좋은 곡 같아요.

스튜디오 '자연紫煙'의 공예가 조희진은 매일 동그란 반죽을 빚는다. 새끼손톱만 한
크기의 흙반죽은 수십수백 개, 때로는 수천 개가 되어 서로 이어지거나 거리를
두며 하나를 이룬다. 그건 어떤 법칙이나 기준을 따른 게 아니라 그저 마음 가는
대로 손이 움직였을 뿐이다. 우리네 삶이 눈에 보인다면 아마 그의 작품 같지
않을까. 많은 것을 주도한다고 생각하지만 실은 시간이 이끄는 대로 흘러가는,
나의 한쪽 어깨를 내어주다가도 또 다른 이의 어깨에 기대기도 하는 모습 말이다.
조희진이 만든 세계에서 삶을 이루는 것들을 헤아린다.

둥글게 이어 붙인 세계

조희진—공예가

에디터 이명주
포토그래퍼 최모레

오가는 사람이 많은 서촌 거리에 공예가의 작업실이 숨어 있었네요. 테이블 위에 동그란 조각들이 한 움큼 놓여 있는 걸 봤어요.

자리에 흙반죽이 가득하죠? 3월부터 한 달간 작업실 근처, '어피스어피스' 갤러리에서 전시를 열 예정이라 막바지 준비를 하고 있어요. 그건 바둑판이랑 바둑알인데 모두 흙으로 만들었고 바둑알은 반죽 표면을 깎아서 일부러 각을 냈어요. 그러니까 더 예쁘더라고요, 만져보고 싶고. 이따가 작업 과정을 한번 보여드릴게요.

좋아요. 제 앞에 희진 씨가 만든 오브제를 컵받침과 트레이로 써서 차를 내어주셨어요. 반죽들을 이어 붙인 모습이 아름다운데, 차는 자주 드세요?

네. 작업하면서 즐겨 먹어요. 커피도 좋아하니까 가만 보면 마시는 걸 다 좋아하나 봐요. 술도 좋아하고(웃음).

어? 저도요(웃음). 차에서 선명한 노란빛이 도네요.

이게 무화과잎 차예요. 은근한 단맛이 돌아서 마시기 좋더라고요. 따듯할 때 드셔보세요.

앞서 살짝 들은 전시 이야기를 더 나누고 싶어요. 그간 흙으로 크고 작은 입체물을 주로 만들어 왔는데, 이번 전시에선 평면물을 선보인다고요. 전시 이름도 '있는 그대로 보기: 평면에 누워'죠.

저는 특별한 의도나 목적을 갖고 살아지지 않는데요, 그게 작업에도 자연스레 묻어나와요. 평면물을 만들기 시작한 건 단순히 마음이 그쪽으로 흘렀기 때문이에요. 그런데 그 과정과 경험 속에서 배우게 된 게 많았어요. 그게 나한테만 머물지 않고 전시를 통해 모두와 공유되었으면 하는 바람이 든 거죠.

예를 들면 어떤 걸까요? 제가 공예에는 문외한이라 온전히 이해할 수는 없겠지만요.

그래도… 서로 다른 사람이라도 충분히 이해할 수 있다고 믿어요. 생을 얻고 살아가는 존재들은 모두 비슷한 구석이 있을 테니까요. 평면물을 만드는 작업을 통해 꼭 전하고 싶었던 건 통제할 수 없는 외부 요인에 순응하고, 있는 그대로의 모습을 바라보는 것만으로도 해방감이나 자유로움을 얻을 수 있다는 거예요.

입체와 다른 평면 작업의 특징과 그 과정에 영향을 끼치는 외부의 통제는 뭘까요?

입체는 동그란 흙반죽을 이어 붙일 때 사방으로 엉켜 있는 듯한 모양이라 조각들이 서로 의지하면서 중심을 잡을 수 있어요. 그런데 평면에서는 의지할 필요가 없죠. 반죽의 한 면이 바닥에만 붙어 있으면 홀로 서는 것도 가능하니까요. 다른 접착제 없이 흙이 가진 수분으로만 한 점 한 점 연결하는데 그것들이 가마 안에서 소성을 거치거나 어떤 충격을 받으면 분리되어 버려요. 가마에 넣을 땐 붙어 있던 게 깨지거나 갈라져서 나오는 것, 새로운 모습으로 나오는 것 자체가 저한테는 뭔가 불편한 거예요. 그걸 계속 곱씹어 보니까 한 사람이 살아가면서 헤어짐이나 단절을 겪을 때 느끼는 감정과 비슷해 보였죠. 사실 처음부터 아무런 의도 없는 행동으로 이루어진 건데, 외부 영향을 통제하지 못해 바라던 걸 얻지 못했다는 착각에서 오는 거슬림인 거예요. 그 환상에서 깨어나니까 가마에서 반죽이 어떤 모습으로 나오든 고유하게 아름다워 보였어요. 자유로움을 얻은 거죠.

그 이야기는 특별한 구상 없이, 손이 가는 대로 또 멈추는 대로 작업한다는 건가요?

물론 이 컵받침처럼 생활에서 사용하는 건 적당한 크기나 기능을 고민해야 하고, 그게 공예품의 특징이자 작업으로 먹고살기 위한 필수적인 과정이에요. 하지만 옆에 둔 트레이는 자연히 완성된 거예요. 분명한 쓰임을 고려하며 만들지 않았고 그저 이 순간에 쓰기 적당할 것 같아서 티팟을 올려두니 트레이가 된 거죠. 마음이 가는 대로 작업할 때, 그래도 입체물은 중심이 서지 않으면 무너질 수 있기 때문에 손보다 눈이 먼저 간다면 평면은 다른 감각보다 압도적으로 손이 앞서요. 손으로 이어 붙이다가 맨 마지막에 눈으로 어떻게 완성되었는지 살펴보죠.

무아지경과도 같은 거네요.

그래서 더 재미있어요. 기능을 고민하며 작품을 만드는 건 사람이 서 있거나 걷는, 그러니까 살아가는 행위를 하는 순간이라면 손을 따라가며 작품을 만드는 건 누워 있을 때 모든 생각이 동시에 펼쳐지는, 의식의 영역 같은 순간이에요.

바라보는 관객이 되어 생각해 보고 싶어요. 입체물은 어디서 어떻게든 볼 수 있지만, 평면은 무엇을 응시해야 하는지가 명확해 보이잖아요. 그게 제한처럼 느껴질 수도 있고요.

만드는 사람이 제한을 통해 해방감을 느꼈듯 보는 분들도 비슷하지 않을까요? 입체는 면마다 다르기 때문에 사람 보듯 꼼꼼히 뜯어보게 된다면, 평면은 보이는 한 면을 있는 그대로 바라볼 수 있는 특징이 있어요. 추상적인 표현을 통해 저마다 자유로이 해석해 주셨으면 좋겠어요.

준비한 작품들을 곧 선보일 일만 남았는데, 지금 기분은 어때요?
음, 저는… 네, 행복합니다(웃음).

(웃음) 잠깐 많은 생각이 스쳐 간 듯 보였는데요.
솔직한 나를 보여주는 일에 유난히 들뜨거나 가라앉지 않고 그저 마음이 편안하길 바라요. 저는 다른 무엇보다 하루를 보낸 뒤에 잘 자는 게 제일 행복해요. 잘 자기 위해서 하루를 사는 거라고 해도 과언이 아니거든요. 어릴 때는 그게 힘들었어요. 누구나 그렇겠지만, 무얼 해서 먹고살아야 하나 불안하고 불안하니까 두려워지고 그러니까 게을러지게 되잖아요. 시간이 흐를수록 모든 것이 완벽해서 편하기보다 그냥 편안해져야겠다는 마음으로, 큰 고민 없이 행동하고 그 뒤에 찾아오는 생각에서 배움을 얻어요. 이 대화를 전시가 끝난 후에 책으로 다시 읽게 될 텐데 그때의 저에게 편안해졌는지 묻고 싶네요.

단단하게 변해 가마에서 나오면 반죽들의 경계나 모서리를 매끄럽게 연마하고 마무리 짓죠.

혹시 작품 하나를 만들기 위해 동그라미가 얼마나 필요한지 세어본 적 있나요?
저도 너무 궁금해서 딱 한 번 세어봤어요. 손 두 개를 붙인 정도 크기의 작업물에 천 개가 넘게 붙었더라고요.

그만 한 거에 천 개나 필요하다니….
손과 흙이 맞닿아서 어떤 형태를 만들어가는 일을 '핸드빌딩'이라고 하는데요. 저는 과정이 많아서 오히려 좋아요. 성취감이 더 크게 느껴지거든요. 다른 사람들에게는 잘 안 보일지라도 저는 하나의 반죽이 전체를 이루기까지의 과정을 전부 지켜봤잖아요. 그리고 흙은 상태나 수분감, 색깔이나 크기가 시간이 흐를수록 변하는데 그 과정마다 내가 해야 할 몫이 있어서 좋고요.

그때의 답도 들려주세요. 그런데 저기 있는 게 가마죠? 작업 과정이 궁금해졌어요.
점성이 있는 흙을 작게 떼어서 동그랗게 만드는데, 정해둔 기준이나 무게 같은 건 없고 적당하다고 느끼는 정도로 해요. 반죽 조각은 작을수록 쉽게 수분이 날아가기 때문에 마르면 붙일 수가 없어서, 한번 붙이기 시작하면 가마에 넣기 전까지 멈추지 못해요. 어느 날은 품 안에 들어올 만한 입체물을 만들기 위해 열두 시간 동안 붙인 적도 있는데, 제가 하는 작업에서 성실함이 중요한 요소라고 느끼는 이유예요. 그렇게 성형을 마치면 건조한 뒤 가마에 넣고 800-850도에서 초벌로 한 번, 유약을 발라 1250도에서 재벌로 두 번 구워요. 물렁하던 반죽이

매일같이 작업을 반복하는 희진 씨의 모습은 수련에 임하는 행위처럼 보이기도 해요.
(잠시 고민한다.) 저는 모든 사람이 수련을 하고 있다고 생각해요. 매일 살아가는 것만으로도 우리는 수련 중인 게 아닐까요? 저에게는 단지 그 모습이 직관적으로 관찰할 수 있는 형태로 드러날 뿐인 거죠.

중심이 단단한 마음처럼 느껴지는데요. 공예와의 첫 만남에 대해 듣고 싶어요.
미술 입시를 했는데 점수에 맞춰서 공예 디자인, 그중에서도 도예과에 진학한 거예요. 솔직히 저는 어릴 때부터 아무리 생각해도 제가 뭘 원하는지 몰랐어요.

원하는 게 없는데 하나를 정해야 하는 시기가 오니까, 사람들과 한데 어울려 살아가려면 나만의 것을 찾아야 한다는 생각으로 미술을 시작한 거예요. 그러니까 대학 수업이 전혀 재미있지 않았죠. 흙을 만지는 건 낯설고 몸이나 옷에 지저분하게 묻는 것도 싫고, 교수님들은 물레로 계속 똑같은 걸 만들라고 하니까 지겨웠어요. 돌아보니 그게 기본기를 닦는 데 꼭 필요한 과정이었는데요. 그때는 청개구리처럼 "내가 이걸 왜 해야 해?" 하다가 학교도 다섯 번 가고 휴학해 버렸어요.

다섯 번이요? 지금의 성실한 모습과는 꽤 다른 느낌의 희진 씨인데요(웃음).
그 뒤엔 재미있어 보이는 일을 찾아서 스타일리스트 어시스트를 1년 정도 했는데 정말 힘든 거예요. 어떤 일이든 똑같겠지만, 언제나 내가 원하는 대로 사람을 인형 만지듯 입히거나 움직일 수 있는 게 아니잖아요. 밤낮 없는 생활 방식도 맞지 않고 체력도 부족했어요. 그때 '나는 단지 살고 싶구나.'라는 걸 확 느꼈어요. 단순히 살고 싶은 것밖에 없어서 모든 걸 포기하고 다시 학교로 돌아간 거죠. 교수님이나 친구들 중엔 절 아는 사람이 없었고 그저 흙이 놓인 책상 하나 주더라고요. 흙이랑 마주 앉아 이러고저러고 노는 게, 그게 재미있어서 작업이라 불릴 만한 것까지 이어졌어요.

일을 시작할 때는 어떻게 할 건지보다 어떤 마음으로 대할 건지가 우선인가 봐요. 희진 씨 작품에서는 금방이라도 꿈틀댈 것 같은 생동감이 느껴져요. 사람 손이 닿아 만든 게 분명한 유연함도 보이고요.
흙이라는 재료가 저한테는 유연한 존재로 느껴지거든요. 그걸 손으로 매만지면 나이기에 나올 수 있는 고유한 형태들이 보여요. 작업할 때 어디서 영향을 많이 받는지 질문을 받을 때가 있는데, 내 마음을 들여다보는 게 가장 우선이에요. 내가 살아가고자 하는 방식이나 사람과 사람 사이에서 느꼈던 감정 같은 것들요.

사실 아까부터 시선이 가던 게 팔에 새긴 타투였어요. 짙은 청색 빛깔이 작품과 닮았다고 생각했거든요.
이건 연꽃이고 여긴 문어인데 예뻐서(웃음)…. 별다른 의미는 없어요. 타투를 새길 때는 남들과 좀 다르고 싶었나 봐요. 우리는 이미 다 다른 존재이고 고유한 의미를 가진다는 걸 그때는 몰랐던 거죠. 저는 그걸 흙에서 배웠어요. 흙을 떼어 동그랗게 만든다고 해도 전부 똑같지 않아요. 멀리서 보면 비슷해 보일지 몰라도 만들 때마다 전부 다른 원이 탄생하는 거예요. 그 고유한 것들이 모여서 전체를 이루는 게 우리 삶과도 비슷한 것 같더라고요.

예전에는 스스로 뭔가 부족하다고 생각했던 게 사실은 그저 그때의 순간이었구나, 그때의 형태였구나 싶죠.

"흙은 현재의 마음과 태도를 거울처럼 비춰주며 삶에 대한 무언가를 알려주는 스승이자 친구"라고도 말했죠.
흙은 말이 없어요. 내가 맞춰주기 위해 과정에 적절히 개입해야 하는데 흙은 그런 제 방식을 받아들이고 기다려 줘요. 8년 넘게 이 일을 하다 보니 이제는 되려 흙을 만지면서 스트레스를 푸는 것 같아요. 작업하면서 내 마음을 돌아보고, 흙에게 배운 걸 삶의 순간에서 떠올려보고. 앞으로도 존재하는 형태를 있는 그대로 받아들이면서 살아가고 싶어요.

이미 그렇게 살고 있다고 말하지 않네요.
그건 매일 노력해야 되는 거죠, 잘하게 됐다는 착각에 빠지면 안 되니까. 나 자체로 충분하고 나답게 존재한다는 걸 저 스스로 받아들이고 싶은데, 아마 죽기 전까지 노력해야 할지도 몰라요.

공예를 업으로 삼으면서 쓰는 이름 '자연'과 '이스트스모크East Smoke'의 의미가 궁금해요.
한자로 '자주색 자紫'에 '연기 연煙'을 먼저 썼고 자주색이 동양을 뜻한다고 해서 영어로 바꿔본 거예요. 뿌리가 동양인이기 때문인지 예전부터 동양 문화나 예술에 존경심이 있어요. 불교 미술처럼 동양에서 발달한 종교 미술을 볼 때도, 눈에 보이지 않는 믿음으로 무언가를 완성했다는 게 아름답게 느껴지더라고요. 믿음만으로 살아가고 그 바탕으로 만든 게 상이 되고 또 그걸 보면서 다시 믿음을 느끼곤 하잖아요. 거기다가 연기는 외부 환경에 의해 쉽게 변하지만 그 본질은 같다는 점에서 변화를 계속 이어나갈 수 있는 힘이 느껴졌어요. 그 모든 걸 아울러 지은 이름이에요.

8년 가까이 그 이름을 쓰고 있는데 어때요? 아쉬움이 느껴지거나 혹은 부르면 부를수록 마음이 갈 수도 있고요.
음… 이제 제가 어떻게 불리는지는 별로 중요하지 않아요. 내가 어떤 이름을 가졌는지보다 일상 속 더 작은 것들이 중요하죠. 예를 들면 편안하게 잘 자는 거.

그럼 사람은 왜 일을 하며 산다고 생각해요? 설마 이 질문에 대한 답도 잘 자기 위함인가요(웃음).
비슷할지도 모르겠어요. 안 움직이면 밤에 잠도 잘 안 오는 거 아세요(웃음)? 잘 자기 위해 남은 시간을 움직이는 것처럼 잘 죽기 위해 사는 것 같아요. 편안함에 이르기 위해, 어떠한 끈적이는 감정도 없이 오늘 하루의 끝, 인생의 끝을 말할 수 있기 위해서요. 그리고 사람은 행동하면서 자신의 존재를 자각한다고 생각하는데요. 그렇게 본다면 외부의 인정이 아니라 나에 대한 믿음을 확인하기 위해 일하는 게 아닐까요?

그렇다면 오늘도 우리는 우리의 존재를 다시금 확인했네요. 희진 씨 일상 이야기도 들어보고 싶어요. 요즘은 일과를 어떻게 보내요?
이제야 저한테 잘 맞는 생활 패턴을 찾았어요. 아침 7시쯤 작업실에 도착해 오후 12시나 1시쯤 퇴근해요. 작업이 생활에 가깝기 때문에 심심할 때마다 매일 작업실에 나와서 오래 머물렀는데, 몸에서 적신호가 오더라고요. 하루에 대여섯 시간 정도 작업하는 걸로 바꾸니 제 삶의 다른 부분도 지킬 수 있었어요. 퇴근 시간이 되면 이화동에 있는 집까지 걸어가서 밥도 해 먹고 산책도 해요. 경복궁 돌담길과 창덕궁을 지나서 안국도 걷고요. 봄에는 사직단 걷는 걸 좋아해요. 작업실 근처에 구경할 만한 카페나 공간도 많지만 산책 외에 잘 돌아다니는 편은 아니에요.

봄이 다가오니 산책하는 걸음이 가볍겠어요. 희진 씨 마음이 흙 다음으로 많이 들여다보는 걸 꼽아볼까요?
공원에 누워서 보는 구름이요. 집 근처에 있는 낙산공원에 하루에 한 번씩은 가요, 어떤 때는 두 번도 가고요. 아, 그리고 운동으로 태극권을 하고 있는데 거기에도 푹 빠져 있어요.

태극권이라… 낯설지만 재미있게 들리는데 어떻게 하는 거예요?
몸을 분주하게 움직여서 땀을 빼는 게 아니라 중력에 순응하면서 몸을 이완하는 운동이에요. 만약 일상에서 몸 어딘가에 불편함이 느껴진다면 그건 그 부분에 힘을 주고 있기 때문이래요. 살아야 하니까 나도 모르게 안간힘을 쓰며 경직되어 있는 거라고요. 저도 서 있거나 걸을 때, 심지어 누워 있을 때도 몸에서 불편함이 느껴졌던 터라 태극권을 시작하면서 중력에 순응하고 힘 빼는 연습을 하고 있어요. 정적인 운동인데 저랑 잘 맞아서 재미있더라고요.

지금까지 이야기를 들어보면 혼자 고요하게 보내는 시간을 좋아할 것 같은데 어떤가요?
맞아요. 혼자 있는 시간을 즐기는 편이에요. 왜 그런지 생각해 봤는데, 누군가와 있을 때 스스로 '조희진'이라는 사람인 게 인식되잖아요. 나를 그렇게 보는 이가 곁에 있고요. 그런데 마음 깊은 곳에서는 각자의 이름보다 앞서서 그저 사람이기에 모두가 똑같은 정체성을 가졌을

거라고 생각해요. 그렇다면 내가 어떻게 불리는지, 어떤 사람인지는 굳이 인식하지 않아도 되겠죠. 혼자 있을 땐 그게 가능해요. 구름을 보고 있을 땐 구름만 보일 뿐이지, '조희진이라는 사람이 구름을 보았다.'고 생각하지 않으니까. 그 순간들을 만끽하고 싶어서 혼자 있는 시간을 좋아해요.

그렇다면 나만의 시간을 확보할 수 있는 일을 업으로 잘 선택한 것 같은데요. 만약 다음 생이 주어진다면 다른 일을 해보고 싶다는 생각, 해봤나요?
(웃음) 한번 해봤어요.

뭔데요?
최근에 연기를 해보고 싶어졌어요. 앞선 이야기와 조금 연결되는데요. 사람은 이럴 때도 있고 저럴 때도 있는데, 사회적으로 역할을 정해서 조화롭게 살려고 하잖아요. 스스로 정하기보다 요구받는 기준에 맞춰 어떤 사람이 되어야 한다는 생각도 있고요. 점점 나이가 들면서 '그건 좀 아니지 않나?' 싶은 마음이 들어요. 그래서 다른 사람의 얼굴을 할 수 있는 연기로 다양한 상황과 감정을 체험해 보면서 이해의 폭을 넓히고 싶은 거죠. 지금은 잘 몰라도 체험해 봤기에 나와 타인들을 이해할 수 있는 일도 있을 테니까요.

흙으로 시작한 이야기가 일과 삶으로, 죽음과 다음 생까지 이어졌네요. 다시 현실로 돌아와 볼게요. 나에게 주어진 남은 생을 어떻게 보내고 싶어요?
이번 생은 흙과 함께 이런 방식으로 살아가면 되겠구나 싶기도 한데, 잘 모르겠어요. 꼭 무엇을 해야 한다거나 꼭 이것만 하겠다는 마음은 내려두고 어떤 모습으로든 이 세상을 살아가는 게 먼저라고 생각해요. 그래도 오랫동안 흙을 사랑할 수 있다면… 좋겠네요.

나긋한 목소리가 마음을 다독이던 대화가 끝나고 마저 작업실을 둘러봤다. 반죽이 놓인 테이블 주변으로 군데군데 메모가 보인다. '어떻게 스스로 하나를 이룰 수 있는지. 중심 잡기', '용도 없이 자유롭게 이용하도록' 그리고 '순응하고 놓기'. 이 모든 것들은 희진 씨가 작업에 임할 때 나아가 삶을 살아갈 때 잊지 않기 위한 마음의 방향 같았다. 돌아가는 길에 나에게 쥐여준 선물을 끌러보았다. 청아한 빛깔의 오브제는 전부 동그란 반죽만이 모여 이룬 것. 그 사람의 시간이 눈에 보인다면 아마도 이렇게 둥그리라, 생각하며 오늘의 대화를 곱씹듯 가만히 어루만진다.

일과 삶에서 마음이 이끄는 대로 내달려본 사람을 만났다. 어디에 가닿을지는 정확히 알 수 없어도, 즐거워 보이는 길이라면 일단 걸어본 사람. 두려움은 없었는지, 힘겹지는 않았는지 물어도 미소 지으며 고개를 내저을 뿐이다. 그림책 작가 이수지를 용감하게 만든 건 앞서 재미 좇아 살아간 사람들이 일궈 놓은 더 넓은 세계, 그리고 실패를 대수롭게 여기지 않는 마음이었다. 그가 들려준 이야기에서 나는 재미의 꼬리를 밟는 인생의 실체를 보았다.

재미 따라 걷는 사람

이수지—그림책 작가

에디터 차의진
포토그래퍼 임정현

(열린 현관문 틈 사이로) 작가님, 문 좀 열어주시겠어요?
어머, 어서 오세요. 그냥 문고리 당기시면 되는데. 편하게 들어오시라고 일부러 살짝 열어둔 거예요.

당기면 열리는 거였군요(웃음). 반갑습니다. 그림 그리는 모습이 문틈으로 보여서 잘 찾아왔구나 했어요.
4월에 제주에서 전시를 열 예정이라 준비가 한창이에요. 여기 앉으세요. 커피 드릴까요?

따뜻한 물 한 잔 부탁드려요. 재밌는 게, 작업실 아래층이 어린이 미술학원이에요. 오는 길에도 미술학원이 꽤 많더라고요.
그래서 여기에 작업실을 구한 건 아니고요(웃음). 집이 근처예요. 아이들이 어릴 땐 경기도 양평에서 살다가 초등학교 졸업하면서 서울로 이사했어요. 작업실을 쓴 지는 5년 차네요.

아이들도 그새 많이 자랐겠어요.
큰애는 고3, 작은애는 고1이에요. 입시에 찌들어 있죠(웃음). 마침 어제가 개학이라 큰애는 고3의 첫날을 맞은 거였는데 등교 앞두고 덤덤하더라고요. 친구들 보고 싶다고, 빨리 학교 가고 싶다고.

방학은 아무래도 지루하니까요(웃음). 오늘은 조금 색다른 자기소개를 부탁드리고 싶어요. 만약 한 아이가 작가님은 무슨 일을 하는 사람이냐고 묻는다면, 어떻게 답하시겠어요?
질문지를 받고 고민해 봤는데요. '세상 모든 것을 손 위에 올려놓고 가만히 보고 있다가, 어느 순간 이야기가 될 만하다고 생각하면 그림으로 표현하고 책으로 만드는 사람'이라고 소개할게요.

어떤 소재가 이야기가 될 만한가요?
질문한 아이도 에디터님과 똑같이 물어보겠죠? 저는 뭐든지 이야기가 된다고 생각해요. 우리가 아는 옛이야기처럼 사건사고나 기승전결이 있는 소재뿐만이 아니라, 대화를 나누는 지금 이 순간의 분위기, 에디터님이 입고 있는 옷 같은 모든 것에서 시작될 수도 있죠. 내 마음속에 저장된 생각들이 새로운 것과 만나 이야기가 될 것 같은 순간이 오기도 해요. 서로 관련 없던 것들이 연결되는 순간이요.

어른들에게는 자신을 꼭 '그림책 작가'라고 소개하세요. '동화 작가'라는 호칭은 정정하기도 하고요.
사람은 나를 규정하는 말로 내가 하는 일을 더 선명하게 인식해요. 저는 그림책 작가라는 말이 저를 정말 잘 표현한다고 생각하는데요. 그림이 잔뜩 있는 책은 그림책, 무언가를 만드는 사람은 작가라면 저는 그림을 책으로 만드는 사람이니 두 단어에 제가 다 담긴 거죠. 동화는 그림이 없어도 되지만요. 그리고 그림책은 모든 연령이 보는 책이라 '아이 동童' 자로 시작하는 동화와 달라요. 예전에는 그림책을 독립된 예술 장르로 봐주길 바라는 마음에 일부러 호칭을 명확히 하긴 했는데, 동화책 작가라고 부르고 싶으면 그래도 돼요(웃음).

작가님 작품은 '글 없는 그림책'으로 알려져 있어요. 글보다 그림이 가득한 책을 만드는 이유가 있나요?
그림은 글과 다른 방식으로 독자들에게 다가가요. 예를 들어 《파도야 놀자》 표지에는 아이가 바다를 바라보는 뒷모습이 그려져 있는데요. 우리가 바다에 가면 숙연해지곤 하죠? 거대한 자연을 보면 나의 고민이 작게 느껴지기도 하고요. 자연에 압도된 느낌을 표정 없이 뒷모습으로만 표현하고 싶었어요. 그 감각을 글로 전달하는 것과 한 장의 그림으로 표현하는 건 너무나 달라요. 그림은 많은 생각을 동시다발적으로 불러일으키는 힘이 있죠. 그런 이미지가 여러 장이 이어지면 말로 설명하기 힘든 어떤 것을 독자에게 전할 수 있을 거예요.

《파도야 놀자》

이야기의 해석을 독자에게 맡기는 거군요.
그렇죠. 그림이 독자에게 다가갈 수 있는 고유한 방식을 강조해 보고 싶은 거예요. 그림은 다층적인 이야기를 한꺼번에 전할 수 있어요. 최근작 《춤을 추었어》에서는 주인공 아이가 뛰노는 세상에 갑자기 전쟁이 일어나는데, 전쟁 장면에서 불꽃놀이가 펼쳐져요. 모티브가 된 건 어느 날 본 포털사이트인데 오류였는지 사진은 여의도 불꽃놀이 축제고, 제목은 이스라엘-하마스 전쟁인 거예요. 축제가 열린 그날 하마스는 불꽃놀이처럼 보이는 로켓포로 이스라엘을 공격했거든요. 아름다워 보이는 포탄이 사실은 파괴의 불꽃놀이라는 걸 그림으로 표현하고 싶었어요. 만약 이 내용을 구구절절 쓴다면, 효과는 반감될 거예요.

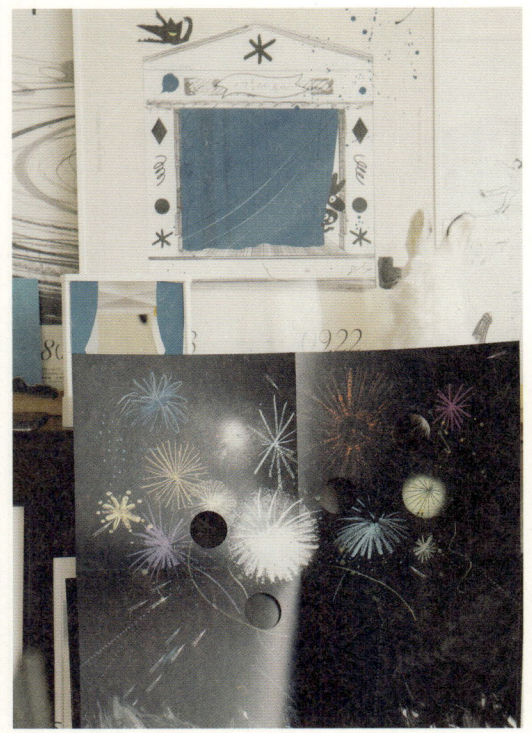

그림은 'A는 A야.'라고 명확히 설명하지 않으니까 빨리 와닿지 않아요. 그게 그림의 장점이자 어렵다고 느끼기 쉬운 한계겠죠. 독자가 제 의도까지 생각이 미치면 좋은 거고, 자기만의 해석을 할 수 있다고도 생각해요. '이래도 흥, 저래도 흥' 같은 건 아니고요(웃음). 저는 이야기를 계속 끌고 가되, 디테일을 어떻게 보느냐는 읽는 사람의 몫인 거죠. 독자가 자신이 갈 수 있는 최대한 멀리까지 가보면 좋겠어요.

아이들은 작품을 굉장히 창의적으로 해석할 것 같아요.
맞아요. 잘 모르겠으면 그냥 마음대로 해석해요. 들어보면 꽤 그럴싸하죠. 《거울 속으로》라는 책에는 주인공 그림을 거울에 비친 모습처럼 반전해서 나란히 붙여놓았어요. 아이들에게 뭐가 달라졌냐고 물으니까 한 친구가 한쪽 다리가 더 짧아진 것 같대요(웃음). 책에 나오지 않는 앞뒤 상황을 상상해서 덧붙이기도 하죠. 그런데 어른들은 잘 못해요. 내 생각이 정답이 아닐까 봐. 그래서 자꾸 작가에게 해석을 확인하는 것 같아요. 아이들과 책을 읽으면 뭐랄까, 너무 오래 걸려요. 자기가 아는 모든 걸 이야기해야 넘어가거든요. 바다 장면이 나오면 이번 여름에 자기가 갔던 바다는 어땠는지, 왜 가게 됐는지 이야길 들려주죠. 아직 몇 페이지 보지도 않았는데 시간이 훌쩍 흘러요. 그림책은 사실 굉장히 많은 이야기를 할 수 있는 책이에요. 어른들이 읽어줄 게 없다고 휙휙 넘기면 아쉽죠.

책 한 권은 어떻게 탄생하나요?
책마다 다른데요. 정말 공들여서 스토리보드를 짜거나 갑자기 든 생각을 빠르게 책으로 만들기도 해요. 영감이 하늘에서 뚝 떨어진다기보다 평소에 가지고 있던 생각을 확장해 가는 거예요. 전부터 구멍이 난 책을 만들고 싶다는 생각을 하던 차에 어느 날 간송미술관에서 심사정의 '고성삼일포'라는 그림을 봤어요. 흰 점이 여러 개 있길래 눈 오는 풍경을 그렸다고 생각했는데, 설명을 읽어보니 동그랗게 좀먹은 흔적인 거예요. 종이가 접힌 채로 좀먹어서 구멍이 대칭으로 났죠. 눈 오는 듯한 풍경이 많은 관객의 사랑을 받아서 일부러 구멍을 메우지 않았대요. 너무 재밌잖아요. 그 자리에서 바로 아이디어가 떠올랐어요. 대칭으로 눈이 내리다가 결국 하얗게 덮여서 삼일포 풍경이 사라지는 책. 그렇게 탄생한 《눈 내리는 삼일포》는 표지에 동그란 구멍을 냈어요.

이런 표현 진부하지만… 천재적이에요.
천재적이라기보다는 실행력이 좋은 거라고 생각해요(웃음). 생각을 아무리 많이 해도 막상 추진하기는 어렵잖아요.

무언가를 반드시 만들어서 손에 쥐고 싶다는 욕망이 나를
끌고 갈 수 있어요.

그럼 작가님의 동력은 욕망인가요?
재미죠. 재미.

그림 그리는 인생을 살기로 결심한 계기를 기억하세요?
되짚어보니 계기라고 말할 수 있을 것 같은데요. 그림을
배우고 싶어서 부모님을 졸라 동네 화실에 갔어요. '명원
화실'이라고. 어른들이 아이들 그림은 다 칭찬하잖아요.
저는 그 말을 믿는 아이와 안 믿는 아이로 나뉜다고
생각해요. 저는 칭찬이 진짜인 줄 알았던 아이였고요(웃음).
거기 화실 선생님이 되게 특이했어요. 그림 잘 그리는
법을 알려주기보다는 "응, 왔냐? 이제 가냐?" 정도만 하는
사람. 학생들과 분리된 작은 공간에서 개인 작업도 했어요.
어딘가에 존재할 거라고 상상만 하던 화가의 실체를 본
느낌이었죠. 이렇게도 살아가는구나, 나도 계속 그림을
그리고 싶다. 막연히 그런 생각을 했어요. 얼마 전에는
딸 친구가 작업실에 놀러 왔어요. 그 아이는 이런 공간
처음 볼 거 아니에요, 그쵸? 어쩌면 그 친구에게 제가 명원
화실 선생님처럼 보였겠다는 생각도 들어요. 어떤 삶의
실체를 보는 건 중요하다고 생각해요. 막연한 동경을 떠나
직업인으로 살아가는 사람들을 실제로 마주할 때 피부로
느끼는 감흥은 굉장히 달라요.

저도 다양한 사람들을 만나면서 이렇게나 삶의 모습이
다양하다는 걸 실감하고 있어요.
저는 우리나라 미술 대학에서 서양화를 전공하고 북아트를
배우러 영국으로 유학을 떠났는데요. 처음 보는 유형의
사람을 많이 만났어요. 저거 해서 뭘 먹고 살까 싶은데,
작지만 멋진 공간에서 자기만의 책을 만드는 사람부터,
책이 멋지면 되지 다른 게 무슨 소용이겠냐는 포스를
풍기는 사람까지…. 그들의 삶과 작업에 감동하면서
제게는 작고 추상적이던 책의 의미가 점점 커졌어요.
유학할 때 '볼로냐 아동도서전'을 처음으로 보러 갔어요.
어마어마하게 큰 공간에 전 세계에서 그림책과 관련된
모든 사람이 모여드는 걸 보고 깜짝 놀랐죠. 그림책은
어린이를 위한 작은 세계라고만 생각했는데, 도서전에
와보니 그림책은 핑계일 뿐 자기가 하고 싶은 걸 다 하는
사람들이 많은 거예요. 나도 해보겠다는 생각에 돌아와
급히 첫 책 《이상한 나라의 앨리스》를 만들었어요. 그런데
다소 난해한 그 책이 이탈리아에서 정말 출간이 되고
나니, '이렇게 내가 만들고 싶은 책을 만들어도 되는구나'
싶었죠. 그렇게 자신감을 얻고 지금에 이르렀네요. 제
삶에는 '네가 생각한 것보다 더 넓은 세계가 있어. 거기는
너무 재밌는 곳이야.'라고 말해주는 계기들이 있었어요.

그때 다른 사람과 나를 비교할 수도 있잖아요. 나는 과연 저 사람들처럼 살 수 있을까, 나는 이 세계에 들어올 자격이 있을까 하고요.

아니요. 그런 생각은 안 해봤어요. 나도 저렇게 살고 싶다, 나도 저렇게 멋진 책 만들고 싶다 같은 마음이 앞섰어요. 내 눈앞의 재미를 좇는 하루살이적인 관점이었달까요.

사실 예술 한다고 하면 사람들의 격려보다는 걱정의 시선이 앞서기도 하잖아요. 생계를 걱정하는 두려움은 없었어요?

(고개를 저으며) 없었어요. 근시안적이라 바로 앞의 것만 생각했지, '내가 잘할 수 있을까.'라는 고민이면 몰라도 미래를 두려워하는 마음은 품어본 적이 없어요. 예술 하는 사람은 배가 고프다는 말이 있는데요. 뭐, 다른 분야는 안 그런가? 어떤 분야든지 성공하는 사람은 소수잖아요. 남들이 일반적으로 하는 일을 한다고 해서 대단히 성공하지는 않아요. 어느 길을 가도 힘든데 그럴 바에는 내가 하고 싶은 거 해야지요(웃음).

그림책 작가로 20년을 살아왔어요. 여전히 일이 재미있으세요?

네. 늘 재밌진 않지만요. 무슨 일이든 다 그렇잖아요. 에디터님도 이렇게 인터뷰하는 거, 재미없으면 못 할 거 아니에요?

그렇죠. 고역이겠죠.

어떤 일을 계속할 수 있는 이유는 재미예요. 해온 대로 나아간다면 이번에도 역시 재미있을 거라는 사실을 경험적으로 알잖아요. 저도 작업이 안 풀리면 괴롭죠. 하지만 결국 결과물이 나온다는 걸 아니까 끝까지 가볼 수 있는 거예요. 사실 지금 준비 중인 전시가 제가 해오던 작업과 조금 다르고, 채워야 할 공간도 커서 처음에는 부담이 됐어요. 그런데 이것 보세요. 얼마 전에 당근에서 5천 원 주고 거래한 거울인데요. 꼭 무대 같아 보이는 거예요. 아래 달린 서랍이 무대 하단 오케스트라 박스 같기도 하고요. 이걸 보면서 전시 공간도 하나의 무대라고 생각하면 되겠구나 싶더라고요. 나는 관람객들이 예술의 놀이터에 들어왔다가 나가는 경험을 하게 해주면 되지 않을까, 내가 제일 잘할 수 있는 걸 하면 되지 않을까. 전시 공간을 얼마나 재밌게 꾸밀지 생각하다 보니까 또 즐겁더라고요. 이제는 욕심이 생겨요.

일에 대한 애정이 가득해 보여요. 그림책 작가로 살아가는 게 좋은 이유도 역시 '재미있어서'겠죠?

네. 저는 이 일이 이렇게 즐거운지 몰랐어요. 그림책 업계에 들어와 보니 동료들이 재밌어요. 어린아이 같기도 하고, 엉뚱하고 순수하죠. 그림책 덕분에 여러 나라에 가보게 되었는데 새로운 사람과 세계를 만나는 즐거움이 계속되기도 하고요. 무엇보다 어린이를 계속 만날 수밖에

없는 직업이라 좋아요. 아이는 뒤에 숨겨 놓은 생각이 없는 존재라 오히려 인간 대 인간으로 만나는 즐거움을 줘요. 이걸 다 알고서 그림책 작가가 되기로 결심한 건 아니지만 어느 지점에 이르니 직업의 장점을 발견하게 됐네요.

다른 직업을 택했다면 어떤 일을 했을 것 같으세요?
질문지 보고 미리 고민해 봤는데 잘 모르겠더라고요. 답을 해보자면 그림책과 문학, 시각 예술, 음악, 춤 등 여러 예술 장르를 연결하는 일에 관심이 있으니까, 다양한 장르가 시너지를 내도록 예술 작품을 총괄하는 기획과 관련된 일을 하지 않았을까요? 잘했을 것 같아요(웃음).

동의해요(웃음). 절대로 선택하지 않았을 것 같은 직업은요?
이것도 생각해 봤는데 딱히 없어요. 기획 일을 하지 않고 작가가 된 이유는 나의 것에 대한 집착과 욕심이 많아서일 거예요. 무슨 일을 하든 나의 것을 추구하는 방향으로 풀어갔을 것 같아요.

책상에 계속 앉아서 반복된 업무를 하는 것도 괜찮으세요?
반복된 일이 무엇인지에 따라 다르겠지만, 사실 제가 하는 일도 계속 앉아서 엉덩이로 하는 일이긴 해요.

맞아요. 끈기와 인내력이 중요하죠. 그런데 작가님과 달리 일에서 재미를 잃는 사람들도 있잖아요.
그래도 뭘 하든지 나를 살아 있게 만드는 일을 해야 하는 것 같아요. 아니면 일에서 내가 살아 있도록 만든지요. 아니면 빨리 떠나든지. 나를 너무 힘들게 하는 일을 하고 있다는 판단이 들면 그다음으로 옮겨 가야 해요.

작가님도 그런 선택을 한 적이 있나요?
바깥에서 보면 제가 그림책 작가라는 직업 안에 계속 머무른다고 생각하겠지만, 저만의 선택을 계속해 왔어요. 예를 들면 회화과를 졸업할 무렵에 아르바이트로 일러스트레이션을 했어요. 그런데 순수 미술을 하던 사람이 그래도 되냐며 변절자를 대하는 듯한 시선을 보내는 사람들도 있었죠. 하지만 일반적이지 않은 선택을 하면서 내가 하고 싶은 게 오히려 명확해졌어요. 내 작업이 세상이 정의한 순수 미술의 카테고리에 포함되어야만 하는 건 아니잖아요. 아직도 편견과는 계속 싸우고 있죠. 그림책은 그냥 어린이용 책 아니냐 같은 말이요. 그런데 어린이가 보는 첫 번째 미술이기 때문에 더 예술적이어야 한다고 생각해요. 그림책으로 아이가 책 읽기가 얼마나 즐거운 행위인지 깨닫고, 평생 나와 함께할 예술에

친숙함을 느낀다면 그것보다 더 훌륭한 일은 없을 거예요. 사람들이 예술의 범주를 더 넓게 바라보길 바라요.

실패를 대하는 마음을 듣고 싶어요. 출판사에 보낸 원고를 반려당할 때도 많았다고 했죠. 어떤 마음으로 작업을 지속하셨어요?
물론 화가 나고 슬프지만(웃음), 제 장점이라면 실패를 오래 붙들고 있지 않아요. 이건 됐고 다음에 하고 싶었던 걸 해보자면서 그다음 작업으로 빨리 넘어갔어요. 내 탓이나 남 탓이라는 생각은 안 했던 것 같고요. 그림은 내가 하는 수많은 일 중 하나일 뿐이고, 사활을 걸 만큼 제 작업이 훌륭하다고 생각하지는 않아요. 다양한 나라의 출판사 문을 두드려보는 일은 오히려 재밌는 과정이었어요. 문화적인 차이 때문에 어떤 나라에서는 우울하다며 출간을 거절당한 작품이 다른 곳에서는 좋다는 반응을 얻는 것도 신기하고요.

한국인 최초로 아동문학계 노벨상으로 불리는 '한스 크리스티안 안데르센상'을 수상하셨는데요. 인정과 주목을 받으면서 더 좋은 작업물을 선보여야 한다는 부담감은 없었어요?
없었어요. 격려를 받은 느낌이었죠. 여태 해오던 대로 계속 나아가도 된다고 누군가 손을 들어준 거라고 생각했어요. 부담감을 느끼는 건 미련한 일이에요. 왜 그런 생각을 하죠? 제 아이들이 사춘기가 시작되면서 외모에 관심도 많아지고 모든 사람이 자기를 다 쳐다본다고 생각하더라고요. 하지만 아무도 쳐다보지 않잖아요. 그래서 제가 "사람들은 너한테 관심 없거든!"이라고 이야기하면, 아이들은 "알거든! 내가 좋아서 하는 거거든!"이라고 해요. 그런데 그 말이 맞아요. 수상은 내가 좋아하는 작업을 사람들과 같이 누리고 축하하는 자리일 뿐이에요. 나한테 부끄럽지 않고 재미있는 작업을 하면 누군가는 나와 같은 마음으로 볼 거라고 생각하면 돼요. 창작자의 태도는 그때 당면한 문제를 첨예하게 맞닥뜨린 다음, 열과 성의를 다해, 솔직하게, 즐겁게 작품을 만드는 거예요. 그 이상도, 그 이하도 아니에요.

그럼 창작이라는 일을 꾸준히, 오래, 잘하려면 어떻게 해야 할까요? 저도 글을 쓰는 사람이니 꼭 묻고 싶었어요. 에디터님은 언제 글이 잘 써져요?

음… 전달하고 싶은 바가 명확하게 떠오를 때요.
그렇죠. 어떤 걸 써야 할지 내가 알고 있을 때. 그러니까 상황을 장악하고 있는 때죠. 내가 하고 싶고, 할 수 있을 것 같은 이야기가 있어야 해요. 그런데 아이디어를 얻어도

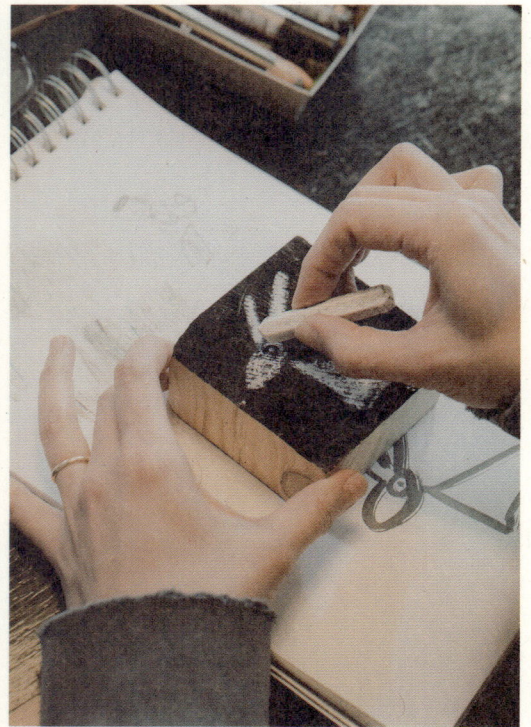

실제 작업에 돌입하면 할 일이 많아요. 저는 그림을 그리고 나면 책 모양도 고민해야 하고, 단가가 맞는지도 살펴봐야 해요. 스파크가 튀었을 때만 재미있고 나머지는 다 재미없는 일인 거죠. 그런데 그 스파크를 현실화하고 싶어서 이 일을 하는 거잖아요. 내가 무엇을 이야기하고 싶었는지 잊지 말고, 작품이 완성될 때까지 불씨가 튀었던 첫 마음으로 자꾸 돌아가고 또 돌아가면서 나를 좋은 상태로 유지하는 게 중요해요. 힘들면 좀 쉬고요. 다시 스파크가 튀면 불씨를 잘 살려가면서 또 하나 만드세요. 장대하고 숭고한 무언가를 향해 나아간다는 결심보다는 작은 성공을 해내면 일단 칭찬하세요. 그다음 또 다른 작은 성공을 향해 가는 거죠.

늘 '이수지 작가님 마음 자세'로 글을 써야겠어요(웃음).
(웃음) 힘들 때는 뭐, 징징거리면서 하는 거죠. 그런데 재미가 있어야죠. 무언가를 하고 싶은 사람들만이 가진 눈빛이 있어요. 인상적이고 매력적으로 기억에 남은 사람들은 모두 그 빛이 있었죠.

저도 그 빛을 오래 갖고 싶네요. 아직 진정으로 하고 싶은 일을 찾지 못한 어른은 어떻게 해야 할까요?
찾아야 돼요. 찾는 건 원래 어려워요. 그렇다고 좋아하는 일을 못 찾는 나를 부정할 필요는 없어요. 중요한 건 희미할지라도 맞다고 생각하는 것, 재밌어 보이는 것을 좇아가 보는 거예요. 그 길의 끝에 가면 또 다른 길이 열려요. 계속된 선택을 하면서 나아가는 거죠. 어느 지점까지 왔으니 두 갈래 길이 나오는 거지, 안 가면 몰라요. 아직 좋아하는 일을 모르겠다는 분들은 나아가 보지 않고 제자리에서 걱정만 하는 경우가 많아요. 가끔 나는 그림을 못 그리는데 그림책 작가가 될 수 있는지 물어보는 분들이 있어요. 저는 괜찮다고 절대 조언하지 않아요. 다음 선택을 할 수 있는 기본 실력까지는 가야 해요. 일단 가보세요, 그래야 다음 길이 열릴 테니까. 가다 보면 어딘가에 닿아 있겠죠. 그럼 그 길이 맞는 거지.

어렵지 않았느냐, 힘들지는 않았냐는 질문에 줄곧 고개를 젓는 그였다. 다른 사람과 외부 환경을 견주며 나를 작게 바라보지 않고, 내 안의 진솔한 소리에 귀 기울이며 걷는 사람. 이수지 작가처럼 조금은 더 대담하게, 가벼운 마음으로 나아간다면 나도 재미 따라 인생을 걸을 수 있겠다는 용기를 얻었다. 작업실 밖을 나서며 그와의 대화 속에서 일었던 불씨를 마지막까지 휘휘 잘 살려 보겠다고 다짐했다. 오늘의 이야기가 누군가에게 다시 불씨를 일으키길 바라면서.

26/05 > 31/07

auditório
municipal
augusto

어라운드의 100번째 시선

창작
무언가를 더듬거리며 만들어 가는 일

©Hae Ran

100권의 《AROUND》는 무수한 사람들의 글과 말, 사진과 그림의
총합이다. 100호를 기념해 우리의 책을 짓고 다듬거나 한 자리를 채운
100인에게 직업과 삶에 관한 한 가지 질문을 건넸다.

에디터 이주연(산책방)

100인이 문답은 이번 호를 이루는 창작, 수집, 일상 테마에 나누어 실었다. 이름 아래에는 매거진 《AROUND》 제작에
참여한 호수와 발행 시기, 기사 제목을 기재했다. 과거 어라운드 구성원과 연재 필진은 참여 호수와 발행 시기만을 썼고,
어라운드의 어둠을 만들어가는 구성원은 호수를 표기하지 않았다.

01 어라운드 편집장 김이경

회사원은 유급 휴가도 있고, 퇴근하고 일을 안 하려면 안 할 수도 있고, 여차하면 사표를 낼 수도 있죠. 그런데 편집장님은요? 가끔《AROUND》에서 도망치고 싶지 않아요?

아, 진짜 때려치우고 싶은 날 너무나 많았는데(웃음). 나는 직장인이 아니니까 책임감이 그리 큰 사람이 아니라고 생각하며 살았고, 보헤미안처럼 자유롭게 떠도는 삶을 꿈꾸며 20대를 보냈어. 그런 나에게《AROUND》가 책임감이 뭔지 알려줬지. 애초에 나는 사람들과 같이 만드는《AROUND》를 꿈꾸고 있었더라고. 나는 그간 꿈을 이뤘어.《AROUND》 안팎으로 함께해 준 이들이 나를 계속 제자리로 돌려줬다고 생각해.《AROUND》의 전신(?)인《playground》의 이름처럼 나는 그저 큰 울타리를 만들고 그 안에서 마음껏 뛰어노는 어른들의 성장을 봐온 기분이야. 앞으로도 도망은 못 칠 것 같고(웃음), 조금씩 한 발짝 뒤로 물러나《AROUND》의 울타리가 되어야겠지.

02 어라운드 에디터 이명주

매거진을 구성하는 요소로 비주얼은 빼놓을 수 없죠. 인터뷰를 기획할 때, 주제에는 딱 맞는데 비주얼이 아쉬워서 기획하지 못한 경우가 있지 않나요? 매거진을 꾸릴 때 이미지와 원고의 우선순위를 어떻게 두고 있는지 궁금해요.

스스로 고민이 크던 질문을 만나버려, 눈앞에 있는 '꼬북칩'을 뜯어 이십 개쯤 먹었으나 멋진 답은 떠오르지 않았습니다. 대신 솔직한 답을 해볼게요. 저는 에디터가 되기 전부터 인터뷰를 좋아했어요. 그날만 가능한 대화와 그날의 대화였기에 가능한 사진이 한데 모여 있으니까요. 다시는 반복되지 않을 어떤 이들의 하루를 보는 기분이잖아요. 텍스트만 적힌 걸 매거진이라고, 사진만 있는 걸 인터뷰라고 부르지 못하니 반드시 글에 이미지가 더해져야 매거진 인터뷰가 된다고 생각해요. 둘을 떼어 놓을 수 없지만 분명 대화가 바탕이 되고 장면이 덧붙여져야 한다고요. 매번 이 질문을 마주하며 고민합니다만 조금 더 날것의 마음을 털어놓자면, 그날의 대화가 잘 풀린다면 그날의 사진은 자연히 잘 찍히지 않겠나… 무르게 생각해 버려요.

03 시인 문보영
Vol.83 | 2022. 05. | 〈일기장의 모든 것〉

'창작의 시작은 일기'라고 이야기한 적이 있죠. 문보영의 창작의 끝은 무엇일까요?

창작의 끝을 생각하니 조금 슬퍼지네요. 여태껏 종착점을 상상해 본 적이 없으니까요. 끝이 완성을 의미하는 거라면, 그것은 영영 가능하지 않을지도요. 끝을 목적지라고 생각한다면, 그곳에서는 창작자가 자신의 글에서 사라지고, 글도 글에게서 풀려났으면 좋겠어요. 어쩌면 창작의 끝은 또 다른 일기의 시작일지도 몰라요. 일기에서 출발한 창작이 새로운 기록을 남기고, 그렇게 끝나지 않는 순환 속에서 살아가는 것이요. 창작의 끝은, 끝이 아니라 계속되는 작은 변형들이기를 바라요.

04 콘텐츠 매니저 손현
Vol.77 | 2021. 05. | 〈영영 쓰는 사람〉

77호 인터뷰에서 "좋아하는 일을 계속하기 위해서 이 일을 하면서 어떻게 해야 돈을 많이 벌 수 있을까를 생각"했다고 했죠. 좋아하는 일에 제대로 금전적인 보상을 받는 요령이 궁금한데, 어떻게 하면 기준을 확실히 세워볼 수 있을까요?

직장인이든 프리랜서든 자신의 가치를 책정하는 건 어려우면서도 중요한 일이죠. 여기에도 수요공급의 법칙이 적용돼요. 수요자(회사)가 최대로 줄 수 있는 보상과 공급자(직장인, 프리랜서)가 기대하는 최소 수준의 보상이 어느 정도 정해져 있잖아요. 가격은 그 사이에서 정해지겠죠. 현재 프리랜서라면, 차라리 클라이언트에게 가용 예산이 어느 정도인지 물어보고 그 한도 안에서 현실적으로 들어가는 품을 고려해 견적을 제안해 보세요. 이때 내 욕망에 솔직해지는 게 중요해요. 돈을 많이 벌고 싶은지, 좋아하는 일로 돈을 벌 수 있는 지속 가능한

©Hae Ran

구조를 만들고 싶은지. 내 역량이 이 시장에서 대체 불가능할 정도로 독보적인 경우라면(일단 저는 아닙니다.) 자신의 가치를 비싸게 책정할 수 있겠지만 그런 사람은 극소수예요. 저는 좋아하는 일로 돈을 벌 수 있는 구조를 우선 만들고, 그 일을 최대한 잘해내는 방법을 추천해 드려요. 언젠가 다음 기회가 찾아올 테고 조금씩 가격을 높일 수 있거든요.

<u>05 뮤지션·작가 오지은</u>
Vol.32 | 2015. 12. | 〈익숙한 새벽 세 시〉
Vol.80 | 2021. 11. | 〈꼬마, 흑당이, 짜짜미, 뭉돌이〉
얼마 전에 고사리(팬을 부르는 애칭)에게 4집을 약속하셨죠. 곧 데뷔 20주년, 공공연하게 약속한 4집, 그대의 창작 활동은 지금…?
요즘은 책을 쓰고 있는데요. 농담 삼아서 우선채권자들(출판사)이 독촉해서 쓴다고 말하곤 하는데, 정말 농담이고 하고 싶은 이야기가 있어서 씁니다. 올해는 아마 두 권이 나올 것 같아요. 먼저 나올 책은 《우울증핸드북(가제)》이라는, 우울증에 대한 가이드북이에요. 가이드북이라니 좀 이상하죠. 그래도 가이드는 필요하니까…. 음악은 오랫동안 새로운 곡을 쓸 생각이 없었는데 이상하게 작년부터 '다시 때가 왔나?' 하는 생각이 들더라고요. 하나의 앨범에서 하고 싶은 이야기가 뭔지 우선 그것부터 천천히 생각해 볼 예정입니다. 그게 정해지면 4집 작업이 시작되겠지요.

<u>06 일러스트레이터 키미</u>
Vol.82 | 2022. 03. | 〈당신의 책은 어떤 장르인가요?〉
Vol.89 | 2023. 06. | 〈그린, 댄스 그리고 사랑을 담아〉

키미를 움직이는 것 중 하나는 '초록'이죠. 상상해 볼게요, 어느 날 자고 일어났더니 초록이 식별되지 않아요. 녹색맹이 시작된 건 아닌지….
어쩌면 한 사람이 사용할 수 있는 초록의 양이 정해져 있는데 내 몫을 너무 흥청망청 써버린 건 아닐까, 하고 실제로 일어난 일인 양 반성하게 되네요. 초록이 식별되지 않는 순간부터 창작자로서의 키미는 아이러니하게도 색에서 벗어나 자유로워질 것 같아요. 질문을 읽는 순간 비로소 눈에 보이는 초록색 말고 진짜 내 마음속 초록을 그릴 수 있을 것 같다는 생각이 들었어요. 숲의 냄새와 풀의 소리와 축축한 이끼의 촉감 같은 것들이요. 그것도 좋지 않나요?

<u>07 그래픽 디자이너 오혜진</u>
Vol.82 | 2022. 03. | 〈아름다운 게 최고입니다〉
Vol.99 | 2025. 02. | 〈흙과 인간을 관찰하고 잇는〉
"작업할 때 손이 빠르다."는 이야기를 한 적이 있죠. 창작과 속도에 관한 이야기를 들려주실래요?
다시 생각해 보니 틀린 말 같아요. 저는 몹시 느린 인간이란 사실을 최근 깨달았네요…. 효율이 미덕처럼 느껴지는 사회지만 빨리하면서 잘하기까지 하는 건 불가능한 것 같아요….

<u>08 시인 김승일</u>
Vol.66 | 2019. 07. | 〈잘 듣고 있어요〉
Vol.86 | 2022. 11. | 〈이런 지옥이라면 가보고도 싶다〉
제 세상엔 두 명의 천재가 있고, 그중 한 사람이 김승일이에요. 승일 씨는 노벨 문학상을 꿈꾸고 있죠. 유튜브 채널명이 〈노벨 문학상을 향한 여정〉이기도

하고요. 창작자 김승일의 목표는 진정 노벨 문학상인가요? 당신에게 노벨 문학상은 무엇이죠?

제 목표는 노벨 문학상이 맞습니다. 이렇게 말하면 사람들이 웃어요. 그러면 저도 웃으면서 진짜 진짜 노벨 문학상에 진심이라고 강조하죠. 그러면 저를 사랑하는 사람들이 미소 지어요. 그들의 미소가 저를 미소 짓게 하죠. 그러니까 노벨 문학상은 농담이 아닙니다. 그런데도 저와 제 앞의 사람들을 웃게 만들죠. 저는 노벨 문학상 수상 작가들을 존경합니다. 해야만 하는 말과, 해야만 하는 행동과, 일어나야만 하는 사건을 만든 사람들이죠. 매년 수상 후보에만 오르다가 죽은 작가들도 좋아합니다. 어쩔 땐 그들의 작품을 더 좋아하죠. 저는 존경받고 싶습니다. 한편으로는 이 사람이 왜 노벨 문학상을 받지 못했지? 감식안이 좋은 사람들이 안타까워하기를 바랍니다. 늘 문학을 사랑하세요. 그리고 웃으세요.

09 작가 이슬아
Vol.46 | 2017. 05 | 〈지금, 당신에게, 이 단어, 여성〉
Vol.92 | 2023. 12 | 〈뭉근한 사랑의 몸짓〉

다시 시작된 〈일간 이슬아〉의 편편이 마치 드라마처럼 '다음 이 시간에…' 느낌으로 끝이 나고 있어요. '다음'을 기다리는 독자가 있다는 확신과 믿음을 어떻게 가질 수 있나요?

중요한 질문이라 숨을 한 번 고르게 되네요. 다음을 기다리는 독자가 있다는 확신은 제게도 없는 것 같아요. 없기 때문에 더더욱, 다음을 기다리지 않고는 못 배길 만한 마지막 문장을 만들기 위해 애를 쓰는 것이지요. 제 스승님이 말씀하셨듯 작가는 역시 첫 문장과 마지막 문장을 준비하는 사람이라고 생각해요. 첫 문장에서는 사로잡고 싶고, 마지막 문장에서는 잊을 수 없게 만들고 싶은 마음이에요. 드라마를 쓰다 보니 산문에서도 이 성향이 더 강화되는 것 같아요. 반드시 다음에도 봐주길 바라니까, 독자 없는 작가도 없으니까, 읽는 사람이 들어올 자리를 적극적으로 만들며 정진하고 있습니다.

10 스테이폴리오 대표 장인성
Vol.75 | 2021. 01. | 〈달리기라는 서사를 씁니다〉

"설득하는 사람"이라는 소개 문구를 사용하고 있어요. 콘텐츠, 브랜드를 만들어 나가면서 '나 자신'을 설득해야 할 땐 어떤 요령을 쓰고 있나요?

깊이, 그리고 제대로 알게 되면 설득되지 않을 수 없죠. 설득되지 않는 일이 있을 때는 여러 시선에서 바라보며, 그 자리에서 보이는 것들을 더 알아갑니다. 문제를 한쪽 시각에서만 보면 전체를 입체적으로 파악하기 어려워요. 반대쪽에서도 바라보고, 위에서도 내려다보며 시간을 들여 깊이 이해하려 하죠. 어렴풋이 알게 되면 일단 고개를 끄덕일 수 있고, 조금 더 알게 되면 진심으로 믿게 돼요. 그리고 깊이, 제대로 이해하게 되면 비로소 행동으로 옮길 수 있죠. 그제야 온전히 내 것이 됩니다. 저는 진심으로 믿고 행동할 수 있을 때까지(설득될 때까지) 계속 탐구하고, 고민하고, 움직이며 생각해요.

11 이시이ISHII 디자이너 양예슬
Vol.71 | 2020. 05. — Vol.97 | 2024. 10.

《AROUND》 매거진을 디자인하고 싶어서 대학교에 재입학하여 디자인을 전공했고, 어라운드에서 디자이너로 긴 시간 일해왔는데 퇴사 후 행보가 흥미로워요. "곁에 오래 머물 아름다운" 옷을 만드는 브랜드를 론칭하셨다고요?

'이시이ISHII'는 남자친구와 함께 만든 브랜드예요. 퇴사 후 남자친구와 고베의 미술관에 발걸음 한 적이 있는데, 1930년대에 은행으로 지어진 건물 안에 자리하고 있더라고요. 시간이 꽤나 흘렀음에도, 뜯어고치거나 새로 짓지 않고 본질을 유지하고 있는 그 공간 가운데 서 있자니 온몸의 털이 비쭉 서는 기분이었어요. 정말 황홀했거든요. 그때 본질의 힘을 여실히 체감했죠. 그런 브랜드를 만들고 싶었어요. 본질에 집중하며, 시간이 지나도 우리 곁에 오래 머물 아름다운 것들을 만드는 브랜드를요. 그러기 위해 매 순간 더하기보단 덜어내는 선택을 하려 노력하고 있어요.

ⓒ최머레

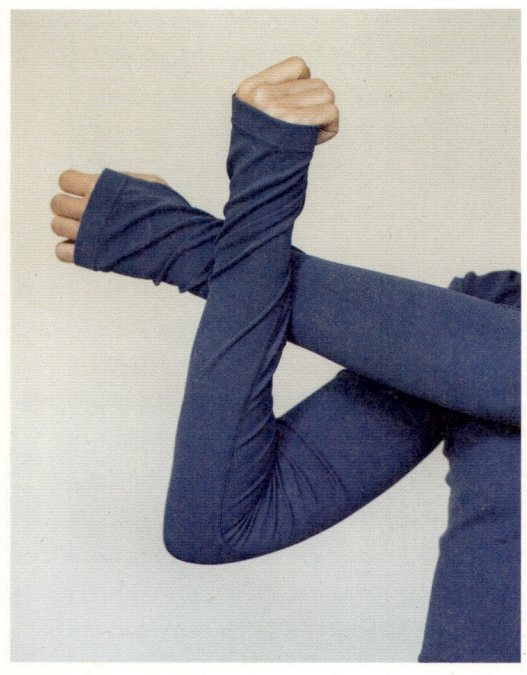

©Hae Ran

욕심이 나서 연거푸 더하다 보면, 어느새 본질은 놓친 채 길을 잃고 헤매게 되더라고요. 몸과 마음이 지치지 않게끔 우리의 속도로 잔잔하게, 차근히 나아가보려 해요.

12 시인·포토그래퍼 이훤
Vol.65 | 2019. 05. | 〈도시를 이루는 가장 작은 단위〉
Vol.92 | 2023. 12. | 〈뭉근한 사랑의 몸짓〉
긴 시간 미국에서 이방인으로 지낸 시절이 창작자로서의 정체성에 제법 큰 영향을 미쳤죠. 76호 인터뷰에서 "정서적으로도 완전한 집이라고 느끼는 순간은, 그런 공간은 늘 멀리 있다."고 했어요. 모국으로 돌아온 지금은 어때요?
돌아오고 나니 집이 흐릿해지거나 사라지는 경험이 줄었어요. '잠정적인 상태'로 존재하던 집이 견고해졌어요. 창작자로서도 큰 변화가 생겼는데요. 타국에선 혼자 쓰고 혼자 읽으니까 자주 말랐거든요. 그런데 모국어에 둘러싸여 사니까, 자기 방식대로 언어를 세공해 온 동료들 사이에서 지내니까, 언어가 제 안에서 더욱 팽창하는 거예요. 새로 움트는 게 느껴져요. 그 사실이 정말 고마워요. 이 만남이 하나도 당연하지 않아요. 그리고 나아가고 싶은 독자를 생각할 때 떠오르는 얼굴이 분명해졌어요. 시가 어떻게 읽히는지, 사진을 어떻게 경험하는지, 듣는 자리가 늘었거든요. 어렵다면 왜 어려운지 많이 물었어요. 타지에서 전시할 때 자주 받은 질문이 "당신의 독자는 누구인가?"였거든요. 순서가 잘못된 질문이라고 생각했어요. 작가가 먼저 독자를

상정하지 못한다고 믿었거든요. 돌아오고 나니, 시나 사진과 친하지 않은 이들이 자주 떠오르더라고요. 이 세계로 들어서는 걸 목격하는 기쁨이 컸나 봐요. 요즘 저는 비사진 독자들과 비문학 독자들을 향해 말하고 싶어요. 초대하고 싶어요. 좋은 게 있다고. 당신도 여기를 좋아하게 될 거라고.

13 배우 최강희
Vol.94 | 2024. 04 | 〈사랑이 밥 먹여주지〉
지금의 내가 아닌 '또 다른 최강희'를 연기해야 한다면, 어떤 나를 연기해 보고 싶어요?
아주 단정하고 참한 최강희로 살아보고 싶은데 그건 저와 거리가 머니까… 정의나 사랑을 위해 목숨 바칠 수 있는 그런 최강희요. 순국열사 같은. 전 태어나서 본 직업 중에 소방관이 가장 멋있었더라고요.

14 포토그래퍼 해란
Vol.12 | 2014. 04. | 〈서툰 감정을 쫓는 시선〉
— Vol.100 | 2025. 04. | 〈일상과 비일상 사이의 다정〉
비슷한 사진 스타일이 많아졌다고 느끼는 요즘, 사진 공부를 위해 유학을 계획하고 계신다고요. (잘 가, 가지 마, 행복해, 떠나지 마….) 새로운 것들을 내 스타일로 흡수하기 위해서는 어떤 조건과 도전이 필요하다고 생각하시나요?
새로운 것들을 내 스타일로 흡수하기 위해 가장 중요한 건 새로운 환경에 나를 존재하게 하는 거예요. 익숙한 공간에서는 무의식적으로 같은 방식을 반복하지만, 전혀 다른 환경에 놓이면 시각과 감각이 새롭게 깨어나요. 저는 속초 본가에서 며칠 머물다 서울 집으로 돌아왔을 때도 낯섦을 느끼고, 익숙하던 것이 새롭게 보일 때가 많아요. 그래서 해외에서의 경험은 단순히 새로운 기법을 배우는 걸 넘어, 익숙한 것을 다시 낯설게 바라보는 시선을 갖게 하는 중요한 과정이 될 거라고 생각해요. 그런 변화 속에서 제 스타일을 확장하고 재정립할 수 있겠죠. 결국 도전은 특정한 기술을 익히는 것만이 아니라 새로운 공간에서 저 자신을 다시 발견하는 과정 자체에 있다고 믿어요.

15 아티스트 미사키 카와이 Misaki Kawai
Vol.95 | 2024. 06. | 〈지구에서 가장 폭신폭신한!〉
저는 악마입니다. 미사키 카와이를 구성하는 삼요소 햇살, 밥, 코미디 중 햇살을 없애볼게요. 당신은 딸 '포코'의 얼굴조차 볼 수 없는 어두운 세상에서 살아가야 해요. 창작물에 어떤 변화가 찾아올까요?
…오, 노우! 저는 뒤집힌 세상에 살고 있는 건가요? 그렇다면 제 그림의 색은 더욱 밝아지고, 나의 작품들엔 털이 더욱 많아질 거예요!

16 일러스트레이터 휘리

Vol.66 | 2019. 06. | 〈완성된 일기〉
— Vol.100 | 2025. 04. | 〈순진하면 어때요〉

휘리의 그림은 언제든 "휘리다!" 할 만큼 스타일이
명확해요. 스타일을 유지하면서 변화를 꾀하는 데는
고민도 있을 것 같은데, 창작에 스타일이 어떤 영향을
미치나요?

확실히 그림을 알아보는 분들이 늘었습니다. 구도나
구성이 달라도 '이거 그 작가 같은데?'라고 생각한 뒤,
제 이름을 확인하는 순서로 그림을 보는 분들이 있어요.
기쁜 일이지요. 작가가 작업의 아이덴티티나 스타일을
갖는 것은 필수적이고, 나아가 그 스타일이 고유하고
시대의 흐름과 맞아떨어질 때 재미있는 일이 많이 생기는
것 같아요. 작품의 색깔이 강하다는 것은 이름 없이도 그
작가 것임을 알아볼 수 있고, 창작물의 대표 이미지를
쉽게 떠올릴 수 있다는 의미이기도 할 거예요. 하지만
그것은 곧, 언제나 예상 가능하다는 이야기가 될지도
몰라요. 스타일에만 매여 있으면, 작업이 예상 가능한
범위에서 벗어나지 못할 가능성이 크다고 생각해서
스타일이 앞서는 작업은 경계하고 싶어요. 자신의 생각과
하고 싶은 이야기를 첫 번째로 두고, 오랫동안 익힌 손의
감각이 그 생각을 따라오며, 그 과정이 반복될 때 작업의
아이덴티티가 유지되면서도 좋은 방향으로 발전할
수 있다고 믿어요. 그래서 저는 '어떤 마음이, 왜 그런
모양으로 그리게 만드는가.'에 집중하고 싶어요. 그리고
저는 여전히 제 작업이 궁금하고, 기대돼요.

17 픽션들·뮤지션 이아립

Vol.8 | 2013. 11. | 〈어느 날 들여다 본 내 모습〉
Vol.71 | 2020. 05. | 〈선택한 여백으로〉

출판사 '픽션들'은 "어떤 여백을 만들기 위해 시작한
일"이라고 이야기하셨죠. 창작의 영역에선 빽빽하게
채우는 것보다 여백을 두는 게 더 어려운 일이라는 생각도
드는데, 보이지 않는 여백을 어떻게 만들 수 있을까요?

여백을 만드는 것도 문장, 여백을 지우는 것도 문장.
여백은 처음부터 문장의 것이니까요.

18 브로콜리너마저 윤덕원

Vol.73 | 2020. 09 | 〈사탕을 건네는 마음〉

73호 인터뷰에서 "제가 그동안 조각하듯 깎아내며 하나의
의미를 남기를 방식으로 작업해 왔다면, 은이(시인 오은)는
작은 덩어리를 붙여가며 하나의 의미를 만들어내는
방식으로 작업한다는 게 보였어요. 지나치기 쉬운 순간을
차곡차곡 모아서 의미를 찾는 은이의 방식이 이 시대에
맞는 창작이란 생각이 들었어요."라는 이야기를 해주셨죠.
반대의 표현 방식에서 영향을 받은 듯했는데, 그다음
이야기가 궁금해요.

'이 시대에 맞는' 이라는 구절이 눈에 먼저 들어오네요.
그때는 코로나19로 서로 함께 하기 어려운 시기였죠. 많은
변화가 있었고. 그래서 역설적으로 우리를 둘러싸고 있는
환경에 더 집중한 해석을 내놓았던 것 같아요. 은이의
창작이 현 시대의 맥락에 더 잘 맞는 것이 아닐까 생각한
거죠. 지금은 창작자로서 초기에 품고 있던 큰 맥락이
지나가고 난 이후를 많이 생각하게 됩니다. 흔히 이야기하는
것처럼 아웃풋이 많은 전업 작가가 되었는데 인풋이
부족하게 되는 경험을 하기도 하고요. 그럴수록 주변의
모든 것을 풍부하게 경험하고 잘 모아서 새로운 재료로
만들어야겠다고 생각하게 돼요. 하지만 그것을 뒷받침하는
호기심과 순수한 마음은 잃기는 쉬워도 다시 찾기는
어렵더라고요. 그래서 최근에는 늘 하던 것을 늘 하던 대로
연습하는 일에 몰두하는 동시에, 창작과는 관련 없는 새로운
것들을 배우려고 하는 편입니다. 매일 새롭게 시작하는
초보가 되는 동시에 무엇인가에는 달인이 되고 싶어요.

ⓒ이종하

©Hae Ran

19 뮤지션·작가 요조
Vol.40 | 2016. 11 | 〈내가 사랑한 그림책〉
Vol.70 | 2020. 03 | 〈떡볶이의 인기척〉

책을 읽는다는 것을 '내 쪽에서 시작하는' 성찰이라고
이야기한 적이 있죠. 요조의 글을 읽는 독자 또한 자발적인
성찰을 시도하는 중일 텐데, 내 독자들에게 어떤 것들이
남거나 비워지길 바라나요?
내 글의 독자들에게 무언가를 바란다는 게 저에게 조금
괴로운 일이라는 것을 이번 기회에 깨닫게 되었어요.
감사합니다.

20 포토그래퍼 강현욱
Vol.64 | 2019. 03. | 〈소유하지 말고 경험하라, 위쿡〉
— Vol.100 | 2025. 04. | 〈보기 드문 인생들〉

이 기사에 함께하잔 말에 "글자로 뭘 적는 건 영 자신이
없다."고 하셨지요. 글보다 사진으로 보여주는 것이 더욱
편안한 일처럼 보이는데, 사진이 가진 소통 능력에 관해
들려주실래요?
길에서 귀여운 강아지를 만났을 때 '안녕'보다 '찰칵'이
빠를 때가 있잖아요. 가끔은 사진을 찍는 행위가 가장
순수하고 솔직한 소통 방법이라는 생각을 해요.

21 아이헤이트먼데이 홍정미
Vol.4 | 2013. 03. | 〈HEY DR. HONG, PLEASE
CURE A 월요병〉
Vol.84 | 2022. 07. | 〈산책의 한 꿋〉

2024년 츠타야 서점에서의 팝업을 시작으로 일본으로
무대를 넓히기도 했는데요. 처음 양말을 만들기 시작했을
때와 지금, 떠올리는 대상이 다를 것 같아요. '이 사람이
우리 양말을 신어주면 좋겠다!' 떠오르는 사람이 있나요?
아이헤이트먼데이는 천천히 일본으로 무대를 넓혀가며
한 걸음씩 나아가는 중입니다. 2년간 준비한 츠타야에서의
팝업이 작년 겨울에 성사되었고, 며칠 전에는 일본에서
열린 글로벌 전시&수주회에도 참가했어요. 처음
양말을 만들었을 때는, 사실 누구를 떠올려야 할지
막연했어요. 특정한 뮤즈가 있던 것도 아니었죠. 다만
'아이헤이트먼데이 양말을 신는 사람을 지하철에서도,
길에서도 마주칠 수 있으면 좋겠다. 연예인이 신어주면
좋겠다.' 같은 생각을 했죠. 그런데 지금은 누군가 신어주면
좋겠다는 생각은 들지 않아요. 누군가를 떠올려야 한다면,
이 양말을 만들기 위해 애쓰는 공장 분들 그리고 세상에
나오기까지 힘써주시는 아이헤이트먼데이 스태프들이
먼저 생각나요. 양말 하나가 완성되기까지 정말 많은
사람의 시간과 노력이 필요하기에 완성된 양말을 볼 때면
자연스럽게 그분들이 떠오르거든요. 이렇게 많은 이가 양말
한 켤레를 위해 최선을 다하고, 우리가 자부심을 가지고
자신 있게 제품을 만들고 있기 때문에 유명한 사람이나
세계적인 스타가 신더라도 크게 동요하지 않는 것 같아요.
하지만 길에서 우리 양말을 신은 사람을 마주치면 기쁜 건
여전히 변함없어요.

22 뮤지션 성진환
Vol.68 | 2019. 11. | 〈조그맣게 살아가자〉
Vol.80 | 2021. 11. | 〈꼬마, 흑당이, 짜짜미, 뭉돌이〉

자신의 모습을 투영해서 음악을 만들기 때문에 어렵게
용기 내서 발표한다고 했죠. 문득, 창작을 하는 일과 이를
발표하는 일은 별개의 일이란 생각이 들어요. 용기가
없어서 아직 발표하지 못한 창작물이 있나요?
있죠. 좋아하는 노래가 꽤 많이 생겨났는데 그것들을
발표하기 위한 작업을 선뜻 시작할 용기가 안 났어요.
음악 활동을 계속 쉬었더니 다시 시작하는 순간 스스로
별로라고 느껴질까 봐 겁이 난 것 같기도 해요. 그런데 지금
직장 다니면서 글을 쓰고 있거든요. 무사히 완성된다면
곧 책이 한 권 나올 텐데, 그동안 글이 별로여서 백 번
좌절하다가 어쩌다 한 번 좋은 게 나오면 잠깐 행복해지는
나날을 오래 보냈어요. 너무 힘들었고 지금도 힘든데,
한편으로 음악에 대해 가진 두려움이 덜해지는 기분도
들어요. '음악 하는 내가 별로여봤자 얼마나 별로겠어?
좌절해봤자 얼마나 좌절하겠어?' 올해는 좀 이런 기분으로
살아보려고요. 글이든 음악이든 발표하게 된다면 이제는
'어렵게 용기 냈다.'는 말 대신 '그냥 될 때까지 했다.'고

할 거예요. 용기보다 의지가 더 필요한 중년이 된 것 같기도 하고요.

23 6699press 이재영
Vol.34 | 2016. 04. | 〈느릿느릿 배다리 씨와 헌책 수리법〉
Vol.79 | 2021.09. | 〈서울의 초록〉

《뉴 노멀New Normal》이 2021년에 '한국에서 가장 아름다운 책'을 수상했죠. '가장 아름다운 책'이 무엇이라고 생각하세요?
형태와 리듬과 배열과 충돌로 첫 장과 마지막 장 사이의 무수한 호흡을 빚어내는 것.

24 푸하하하프렌즈 한승재
Vol.30 | 2015.12. | 〈우당탕탕 세 친구의 정신 없고 유쾌한 토크박스 한 판〉
— Vol.100 | 2025. 04.

제 세상엔 두 명의 천재가 있고, 그중 한 사람이 한승재예요. 건축가로서는 물론이고 당신의 글과 그림은 미쳤어요! 연재글과 그림에 시간을 얼마나 들여요?
저는 글 쓰는 데 정말 많은 시간을 할애한답니다. 보름 정도는 계속 담아두고 생각하다가 마감에 닥쳐서 쓰기 시작하고 '앗, 마감 좀 미뤄 주시면 안 될까요?' 메일을 보내요. 그 후로도 2-3일은 더 쓸 거예요(최송). 주저리주저리 흘러가듯 쓰면 무슨 글이든 5분 만에 쓸

수 있어요. 하지만 그렇게 산책하듯이 쓰지 않고 광산을 파 내려가는 것처럼 쓰려고 해요. 매번 새롭게 생각하고 발견하려고 노력해요. 그렇게 좀더 나은 생각을 하도록 하는 것이 글을 쓰는 이유니까요. 휴… 천재로 살기는 정말 힘들어요…. 그림은, 글을 설명하는 도구는 아니면 좋겠다고 생각하면서 그려요. 뭘 그릴지만 정한다면 10분 만에 그릴 때도 있고요, 그리다가 재미있으면 몇 시간 동안 그릴 때도 있어요. 대체로 뭘 그릴지 생각하느라 시간을 많이 보내요. 이번에는 악어를 그렸는데 저는 악어의 손처럼 둔하고 미련한 것들을 좋아하나 봐요. 4시간 동안 신나게 그렸어요.

25 일러스트레이터 추세아
Vol.65 | 2019. 05. | 〈달콤한 나의 도시〉
— Vol.98 | 2024. 12. | 〈당신은 어떤 책이 될까요?〉

일러스트레이터지만 평면 바깥에서도 펀치니들이나 뜨개 같은 걸로 그림을 그리죠. 요즘은 뜨개로 모자 만들기에 심취해 있는 듯한데, 뜨개로 뭐든 할 수 있다면 뭐까지 만들어 보고 싶어요?
저는 쉽고 빠르게 무언가를 완성할 수 있는 방식을 찾아가는 과정을 좋아하는데요, 이것저것 연습해 보다가 모자가 '딱'이라는 느낌을 받았어요. 처음엔 제 취향대로 실을 엮어 마음에 드는 면(대지)을 만드는 것부터 시작했어요. 어느 정도 감이 잡히니 그 위를 장식할 수 있게 됐고요. 뜨개도 그림도 작업하는 방식 면에서는 크게 다를 게 없다는 생각을 해요. 재료를 나름대로 가지고 놀 수 있는 단계로 접어들었을 때 비교적 쉽게 접근해 볼 수 있는 주제는 아무래도 '내가 좋아하는 것'이어서 좋아하는 뮤지션 앨범 커버를 모자에 가둬보게 됐죠. 저는 즉흥적인 걸 좋아해서 특별히 구체적인 목표를 정해 두진 않아요. 다만 '뜨개왕'이 된다면 그때그때 머리에 떠오르는 것들을 최대한 구현해서 무언가를 완성해 볼 수 있을 거란 막연한 기대는 하고 있어요. 지금도 머릿속에 뭐가 많이 있거든요. 그게 무엇이든 마음에 드는 모양으로 빠르게 '착!' 완성하고 싶어요. 3D 프린터처럼요. 결국 답변은 '제가 상상하는 무엇이든'이 되겠네요.

26 포토그래퍼 장수인
Vol.71 | 2020.05. | 〈처마 밑에 수 놓은 하루〉
— Vol.96 | 2024. 08. | 〈두 발끝 리본처럼〉

"A still object started to talk to me"라는 소개글을 사용하고 있어요. 말을 건네는 주체는 수인 씨가 아닌 물체인 것 같은데, 관련된 이야기를 들려줄래요?
사진을 창작하는 과정에서 항상 관찰자의 입장을 취하려 해요. 사진을 찍기 전, 물건들을 그저 찍는 것이 아니라

©Hae Ran

그 안에 숨겨진 이야기를 찾기 위해 집중해요. 그 재료들이 나에게 무엇을 보여주고 싶은지, 그 속에서 어떤 매력을 발견할 수 있을지를 생각하는 거죠. 얼마 전에 공간 디자이너, 브랜딩 스튜디오 디렉터, 그리고 제가 함께 대화를 나눈 적이 있어요. 각자가 창작에 대해 다르게 생각한다는 게 참 흥미로웠어요. 공간 디자이너는 뛰어난 테크닉을 가진 사람을 발견하고 그 능력을 더 많이 펼칠 수 있도록 돕는 데서 기쁨을 느낀다고 했고, 브랜딩 스튜디오 디렉터는 영감을 얻은 것들을 직접 손으로 만들어보고 싶다고 말했어요. 저는 그 이야기를 듣다가 "그 모든 과정을 사진으로 기록하고 싶어."라고 대답했어요. 저에게 창작은 세상의 그 모든 순간을 지켜보고, 그 흐름을 기록하는 일이에요.

27 문학평론가 김나영
Vol.51 | 2017. 11. | 〈책이 나인지 내가 책인지 우리의 서재 이야기〉
— Vol.75 | 2021. 01. | 〈즐겁게 움직이다가〉

직업인으로서 쓰기에 소홀히 하지 않으면서 초등학생이 된 아이와의 생활도 촘촘히 기록하고 있다는 게 놀라워요. 창작 활동과 삶을 이어가는 데 24시간이 부족하지는 않나요?

왜 일하는 부모들이 아이가 초등학교에 입학하는 해에 육아휴직을 쓰는지 비로소 깨닫고 있는 요즘이랍니다. 다행히도 남편과 저는 부분적으로나마 일정을 조율할 수 있어서 하루를 육아와 일, 기타 등등으로 쪼개어 쓰고 있어요. 제가 아이의 등교를, 남편이 하원을 담당하는 식으로요. 아이가 학교에 갔다가 학원에 다녀오는 스케줄을 빈틈없이 짜놓고, 그 사이에 강의와 일을 하고 있죠. 아이 일과에 맞춰 7시에 일어나 10시 전에는 자려고 알람 시계를 자주 들여다보고 있어요. 개인적인 원고 작업(자료 수집, 읽기, 쓰기 등)에 들일 수 있는 시간은 부지런하게 하면 하루 평균 2-3시간 정도인 것 같아요. 저는 계획적인 성격이 아니라 요즘처럼 촘촘한 시간표를 따르는 게 정신을 차리기 어렵게 벅차기도 한데, 덕분에 집중력은 최대한으로 발휘하며 지내고 있답니다. 매일 지하철 안에서 눈을 감고 생각을 정리할 때 강력한 행복감을 느껴요. 가르치고, 쓰고, 돌보는 일 가운데 무엇하나 제대로 못 하는 요즘이지만 그래도 무엇하나 포기하지 않고 오늘도 해냈구나! 싶은 마음인 거죠. 오늘 아침에 아이가 등교하기 전에 새로 산 장난감 상자에 적힌 광고 문구를 보고 "엄마 짜릿하다는 말이 무슨 뜻이야?" 하고 묻더라고요. 요즘 정말 정신없고 원고 마감도 잘 못 지키지만 확실히 짜릿한 나날을 보내고 있어요.

28 모빌스그룹 소호
Vol.78 | 2021. 07. | 〈정답 없는 모험가들〉
Vol.86 | 2022. 11. | 〈극장주가 되고 싶어요〉

86호 인터뷰에서 '무비랜드'를 준비하며 "극장업은 사양 산업 중에서도 특히 더 사양 산업이라고 하잖아요. 인생 최대 지출 앞에서 자꾸만 작아져요."라는 이야기를 해주셨어요. 최대 지출로 창작해 낸 공간, 지출 금액의 다섯 배를 줄 테니 철수하고 없던 일로 하자고 하면 어떤 선택을 하실 건가요?

인생 최대 지출 앞에서 무척 작아지긴 했지만… 애초부터 돈이 목적이었던 것은 아니었기 때문에 다섯 배가 아니라 오십 배였어도 하긴 했을 것 같아요. 식상한 대답이죠. 한 번 더 식상한 대답을 하자면, 극장을 오픈한 이후 돈으로 살 수 없는 경험들을 하고 있답니다.

29 재료의 산책 요나
Vol.5 | 2013. 05. | 〈아스파라거스〉
— Vol.99 | 2025. 01. | 〈흙과 인간을 관찰하고 잇는〉

재료의 산책 새로운 시즌이 구례에서 시작될 예정이죠. 스테이를 겸하는 재료의 산책, 요나가 만들어 나갈 '공간'에 관해 이야기해 줄래요?

긴 호흡으로 먹는 일에 대해서, 그리고 나 자신에 대해서 들여다보는 시간을 가지는 공간이면 좋겠어요. 한 끼의 식사, 하나의 식재료, 한 명의 인간이 모두 점처럼 분리되기 쉬운 삶을 살아가는 오늘날 일상에서 잠시 벗어나 먼발치에서 점들을 바라보는 거죠. 고요한 자연 속에서 점이 선처럼 이어진 하룻밤을 보내고 나면 분명 어딘가 달라진 마음을 가지고 돌아갈 수 있으리라 믿어요.

30 삭스타즈 성태민
Vol.91 | 2023. 10. | 〈자그마한 가치 한 켤레〉

91호 인터뷰에서 "문제에 직면했을 때 소거하면서 해결하는 편"이라는 이야기를 해주셨죠. 최근에 소거한 것들에 대해 들려주실래요?

완전히 무용하다고 생각하지는 않는데 요즘은 쇼츠, 릴스 같은 숏폼 콘텐츠의 시청 시간을 줄이려고 노력하고 있어요. 흔히 문제점으로 제시되는 시간 낭비, 도파민 중독 때문이기도 하지만 제 경우엔 계속해서 요즘 본 것과 비슷한 것들을 보여주는 알고리즘의 방식이 결국은 제 사고를 좁게 제한하는 것 같다는 생각이 들어서요. 그리고 새로운 루틴이 하나 생겼는데, 시간이 날 때마다 평소에 전혀 관심이 없던 분야의 가게에 방문해 보고 있어요. 모르던 세계를 새롭게 알게 되는 것은 언제나 즐거워요.

Collection
수집

조각을 모으고 해석하는 일

그의 또 다른 이름은 아란 부장을 줄인, '아부'다. 별명을 지어준 이는 출판사 '민음사' 유튜브 채널의 29만 구독자. 그중 한 사람으로서, 나는 그를 조금은 안다고 생각했다. 회사 생활, 특유의 호탕한 웃음소리를 영상으로 자주 보고 들어왔으니까. 그러나 실제로 마주한 사람은 그보다 유쾌하고 말랑하다. 나와 다른 장점과 일의 태도를 지닌 동료를 탐구하며, 유연하고 즐겁게 나아가는 사람이었다. 그러니까 이건 2년 차 에디터가 15년 차 마케터에게 반해버린, 그런 이야기다.

아부, 유쾌하고 말랑한!

조아란—마케터

에디터 차의진
포토그래퍼 박은비

여기가 민음사 유튜브 콘텐츠를 촬영하는 공간이죠? 제작 현장에 실제로 와보니 신기해요.
반갑습니다. 민음사 마케터 조아란입니다. (옆을 가리키며) 이쪽은 아마 처음 보실 텐데요. 얼마 전에 신규 콘텐츠를 기획해서 새롭게 꾸민 공간이에요. 유튜브 채널 민음사TV는 코너마다 스튜디오 특정 공간을 배경으로 활용하고 있거든요. 제가 맡던 '문화생활비 언박싱' 콘텐츠를 잠깐 쉬고, 외부 게스트 인터뷰 코너를 시작해 보려고 해요. 책을 좋아하는 연예인이나 크리에이터와 함께할 거예요.

애청자로서 벌써 기대가 돼요. 매일의 업무만으로도 바쁠 텐데, 유튜브 출연까지 해서 늘 대단하게 생각했어요.
부장 직급이라 루틴한 업무에서 많이 벗어나서 출연이 부담스럽지는 않아요. 그리고 사실… 회사 일이라는 게 다음 날로 미뤄도 큰일이 나지는 않거든요.

15년 차 사원다운 답변인데요(웃음)?
시각을 다투는 일도 물론 있지만, 생각보다 많은 일들은 내일 해도 괜찮아요. 모든 걸 완벽하게 해내려고 하면 지치고, 이런 여유를 가져야 오래 일할 수 있는 것 같아요. 그래서 저는 포기를 잘해요. 좀더 신경 썼으면 더 나은 결과물이 나왔을 거라 후회할 때도 많지만, 잘 포기하고 이 정도면 괜찮다고 생각해 버려요. 가끔 후배들이 이것도 하고 싶고 저것도 했으면 좋겠는데 시간이 없다고 걱정할 때가 있어요. 시키지도 않은 일을 그렇게까지 걱정하다니 기특하죠. 그럴 때는 무엇을 하지 않아도 되고, 늦게 해도 되는지 알려주는 편이에요.

선배가 그렇게 이야기해 주면 마음이 얼마나 놓여요. 그런데 아란 씨는 어떻게 여기서 일하게 됐어요? 첫 지원에 합격한 회사였다고요.
모범생은 아니었는데, 친구들이 의아하게 생각할 만큼 도서관 가는 걸 좋아했어요. 그렇다고 독서를 많이 하지는 않았지만요. 막연히 출판사에 입사하고 싶다고 생각하고는 가장 친숙했던 회사에 지원해 본 거예요. 영문학을 전공해서 민음사 해외 문학 시리즈가 익숙했거든요. 그런데 입사해 보니 '책 덕후'들이 너무 많았죠. 어떤 동료들은 한국 문학처럼 특정 분야를 깊게 좋아한다거나 작가의 전 작품을 읽는데, 저는 그렇게까지 독서를 좋아한 사람은 아니었어요. 내가 정말 책을 좋아하는지 의심하다가 결국 책이라는 상품을 좋아한다고 정의 내렸죠. 장르도 이야기도 모두 다르잖아요. 도서관에 자주 갔던 이유도 다양한 책을 구경할 수 있어서였다고 생각해요.

한 인터뷰에서는 "내가 파는 물건이 책이라는 점에 자부심을 느낀다."고 했죠.
맞아요. 아무리 별로인 작품이라도 나라는 사람보다 낫다고 생각하거든요. 지식이든 표현 방식이든 사소한 부분이라도 배울 점이 있어요. 저는 물건 사기도 좋아하는데 그중에서 책이 제일 죄책감이 덜 들고요. 어떤 것에 관심이 생기면 일단 관련 서적을 사서 봐요. 그 순간 어떤 분야를 이해할 수 있는 가능성을 얻었다는 느낌을 받거든요. 그 가능성을 곁에 꽂아둘 수 있다는 점도 좋죠. 이런 감각을 주는 상품이 많지는 않아요. 책은 장기적으로 사람들에게 안 좋은 영향을 미치는 물건도 아니고, 확실한 도움을 줄 거라는 믿음이 있어요. 사실 출판 마케터로서 직업병이 있다면 책의 단점을 잘 못 보는 거예요. 혹독하게 비평하는 순간 팔기 어려워지거든요. 장점만 발굴하는 식으로 독서하는 게 병이라면 병이죠.

마케터로서 이런 독서 문화의 즐거움을 알리고 싶은 마음도 클 것 같아요.
저는 독서 모임을 헬스장에 비유하곤 해요. 부모님 세대는 삶의 여유가 생기고 나서야 건강 관리를 하셨는데 이제는 20대 초부터 헬스장에서 PT를 받잖아요. 독서는 하기 싫어도 일찍부터 해야 하는 활동 중 하나라고 생각해요. 그리고 책이라는 게, 골방에서 빙글빙글 도는 안경 쓰고

읽어야 할 것 같은 선입견이 있죠. 취미가 뭐냐는 질문을 받았을 때 독서라고 답하면 잘난 척한다는 인상을 줄 것만 같고요(웃음). 독서는 진지하고 학술적인 사람이 아니어도 누구나 가볍고 재밌게 즐길 수 있는 문화 활동이라는 걸 알리고 싶어요.

아란 씨는 독서 문화를 어떻게 즐기세요?
7-8년 전부터 한 개 이상의 독서 모임에 참석하고 있어요. 여행 가서 서점을 구경하거나, 그 지역이 고향인 작가의 책 혹은 배경인 소설을 읽죠. 이런 활동을 주변에 추천도 하고요. 독서 모임은 일정한 독서량을 유지하고 싶어서 참여하는 편이에요. 아무리 출판사에서 일해도 노력하지 않으면 영상 콘텐츠에 잡아먹히기 쉽거든요(웃음). 헬스장 등록한 것처럼 독서 모임을 다니고 있어요.

책의 즐거움을 알리는 데 민음사TV가 앞장섰다는 평가가 많아요. 유튜브 활동이 출판계에서는 흔치 않은 발걸음인데요.
'세계문학전집' 같은 시리즈가 많은 민음사는 베스트셀러보다 스테디셀러를 출판하는 브랜드예요. 꾸준히 안정적으로 수익이 나는 상품 덕분에 순간의

관심이 중요한 단행본 마케팅에만 집중하기보다, 오랜 시간이 필요한 브랜딩을 할 여력이 생기죠. 그래서 시간과 인력, 비용을 유튜브 같은 활동에 투자하고 있고, 어느 출판사보다 브랜딩 활동이 활발해요. 그런데 유튜브가 도서 매출에 직접 도움이 된다고 답하기는 어려워요. 갑자기 많이 팔린 상품이 영상에 출연한 경우도 있고 아니기도 하거든요. 책이란 게 흥망 요인을 예측하기가 매우 어렵기도 하고요. 하지만 유료 멤버십인 '민음북클럽' 가입자는 많이 늘었어요. 확실히 유튜브가 일조했다고 생각한 건, 가입 선물로 약 600권의 민음사 도서 중에서 원하는 책 세 권을 고를 수 있는데요. 유튜브가 커지기 전에는 인기 도서가 매년 비슷했는데, 이제는 좀처럼 선택된 적 없던 작품이 꼽히는 경우가 생겼어요. 보면 채널 출연자가 추천한 작품이더라고요.

유튜브는 대중에게 민음사를 젊고 유쾌한 브랜드로 각인한 계기가 되었다고도 생각해요. 단순한 책 소개보다는 '세계문학전집 월드컵'처럼 재밌는 기획을 더하거나, '부장 실수 배틀', '신입 사원의 하루'처럼 직장인의 공감을 불러일으키는 콘텐츠가 많죠. 처음엔 유튜브가 강박적으로 민음사의 무게감 있는

이미지를 벗어나길 바랐어요. 무조건 젊고 새로운 느낌을 주길 원했죠. 하지만 고루한 느낌을 꼭 없애야 좋은 게 아니라 잘 활용하면 좋다는 걸 깨달았어요. 보는 사람들이 우리 회사가 '생각보다' 재밌고 어리다고 느끼게 만드는 것이 중요하다고 생각해요. 알고 보니 반전이 있었네, 딱 그 정도로요.

직원들이 직접 출연해서 큰 인기를 얻은 것도 기업 유튜브로서는 이례적이에요. '우리만 재밌는 이야기'가 되어버릴 수 있잖아요.

외부의 시선을 견지하는 게 큰 도움이 됐어요. 저희는 외부 제작팀과 협업하는데요. 내부에서 재밌다고 생각한 직원 이야기를 PD님들도 좋다며 확신을 가지고 밀어붙여 주셨죠. 채널 캐치프레이즈 "책보다 재미있는 책 이야기"는 PD님들이 제안해 주신 건데요. 당시에 PD님들과 달리 민음사 직원들은 유튜브 영상이 책보다 더 재밌다고 해도 될까 고민했어요. 하지만 이제 와서 돌아보면 책보다는 재미없는 영상으로 책을 소개하겠다니, 말도 안 되죠. 유튜브를 꾸려가면서 그 순간을 늘 잊지 않으려고 해요. 내부 직원이기 때문에 보지 못하는 부분이 있다는 걸 인정하고 외부의 시선과 균형을 맞춰가는 게 가장 중요하다고 생각해요. 회사 임원분들도 콘텐츠 방향성은 일절 개입하지 않으셔서 자유롭기도 하고요.

근속 이야기를 해볼게요. 한 직장에서 15년이라니, 어떻게 가능했어요?

깊이 고민하지 않고 그러려니, 하는 자세가 도움이 돼요. 사실 출판사 일이란 게, 90퍼센트의 '잡일'과 10퍼센트의 '있어 보이는 일'로 이루어지는데요(웃음). 저는 작은 업무도 잘 받아들이는 편이에요. 어떤 사람은 일의 의미를 파헤친 다음, 내적 동기와 딱 맞아떨어져야지만 일을 시작해요. 저는 일단 움직이면서 생각하는 편이고, 해보면서 좋은 점을 찾으려고 하는 성향이에요. 왜 해야 하는지 잘 모르겠어도 의미가 있겠다 여기고, 주어진 것만 해서는 의미가 없을 것 같다면 내친김에 다른 것도 해보자며 일을 만들어가죠. 만약 어딘가에 갇힌다면 누군가는 어떻게든 탈출해야겠다고 생각하겠지만, 저는 여기서 어떻게 잘 지내볼까 생각하는 사람인 거예요. 이런 성향을 알고 난 뒤엔 협업할 때 조심하려고 해요. 행동하면서 생각하는 저와 달리 동기부여가 되지 않아서 힘들어하는 경우도 있더라고요. 그런 동료들을 대하면서 일의 의미를 다시 한번 생각해 보게 되죠. 아까 갇혔다는 비유를 들었는데요.

의문을 제기하는 동료를 보면서 내가 처한 상황이 정상이 아니었다는 걸 깨닫기도 해요. 다양한 사람들과 일하는 건 무던한 저에게 어려움이자 다행이에요.

일을 대하는 태도에 관해 더 듣고 싶어요.
회사에서 보면 한 가지 기술을 꾸준히 갈고닦는 걸 좋아하는 사람이 있고, 좀더 어렵거나 새로운 일에 도전해 보고 싶은 사람이 있어요. 저는 확실히 후자였죠. 또 마케터는 업무 영역이 애매한 직무라 어떤 일을 누가 해야 할지 모를 때 마케터가 맡는 경우가 굉장히 많잖아요. 저는 일을 저한테 줄까 봐 걱정했던 적보다 안 줄까 봐 걱정했을 때가 더 많아요(웃음).

헉, 정말요?
네. 회사에서 새로운 'TF Task Force' 팀을 만든다거나 재밌어 보이는 일이 있으면 어떻게 끼어볼까 고민했어요. 내가 잘할 수 있다고 먼저 이야기하고요. 이런 성향이 꼭 좋다는 건 아니에요. 한 가지 일을 지속하고 유지하는 게 더 힘들죠. 한 번의 센세이션을 만들 수 있는 사람은 많아요.

권태를 느낀 시기는 없었어요?
신입 때는 업무를 배우는 것만으로도 벅차다가, 나중엔 똑같은 일을 짧은 시간 안에 끝낼 수 있게 돼요.

저는 그 남은 시간에 어떻게 해야 일을 더 잘할 수 있을지 모르겠어서 막막하던 시기가 있었어요. 운동도 처음에 배울 때는 실력이 늘다가, 어떤 수준에 이르렀을 때 새로운 레슨을 받지 않으면 답답하잖아요. 그때 회사 밖에서 독서 모임 '트레바리'를 시작했어요. 책을 좋아하는 다양한 직군의 사람들을 만나면서 활력을 다시 충전하게 되었죠. 외부 활동을 하다 보니 회사 안에서 저는 책 관련 트렌드에 빠른 사람으로 알려지게 됐어요. 새로운 프로젝트를 시작할 때 상사들이 저한테 먼저 트렌드를 물어보시거나 제가 나서서 무언가를 알아보게 되는 일들이 생겨났죠. 그즈음 민음사 마케팅부에서 콘텐츠기획팀이 만들어졌고, 제게 새로운 일을 벌여보라고 하시더라고요. 바깥에서 여러 활동을 하면서, 그리고 새로운 팀에 합류하면서 권태로운 시기를 넘어갈 수 있었던 것 같아요.

아란 씨처럼 나만의 동력을 찾으면서 한 회사에 오래 머물려면 어떻게 해야 할까요?
개인적인 성향만으로는 어려워요. 복합적인 요인이 작용하는 문제잖아요. 마침 저는 이 회사의 피드백 방식이나 업무 진행 절차, 동료들과 일을 주고받는 방식이 잘 맞았거든요. 새로운 일 벌이기를 좋아하는데, 대표님도 일의 결과보다는 시도 자체를 좋게 생각해 주시는 편이고요. 어떤 회사든 단점도 있을 텐데요. 내가 견딜 수 있는 것과 도저히 견딜 수 없는 단점이 있을 거예요. 저는 지금까지 장점도 아쉬운 점도 크게 불편하지 않아서 오래 일하고 있는 것 같아요.

민음사TV를 보면 사내 직원들하고도 잘 맞고 두루 친한 것 같아요.
사람에 대한 벽이 없어요. 누군가 내 공간 안에 들어오거나 나가는 걸 무서워하지 않아요. 친했다가 멀어져도 전전긍긍하지 않고 시절이 지났나, 생각해 버리는 편이죠. 특유의 성향도 있지만 출판사 다니는 사람들의 성향상 상식을 크게 벗어나거나 무례한 사람도 별로 없고요. 분위기가 '모여라 동물의 숲' 게임 같달까요(웃음). 회의할 때는 사담을 많이 나누는데요. 좋았던 책이나 영화, 드라마 이야기를 하는데 관심사의 결이 크게 벗어난 사람이 없어요. 취향은 다르지만 존중하고 이해할 수 있는 범위 안에 있다는 것도 장점이지 않을까요?

3년 전에는 마케팅부 부장, 콘텐츠기획팀 팀장이 되었죠. 팀원들과는 어떻게 관계를 맺어가는지 궁금해요.
늘 어렵죠. 차장, 과장, 부장을 거치면서 직급마다 사람을 대하는 방법이 다르다는 걸 배워가고 있어요. 신입 직원 중에는 저처럼 선배들을 어려워하지 않는 친구도 있고,

그렇지 않은 친구도 있어요. 저마다 다른 사람들을 보면서 각자의 속도가 있다는 걸 깨달았죠. 이제는 팀원들이 팀에 잘 적응할 때까지 기다려주고, 궁극적으로 자신이 하고 싶은 일을 찾아서 잘할 수 있도록 도와주려고 노력해요.

반드시 해야 하는 업무가 있을 텐데, 어떻게 각자가 원하는 일을 할 수 있나요?
아, 꼭 해야 하는 일은 늘 있죠. 그래서 후배들에게 이걸 알려주려고 해요. 지금은 하고 싶지 않아도 해야 하는 일을 빨리 하는 법을 익히는 과정이다. 남은 시간에 하고 싶은 일을 할 수 있도록 성장해야 한다. 이걸 어떻게 좋게 말할지 고민하죠(웃음). 그리고 각자가 잘하는 일을 보려고 해요. 그래서 채용할 때도 저 사람이 얼마나 훌륭한지보다 지금 우리 팀의 부족한 부분을 메워줄 수 있을지를 봐요. 아이디어도 많고 에너지 있는 사람보다, 차분하게 기본을 다져주는 신입이 필요하다고 생각하면 그 사람을 뽑죠. 이제는 임원분들도 실무진이 좋다고 생각한 지원자들 중에서 선택을 해주세요. 지금 팀에 어떤 인물이 필요한지는 실무자가 더 잘 알고 있잖아요.

아란 씨에게 필요한 동료는 어떤 사람이에요?
저는 기획은 괴롭지 않고 재밌지만 이후 과정을 촘촘히 실행하는 걸 어려워해요. 그런데 유튜브에도 자주 출연하는 연주 과장은 프로젝트를 효율적으로, 꾸준히 수행하는 일을 좋아해서 저랑 잘 맞죠. 두 막내 팀원들 중 다은 씨는 아이디어 내기를 좋아하는데, 새로 들어온 민주 씨는 계획을 잘 세우고 업무를 잊거나 늦는 일이 없어요. 그래서 다은 씨가 자주 감동을 받아요(웃음). 혼자 할 때는 일이 마음처럼 운영되지 않았는데, 나보다 꼼꼼하게 잘 챙기는 동료가 생기니까 아주 날개를 달았더라고요.

저는 많이 덤벙대는 사람인데…. 나의 부족한 점에 과하게 좌절할 필요는 없겠군요.
애초에 회사에서는 혼자 할 수 있는 일이 없어요. 완벽한 사람이라도 동료의 손을 빌려야 하죠. 혼자서 처음부터 끝까지 달려가려면 스케일도 키울 수가 없고 한정적인 일밖에 못 하거든요. 모든 단계에서 욕심을 내기보다 내가 못하는 점을 파악해 포기할 줄도 알아야 스트레스가 덜해요. 저도 꼼꼼하지 못한 편인데 어느 날 정성을 들인다 해도 꼼꼼한 친구가 대충 본 것보다는 못할걸요(웃음). 각자 잘하는 게 있는 거죠. 동료는 서로를 부러워하면서 나아가는 사이예요. "이걸 어떻게 그렇게 잘하세요?" 같은 칭찬을 먹고 자라죠. 그래서 팀원들에게 자주 이야기하려는 바는 지금으로 충분하다는 거예요.

상사로서 후배들의 실수를 대하는 태도도 궁금해요.
같은 실수를 자주 반복하면 일에 관심이 없는 거라고 의심하겠죠. 하지만 딱 보면 알잖아요. 신경을 썼지만 놓친 건지, 잘 몰라서 그런 건지. 저는 실수는 심각하게 생각하지 않는데 의기소침한 모습 보기를 더 힘들어해요. 별거 아닌 일에도 멘탈 관리가 안 되는 게 더 실수라고 생각하죠. 사실 저도 빈틈이 많은 편이라 지적하고 싶은 순간에도 내가 자격이 되는지 많이 고민해요. 그래서 적당히 눈치만 줘도 후배가 잘 배우고 수습할 거라고 믿고 기다려줘요.

마케터는 다른 부서와 협업이 잦죠. 팀 밖에서 일할 때는 어떤 마음으로 임해요?
각자 잘하는 걸 잘하게 해서 결과물을 나눠 가지면 좋겠다는 태도를 가져요. 마케터로서 아이디어를 낼 수는 있지만 어떤 상품을 만들려면 디자이너와 편집자의 손을 빌려야 해요. 협업자 각자의 생각이 있으니 내가 계획한 것처럼 상품이 나오지 않을 때도 있죠. 그런데 대부분은 처음 상상하던 것보다 결과물이 훨씬 좋아요. 더 멋있고, 내가 기획한 게 아닌 것 같죠. 그래서 각자의 영역에서만큼은 온전히 자신의 작업을 할 수 있도록 도와요. 협업자들을 최대한 풀어놓아야 그들이 더 많이 상상할 수 있죠. 내 의견을 세부적으로 전달하면 오히려 상대방은, 해야 하는 일이긴 하지만 내가 창의적으로 무언가를 만들어낼 수 없다고 생각할 것 같아요.

반면 주된 업무인 마케팅에서는 나름의 정답이 있을 텐데요. 팀원들이 새로운 방향을 제시해도 역시 의견을 존중해 주세요?
얼마든지 해보라고 해요. 저도 그런 방식으로 성장해 왔거든요. 무언가를 시도하겠다고 하면 선배들이 거의 '할 수 있으면 해봐.' 식으로 저를 양육했어요(웃음).

그럼 아무리 봐도 아닌 의견이지만 팀원에게 좋은 경험이 되겠다 싶으면 허용하는 편이에요?
자원이나 비용을 너무 많이 쓰는 경우를 제외하고는 해보라고 하는 편이죠. 잔소리를 잘 못해서 이렇게 대처하는 것도 같은데요. 누군가 열의를 가지고 의견을 제시했는데 위험해 보일 때도 있죠. 그럴 땐 전과 상황이 같지 않고, 마케팅할 책도 다르고, 이 친구는 내가 아니니까 다른 방식으로 할 수 있겠다고 생각해요. 나중에 긁적이면서 하다 보니까 잘 안된다고 찾아오면, 그때 나도 전에 비슷한 문제가 있었다고 조언하죠. 나중에서야 '나 사실은 그럴 것 같았어.'라고 이야기하는 게 불편할 수도 있겠죠? 그래서 지금은 잔소리를 못한다는 걸

기억하고 미리 조언하기를 연습해요. 하지 말라기보다는
이런 생각이 들긴 해, 그 정도로요.

**아란 씨가 생각하는 좋은 동료는 어떤 사람인지
듣고 싶어요.**
네가 할 일인데 왜 나한테 맡기냐는 태도보다, 다른 사람의
영역에 아이디어도 주고 생소한 일이라도 같이 검토할
수 있는 여유를 가진 동료가 좋아요. "이렇게 해보면
어때요?"라고 물었을 때 (팔짱을 끼고) '그러시든가. 왜
나한테 물어봐.'라는 태도를 가진 사람도 있거든요. 자기
확신이 없는 편이라 이런 반응이 오면 별로인가 싶어서 힘
빠져요. 내가 제일 힘들다고 생각하는 사람들과 일하는
게 어렵더라고요. 때로는 희생할 때도 있고, 잘 모르는
영역이라도 기꺼이 시간을 써주면 좋겠어요. 저도 그런
사람이 되려고 노력해요. 가끔 동료들이 부탁할 일이 있을
때, 이렇게 물어요. (고개를 내밀며) "바쁘시죠?" (웃음) 저는
바쁜 사람으로 보이고 싶진 않아요. 바쁜 사람한텐 선뜻
부탁하기가 힘들잖아요. 요즘의 바람은 여유 있어 보이는
거예요.

그럼 요즘 일에서의 고민은 뭐예요?
얼마 전 조수용 디자이너 인터뷰를 보면서 공감한
내용인데요. 그분은 전 회사에서 누가 시키지 않아도
필요해 보이면 일을 만드는 방식으로 근무했대요. 퇴사를
결심한 순간은, 안 해도 되는 일을 나 좋자고 벌이는 것처럼
보이는 느낌을 받았을 때였다는 거예요. 저도 이제는 어떤
일을 추진할 때 과연 팀원들에게도 재밌을지 더 고심하게
됐어요. 공감이 되지 않으면 서로 괴롭잖아요. 반드시 해야
할 일이라면 상대를 어떻게 설득할지 생각하죠. 서로의
마음을 어떻게 더 잘 맞춰갈지가 요즘의 고민이에요.

**아란 씨다운 고민이네요. 꼭 묻고 싶던 질문으로 대화를
맺어 볼게요. 성인 독서율이 꾸준히 하락 추세죠. 출판
마케터로서 이 시대를 어떻게 나아가려고 해요?**
시장 흐름에 전전긍긍하고 좌절하면 이 일을 할 수 없어요.
독서율이 줄어든다고 해도, 저희 채널을 보면 민음사TV
보고 책 많이 읽었다는 댓글도 있어요. 우리 활동으로
누군가는 독서하게 되었다는 사실을 더 크게 보려고 해요.
불안감이 너무 크다면 업계를 떠나는 게 맞겠죠. 지금
내가 할 수 있는 일만 보고 나아가는 게 맞다고 생각해요.
진부한 표현이지만, '내일 지구가 멸망해도 한 그루의
나무를 심겠다.' 같은 말도 있잖아요.

늘 응원할게요. 이제 촬영하러 사옥 앞으로 나가볼까요?
좋아요. 요즘은 해가 길어서 바깥이 밝을 거예요.

15년은 한 사람의 기준이 딱딱해지고, 시선은 좁아지기
충분한 시간이다. 그러나 조아란은 그 시간 동안 자신의
성향과 태도를 명확히 정의하고 또 인정하면서, 나와 다른
사람을 받아들이기 위한 여유를 만들었다. 그와 이야기를
나누는 내내, 나는 좀더 좋은 사람이고 싶어졌다. 너와
나의 경계를 지우며 기꺼이 함께 일하고, 새로운 시도에
열려 있는 사람. 조아란과 같은 마음이라면 어디든,
무슨 일을 하든 좀더 가뿐히 나아갈 수 있을 것만 같다.

보기 드문 인생들

흔치 않은 삶이라도 괜찮아! 좋아하는 것을 좇다 보니 특별한
직업을 선택하게 된 사람들, 무슨 일 하냐는 질문에 의미심장한
미소를 짓는 그들을 만났다. 당신, 정말 뭐 하는 사람인가요?

에디터 차의진
포토그래퍼 강현욱

책, 수선합니다

재영책수선
재영

어떤 책은 찢어지거나 망가져도 다시 새것을 살 수 없다. 오래된 일기나 희귀한 서적처럼, 종이가 품은 기억과 가치가
너무나 고유한 것일 때다. 그러한 기록은 책 수선가 재영에게 모여든다. 고유한 가치는 그대로 유지한 채, 좀더 튼튼하고
오래 간직할 수 있는 모습으로 다시 태어나기 위해. 재영의 손을 거치면 찢어졌던 책은 새살이 돋고 무너진 등이 곧게
선다. 그의 일은 오래된 기록에게 꼭 필요한 존재다.

우연히 마주친 재미가 낳은 오늘

마포구 연남동의 조용한 골목. '재영책수선'의 문을 열자 책 수선가 재영이 반려견 단체Danche(커피 원두의 이름을 땄다.)와 함께 환히 반겼다. 처음 보는 커다란 기계와 세밀한 작업에 필요한 듯 보이는 금속 도구들이 한가득이다. "이건 100년 정도 된 책이에요. 저는 망가진 책 보는 게 좋아요." 작업대 위 낡은 종이가 지나온 시간을 태연히 말하는 그에게 놀라다, 이런 책을 수선까지 한다는 사실에 한 번 더 놀란다.

'수선'은 그가 쓰는 독특한 단어다. "직업의 정확한 이름은 책·지류 보존가예요. 지류를 보존하는 방향을 제시하는 일이죠. 이 일이 사람들에게 친숙해지면 좋겠다는 생각에 '수선'을 썼어요. 옷 수선, 가방 수선처럼 일상적인 용어잖아요. 사람들이 좋아하는 책을 쉽게 이곳에 맡기길 바라요." 시작은 유리를 후후 불어 작품을 만드는 블로잉이었다. 순수미술을 전공하다 그래픽 디자인을 배웠고, 관련 회사에 취직도 했다고. 하지만 수작업의 매력을 잊기 어려워 미국으로 유학을 떠났고, 그가 좋아하는 종이를 매만지는 북아트와 제지를 배웠다. 하지만 그간 쌓아온 지식과 무관한 전공이었기에 쉽지만은 않았다고. 그때 지도 교수님 조언으로 학교에 있는 책 보존 연구실에서 일을 시작했다. 그곳에서 만난 건 뜻밖의 재미였다. 지금까지 책 수선을 지속하게 해준, 가슴 뛰는 커다란 재미.

한국에 처음 자리를 잡았을 때 목표는 '내년에도 같은 일을 하기'였다. 생소한 직업이었기에 5년, 10년까지의 계획을 세울 여유가 없었단다. 하지만 미국에 머물 때부터 작업물을 꾸준히 SNS에서 공유해 온 덕에 의외의 관심을 보내오는 사람들이 많았다고. 망가진 종이를 들고 그를 찾는 이들이 늘며 지금은 자신의 일과 함께 좀더 먼 미래를 그려볼 수 있게 되었다.

외롭게, 자유롭게, 부지런히

의뢰자 품에는 다양한 물건이 들려 있다. 개인 일기장이나 노트, 고문서, 보증서, 포스터, 종이 상자 등 종이로 된 것으로 대부분 의뢰자의 추억이 담겼다. 오래된 서적을 전문적으로 수집하는 사람도 재영책수선을 두드린다. 작업에 돌입하기 전, 그는 의뢰자가 물건에 대해 어떤 생각과 마음을 가졌는지 귀 기울이고 작업 방향을 결정한다. 공들여 책을 수선한 뒤 돌아오는 건 의뢰자의 환한 얼굴이다.

하지만 책에 얽힌 의뢰자의 개인적 감정에서 한 발 떨어져 작업을 대한다. "책 보존은 이성적이고 기술적인 작업이에요. 소중한 누군가의 사연에 과도하게 깊이 빠져들면 조심스러움에 오히려 작업이 어려워지죠. 지류 보존가로서 오래된 책들을 끊임없이 마주하면서 나의 허들을 뛰어넘는 계기로 여겨요."

흔치 않은 직업이라 고독할 때도 물론 있었다. 개인 사업자이기에 회계부터 운영, 홍보까지 직접 몸으로 부딪히며 배워야 할 게 많았다고. 동료와 교류하며 발전하고 싶은 마음도 컸지만, 하지만 매뉴얼 없이 일할 수 있다는 점이 좋단다. 흔한 직업은 비교 대상이 언제나 존재하니 부담감이 클 테지만 자신은 좀더 자유로울 수 있다고. 독특한 생활로 외부의 관심을 쉽게 받지만 그만큼 순간적으로만 소비된다는 생각도 떨칠 수는 없었다. 하지만 연속된 짧은 주목은 정체되지 않고 부지런히 나아가게 돕는 동력이 되어주었다.

"어딘가에서 저와 같은 일을 하는 사람들에게 사라지지 말자고 말하고 싶어요. 우리 오래오래 일하자고요." 흔치 않은 조각이 되어 이 세계를 이루는 그에게서는 두려움보다 업에 담은 애정이, 뭉근한 자부심이 비친다.

재영의 작업 도구

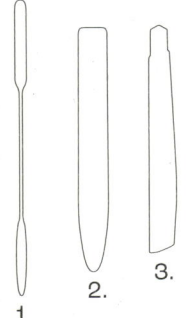

1.
2.
3.

1.   마이크로 스패츌러

약품을 덜거나 섞을 때도, 종이를 세밀하게 눌러야 할 때도
다방면으로 유용해요.

2.   본 폴더

종이를 매끈하게 접거나 접착제를 바른 후 종이를 누르는
용도로 써요. 테플론이라는 신소재로 만들어서 내구성이
좋고 접착제가 묻지 않아요.

3.   칼

일본 문구 브랜드 '엔티커터NT Cutter' 제품이에요.
세밀하고 튼튼해서 20년 가까이 썼고, 안전하기까지 해요.
그야말로 최고입니다.

김밥 좋아하세요?

김밥 큐레이터
정다현

수많은 음식 중 좋아하는 하나를 고르라 한다면, 정다현은 김밥을 고를 것이다. '김밥 큐레이터'로 자신을 소개하는 그는
맛있고 재밌는 김밥을 찾아 전국을 여행한다. 마음에 드는 곳은 사진을 찍어 인스타그램 계정에 게시! 고소한 맛과 냄새를
좇는 걸음은 용감하고 유쾌하다. 김밥 한 봉지 들고 그와 나란히 광장시장과 청계천을 걸어본다.

내가 만든 직업

사람들로 북적이는 광장시장. 사방이 비슷한 풍경이라 길이 헷갈릴 법도 한데, 익숙하다는 듯 걸음을 옮긴다. "광장시장 자주 오세요? 여기 꼬마김밥 맛있는 집이 있어요." 다현 씨는 4월 초 광장시장에서 열릴 팝업 행사를 준비 중이다. 전국 8대 김밥 레시피를 현지에서 배워, 팝업 현장에서 팀원들과 재현하는 자리다. "놀러 오세요. 제가 있을 거예요(웃음)."
그의 직업은 김밥 큐레이터다. 자신만의 기준으로 맛있는 김밥을 선별하고 콘텐츠로 소개하는 자신의 일을 설명하기에 딱 맞는 표현이라 여겼단다. 흔치 않은 이름만큼 일과도 이색적인 풍경이다. 오전에는 협업 제안처럼 소통이 필요한 일들을 빠르게 처리하고, 점심 겸 김밥 투어에 나선다. 오후엔 콘텐츠를 만들어 SNS에 업로드한다. 그의 세상은 온통 김밥으로 가득하다. 그는 F&B 업계 대기업의 온라인 마케터로 일하다, 늘 친숙하고 쉽게 먹을 수 있어 좋아했던 김밥을 콘텐츠로 제대로 소개하고 싶어 홀로서기를 결심했다. 회사를 다닐 땐 여러 의사 결정을 거쳤어야 할 일들이 이제는 마음먹은 대로 빠르게 실현되는 재미가 있다고. 그는 하고 싶은 일을 내 방식대로 벌이기를 좋아하는 사람이다.
대가는 받지 않고 오직 자신이 소개하고 싶은 가게만을 알린다. 만드는 법이나 먹는 방식이 특별하고 재밌어야 피드에 오를 수 있다고. 가장 중요한 것은 속 재료의 밸런스! 다양한 맛이 섞이는 음식이니 조화를 유심히 느껴본단다.

잘 맞는 옷을 입고

"누군가 혹은 사회가 만든 직업이 아니라 제가 직업을 만든 거잖아요. 기존 직업이 기성복이라면 김밥 큐레이터는 저한테 꼭 맞는 맞춤옷을 입은 느낌이랄까요." 세상에 없던 일을 해도 괜찮았다. 내게 꼭 맞는 길이라면 몇 번이고 나아가볼 용기가 솟았으니. 회사라는 울타리를 떠나 무엇이든 혼자 해내려다 보니 벽을 마주할 때도 있단다. "한 번씩 무너질 때도 있는데 계속 나아가려 노력하다 보면 해결이 되더라고요. '어떡하지?'보다는 '다른 방법은 뭐가 있을까, 이렇게 해보자!'라는 자세가 업에도 많은 도움이 되었어요."

시장부터 청계천 산책로까지 다현 씨의 쾌활한 에너지가 주위를 데웠다. 이런 사람이기에 김밥 찾아 전국 일주를 할 수 있겠어! 가방에 달린 김밥 키링과 그립톡, 김밥의 유래를 빼곡히 적은 노트, 긴 고민 없이 집 근처 분식집을 추천해 주는 모습은 그가 얼마나 진심으로 이 일을 좋아하는지 말해준다.
같은 일을 하는 사람이 있다면, 그럼에도 나아가자는 말을 건네고 싶단다. 전에는 없던 직업이라도, 내가 이름 붙인 일과 함께 살아가며 한계에 부딪혀도, 좋아하는 마음 안고 살아갈 수 있다면 아무렴 어떠한가. 다현 씨의 발걸음은 가볍고 또 즐겁다.

정다현의 작업 도구

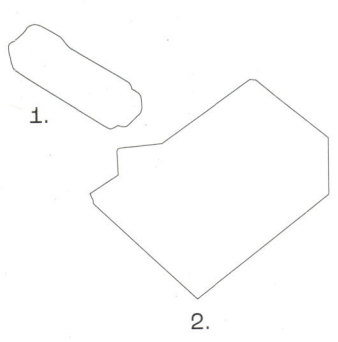

1.

2.

1.   짐벌 카메라

유튜브나 인스타그램에 올릴 김밥 영상을 주로 촬영해요.
가볍고 음식 색감도 예쁘게 나와서 자주 사용합니다.

2.   노트와 볼펜

개인 일정이나 김밥 관련 기록을 적습니다. 군더더기 없어
질리지도 않고 편해서 1년째 쭉 사용하고 있어요.

안녕을 바라는 마음으로

허밍그린
이강미

병든 식물도 의사가 필요하다는 사실을 아는가. 어디가 언제부터 아팠는지 묻고, 적절히 치료해 주는 사람이 있다면
식물은 생기를 되찾을 수 있다. 식물상담소 '허밍그린'의 이강미 대표는 사람의 손길이 필요한 식물들을 돌본다. 아픈
이유를 알아채면, 새순이 돋고 썩었던 뿌리가 건강해질 때까지 살뜰히 지켜보다가 비로소 다정히 손 흔들며 안녕을
바란다.

식물을 고치는 사람

마포구 창전동 허밍그린을 지키는 반려견 밍순이의 환영 인사와 함께 초록빛 가득한 공간에 발을 들였다. 이강미 대표가 나를 맞이하며 화분이 놓인 작업대 건너편에 자리를 내어주었다. 흙을 사이에 두고 이야기를 나누기는 처음인걸. 자연스럽게 분갈이를 하며 인사를 건네는 그에게 물었다. 이곳에서는 어떤 일들이 일어나는지, 누가 찾아오는지. 허밍그린의 문을 두드리는 사람들은 대체로 걱정을 한시름 안고 있다. "식물을 데려온 분들을 보호자라고 불러요. 병원처럼요. 보호자들은 식물이 나 때문에 죽었다는 죄책감을 안고 있어요. 저는 안타까운 마음으로 식물을 다시 잘 키울 수 있다는 걸 알려줘요." 그는 식물이 아픈 이유를 파악하고, 치료하며 건강하게

키울 방법을 제시한다. 입원, 호텔링 서비스도 제공하고 있다고. 식물은 매개일 뿐, 어려움을 겪는 사람들이 문제를 해결하도록 돕기를 더 좋아한다 말하는 그였다.
이곳을 찾는 식물들은 보호자가 애착을 갖고 키웠기에, 아프다는 이유로 쉽게 버릴 수 없던 존재들이다. 애정으로 물을 준 기억, 나도 모르는 사이 돋은 잎에 환호하던 기억을 안았다. 그 마음을 이해하는 이강미 대표는 보호자가 어떤 환경에서 식물을 키웠는지, 언제부터 시들했는지 세심히 묻는다. "보호자들이 식물을 살려내려고 이것저것 시도해 보다가 오히려 상황이 악화되는 경우가 많아요. 원인을 발견하는 게 첫 번째죠. 일반 병원과 똑같은 질문을 하니까 보호자들이 친절한 소아과에 온 것 같대요."

소문난 솜씨가 이끈 오늘

식물을 고치는 마법 같은 능력은 어디서부터 출발한
걸까. 그는 북 디자이너로 일하다가, 취미로 가죽 공예를
배우며 공방을 열기에 이르렀다. 당시 공방에서 키우던
알로카시아는 겨울 추위로 죽은 듯 보였다. 하지만 봄이
돌아오면서 갑자기 새순이 돋았고, 이 일은 이강미 대표가
식물의 생명력과 경이로움을 새롭게 인식하는 계기가
되었단다. 그는 어느 날 이웃 가게에서 시들어 버려진
알로카시아를 발견해 공방으로 데려와, 식물을 좋아하던
엄마에게 어깨너머 배운 지식으로 화분을 되살려 냈다.
신기한 솜씨는 주변 이웃들에게 소문이 나면서 내 것도
좀 봐달라는 사람이 찾아오기 시작했다고. 이후 식물

의학을 전문적으로 배워 지금의 상담소를 열었다.
꽃다발을 엮는 플라워숍, 판매에 집중하는 일반 식물숍과
달리 식물 상담을 주로 하는 공간은 흔치 않다. 이 길을
먼저 가본 사람이 주위에 없다는 점은 역시 힘들었다.
하지만 자신감을 가지고 지치지 않으려 했다. 평범하지
않은 직업이기에 내가 아는 지식이 다가 아니라는 점도
늘 기억했다.
"제 일이 이색적인 직업인지는 잘 모르겠어요(웃음).
좋아하는 마음으로 자연스럽게, 오래 해온 일이라서요."
독특한 직업명보다 더 귀하고 특별한 것은 자신의 업을
다정하게, 진심으로 대하는 그의 마음이었다.

이강미의 작업 도구

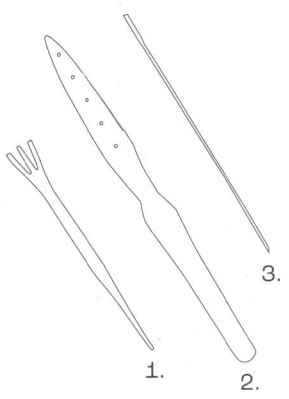

1.
2.
3.

1.   갈퀴 핀셋

줄기나 뿌리가 얇은 식물을 심을 때는 흙을 화분에 먼저 넣어요. 그리고 식물을 갈퀴 반대편 핀셋으로 집어서 꽂아요.

2.   화분 칼

분갈이할 때 흙과 화분 사이에 꽂아 빙글빙글 돌리면 식물이 쉽게 빠져요. 탄성이 있어서 흙을 찔러도 뿌리가 다치지 않고요.

3.   스패출러

뿌리 사이 흙을 꼼꼼하게 채워 넣을 때 써요. 벌레를 잡을 때도 유용하답니다.

어라운드의 100번째 시선

수집
조각을 모으고 해석하는 일

ⓒ전진아

100권의 《AROUND》는 무수한 사람들의 글과 말, 사진과 그림의
총합이다. 100호를 기념해 우리의 책을 짓고 다듬거나 한 자리를 채운
100인에게 직업과 삶에 관한 한 가지 질문을 건넸다.

에디터 **차의진**

31 어라운드 발행인 송원준

100호가 출간되기까지 어라운드를 살뜰히 보살펴 오셨어요. 앞으로 우리의 미래가 어떠하길 바라세요?
"우리 주변의 작은 것에 귀 기울이고 그 안에서 가치를 발견합니다."《AROUND》카피에는 그 미래가 이미 그려져 있어요. 아직은 설익고 가려져 있는 사람, 문화, 공간에서 우리만의 시선으로 가치를 찾고, 가치를 만들어 갈 거예요. 그렇게 찾은 것들이 '어라운드스럽다'는 말로 묶일 수 있는 하나의 장르가 되길 바라요.

32 산책방 이주연

Vol.64 | 2019. 03. ─ Vol.100 | 2025. 04.

《AROUND》수석 에디터로서의 걸음을 마무리한 이후, 어라운드 바깥에서도 인터뷰어, 단행본 편집자, 에세이스트로 활동하고 있죠. 글을 기반으로 한 작업 중 가장 좋아하는 일이 뭐예요?
좋아하는 글쓰기는 단연 에세이예요. 내 이야기라면 커다란 보따리가 있어서 금세라도 잔뜩 풀어낼 수 있거든요. '독자가 이런 이야기를 원할까?'는 다른 이야기지만요. 좀더 전문적으로 좋아하는 건 인터뷰를 원고로 바꾸는 단계예요. 글자로 옮겼을 때 선명히 나타나는 말버릇을 발견하는 게 좋아요. 진짜, 정말, 되게, ~것 같아요, 사실, 근데, 같은 것들이죠. 들었을 땐 이상하지 않은데 글자가 되면 어색해지는 구간들이 있어요. 주술호응이 흐트러지기도 하고요. 그걸 한 단계 거쳐 읽기 좋은 목소리로 바꾸는 게 즐거워요. 조금 치사하지만 발화의 책임에서 한 걸음 물러나 마음껏 목소리를 다듬을 수 있으니까요. 아, 하나만 더 좋아해도 되나요? 제일 좋아하는 건 마감의 늪을 지나 완성한 책을 손에 쥐는 일이에요. 이 아름다운 일과 건강하고 긴 삶을 함께하고 싶어요. zuyeon_loves_you@naver.com

33 키티버니포니 김진진

Vol.31 | 2016. 01. | 〈우리에게 가장 가까운 디자인〉
Vol.92 | 2023. 12. | 〈함께라 좋아서〉

신기하게 어라운드 신규 입사자들도, 오래된 직원들도 꼭 키티버니포니 물건을 하나쯤은 가지고 있어요. 어떤 사람들이 키티버니포니 제품을 즐겨 쓰는 것 같으세요?
디자인에 관심 있는 사람, 패턴을 좋아하는 사람, 원단을 좋아하는 사람, 실용적인 것을 좋아하는 사람, 귀여운데 유치한 건 싫은 사람, 나와 주변을 가꾸는 데 관심 있는 사람, 취미가 있는 사람, 정리하는 것을 좋아하는 사람, 정리하는 것을 싫어하는 사람, 기분 전환이 필요한 사람, 선물을 하는 사람, 선물을 받는 사람, 그리고 키티버니포니를 좋아하는 사람!

34 목수·작가 전진우

Vol.1 | 2012. 08. ─ Vol.100 | 2024. 04.

《AROUND》창간 에디터에서 지금은 액자를 만드는 목수가 되었어요. 반려견 완두와 붙어 지내기 위한 결정이었죠. 지금의 생활에 만족하세요?
저는 후회 없어요. 제가 원하는 대로 살고 있으니까요. 완두와는 대화나 협상 없이 살아가는 중인데, 서로 계속 좋아할 수 있다는 게 신기해요. 관계는 점점 더 깊어지고 있어요. 조금 곤란한 게 있다면 오히려 제 가족들과의 일인데요. 독립을 위해 기술을 배우는 동안 부모님 댁에 3년간 완두를 맡겼을 때, 주에 한 번은 꼭 갔거든요. 부모님은 물론 근처에 살고 계시던 외할머니도 참 반가워하셨어요. 동네 어르신들도 제가 효자라고 먼저 밝게 인사해 주셨고요. 완두를 서울로 데려오고 난 뒤엔 두 달에 한 번 정도로 빈도가 줄었죠. 가족들은 이제 알겠다는 표정으로 저를 대합니다. 이 부분이 참 곤란하네요.

35 브랜드 마케터 김상민

Vol.78 | 2021. 07. | 〈돈은 행복의 하한선일뿐〉
Vol.91 | 2023. 10. | 〈간밤의 편린들〉

본업은 브랜드 마케터이면서, 작가로도 활동하고 있어요. 글쓰기가 본업에 미치는 좋은 영향이 있나요?
브랜드는 말과 글을 통해 다가가고, 말과 글로 완성돼요. 그런 면에서 브랜딩을 업으로 삼는 이에게 글쓰기란 직업인으로서의 삶과 긴밀히 연결된 취미이자, 서로를 돕는 선순환의 고리라 하고 싶네요. 글을 쓴다는 건 덩어리로 존재하는 개념을 사유의 조각칼로 정제해 가는 과정입니다. 쓰고 지움의 반복 속에서 뭉툭하던 생각은 각자가 품고 사는 단어와 문장의 형태로 선명히 드러나요. 재밌게도 이상적인 브랜딩의 과정과 무척이나 닮았죠. 좋은 브랜딩 역시 불투명한 정답을 집단의 창의성에 기반해 가장 우리다운 언어로 선보이는 일련의 과정이니까요. 고로 브랜드 마케터에게 글쓰기는 효과적인 직업 훈련의 역할도 겸해요. 물론 글을 잘 쓴다고 브랜딩을 잘하리란 보장은 없어요. 다만 브랜딩에 탁월한 사람과 조직은 예외 없이 좋은 말과 글을 지니고 있어요. 그래서 습관적으로 쓰고, 강박적으로 기록하죠. 좋은 작가와 좋은 브랜드 마케터의 길이 서로 다르지 않음을 잘 알고 있으니까요.

36 포토그래퍼 김혜정

Vol.77 | 2021. 05. | 〈고요하고 단정한 기록〉
─ Vol.99 | 2024. 02. | 〈우리가 만든 한 그릇〉

사물과 풍경을 지긋이 살펴보고 기록하는 작가님의 시선을 좋아해요. 좋은 관찰의 태도는 무엇일까요?

촬영할 때 서두르지 않고 여유를 두고 살펴보려 해요.
인터뷰 촬영 때도 이야기를 들으며 분위기를 따라가다
보면, 중간중간 자연스러운 표정이나 느낌이 보이거든요.
무엇보다 관찰을 잘하기 위해서는 '재촉하지 않는
마음가짐'이 중요해요. 대상을 시간을 두고 지켜보면서,
그 사람이 자연스레 보여주는 모습과 공간의 결을 느끼는
거죠. 그러면 "어떤 각도에서 찍으면 예쁠까?"에 대한
고민보다, 내가 실제로 느끼는 감정이 먼저 다가와요.
차분히 관찰하다 보면, 평범해 보이던 장면도 점점
특별해지고, 놓치기 쉬운 작은 디테일들도 또렷이
보이더라고요. 주변을 유심히 들여다보는 습관으로 사진뿐
아니라 제 일상도 더 풍성해지는 것 같아요. 그래서 제게
좋은 관찰이란, 조급해지지 않고 차분히 기다리는 태도,
그리고 눈앞의 순간을 충분히 음미하는 습관이 아닐까
싶습니다.

37 작가·에디터 이현아
Vol.19 | 2014. 12. — Vol.57 | 2018. 05.
**《AROUND》에디터로 여러 도시를 여행했어요. 가장
기억에 남는 곳은 어딘가요?**
《AROUND》, 《DOR》, 협업 프로젝트 취재를 위해
국내외 할 것 없이 돌아다녔는데, 어쩐지 지금은 상암동과
연남동 사무실 편집팀 방이 떠오르네요. 낯설고 어렵게만
느껴지던 모든 일을 상상하던 곳도, 여러 나라와 도시에서
담아온 경험을 지면으로 옮기던 곳도 거기니까요. 머리를

쥐어짜며 기획 회의를 준비하고, 실없는 농담을 주고받다
문장 한 줄이나 질문 하나로 논쟁을 벌이고, 때로는 유치한
질투도 하고…. 그러다가도 마감 후에는 서로의 열렬한
첫 독자가 되어주었거든요. 더 나은 잡지를 만들기 위해
기꺼이 참견하며 서로 가르치고 배우던 그 시절과 장소를
오래 기억하고 싶어요. 그때 만나 지금은 좋은 친구가 된
에디터 동료들과 마감의 고통을 함께 나눠준 하이, 빵이,
아리, 까뮈에게도 감사함을 전해봅니다.

38 음악평론가 배순탁
Vol.64 | 2019. 03. — Vol.100 | 2024. 04.
**한때는 작가님께도 취미이기만 했던 음악 감상은 업이
된 지 오래예요. 좋아하는 일이 직업이 되는 것, 어떻게
생각하세요?**
이 질문에 대한 보편적인 대답은 "순수하게 즐기지
못한다."일 테지만, 전 그렇지 않다고 봐요. 만약 제가 다른
직업을 가졌더라면 이렇게까지 부지런하게 음악을 들을
것 같지 않거든요. 물론 그런 분도 있지만 저는 천성이
워낙 게으른 탓에 제 일만으로 벅차서 헉헉대고 있을 게
분명해요. 그래서 항상 '강제'의 힘을 강조하는 거예요.
음악평론가가 직업이기에 강제적으로 음악을 챙깁니다.
빌보드 차트를 보고요. 멜론 차트를 체크합니다. 음악 책을
많이 보면서 공부도 하죠. 거의 매주 마감을 해야 하고요.
그 와중에 저에게 '순수한 기쁨과 감동'을 선물하는 음악은
여전히 존재해요. 이게 또 동력이 되어서 새로운 음악을
찾게 되고요. 이런 측면에서 좋아하는 일을 직업으로 삼는
게 가능하다면 추천하는 쪽입니다. 직업으로 삼았기에,
도리어 취미에 대한 애정을 잃지 않았던 거라고 생각해요.

39 작가 정다운
Vol.8 | 2013. 11. — Vol.100 | 2024. 12.
**2013년부터 《AROUND》에 에세이를 연재해 오고
있어요. 꾸준히 그리고 오래 나의 이야기를 쓰게 만드는
동력이 궁금해요.**
12년 동안 《AROUND》에 80편의 글을 실었어요. 80번의
원고 마감을 하는 동안 80가지 종류의 즐거움을 경험했죠.
다음 호 주제에 대한 메일을 받고 나면, 밥을 먹고 청소를
하고 일을 하고 산책을 하고 사람들을 만나는 모든 순간에
그 주제에 대해 생각하게 돼요. 그 과정이 마치 특별할 것
없는 내 일상 속 보물찾기 같아요. 종종 삶이 나를 속여
몸을 일으키기 어려울 때나 저 자신이 한없이 보잘것없다
여겨질 때에도 구석구석 나를 살피고 주변을 뒤져 기어코
반짝이는 이야기 하나를 찾아냅니다. 반드시 있습니다. 그
사실을 확인할 때마다 마음이 놓여요. 그 힘으로 글을 쓰고
있습니다. 아니, 그 힘으로 살고 있어요.

40 할타보카 백기호
Vol.97 | 2024. 10. | 〈이 도시의 새 장면〉

100호를 맞은《AROUND》를 아이스크림으로 만들면 어떤 맛일지 떠올려 보실래요?

《AROUND》를 아이스크림으로 표현한다면 많은 재료를 섞고 싶진 않아요. 스푼으로 크게 떠서 한입에 넣어보는 상상 속 '어라운드' 맛은 팡팡 터지는 토핑이 있는 요란한 맛과는 거리가 멀어요. 달콤한 사과에 시나몬과 바닐라빈을 함께 졸인 '애플 시나몬 바닐라' 맛이면 어떨까요? 차분한 갈색 아로마의 여운이 입안과 코안을 맴도는 그런 맛이요.

41 코니바이에린 비주얼 에디터 김지수
Vol.63 | 2018. 12. — Vol.92 | 2023. 12.

어라운드에서 느끼고 배운 것들이 지금의 일과 삶에 어떤 영향을 미치고 있어요?

조금 과하게 말해서, 다른 사람이 됐다고 할까요. 저라는 사람의 내면이 어라운드 입사 전과 후로 나뉜다고 생각해요.《AROUND》에디터로서 수많은 인터뷰를 만나 이야기를 수집하고, 그 조각들을 다시 엮어가면서 자연스럽게 저도 변했어요. 어라운드와 보낸 4년 남짓한 시간을 아주 밀도 높게, 타인보다 몇 배 이상 살아낸 것 같았죠. 사람을 만드는 건 결국 추억이잖아요. 아직도 일할 때나 일상에서 그때 수집했던 이야기를 꺼내 쓰곤 해요. 해가 갈수록 그 이야기들에 살이 붙고, 제 안의 중심이 단단해지고 있어요. 연필로 꾹꾹 눌러쓴 글씨처럼, 어라운드에서의 시간은 깊이 남아 있을 거예요. 아직도 이경 편집장님의 말을 기억해요. "'Around', 나의 주변을 위해선 나의 중심이 단단해야 한다."는 이야기요. 그 말을 자주 떠올리며 지금을 살고 있어요.《AROUND》 100호 출간을 진심으로 축하해요. 100이라는 숫자가 어라운드에겐 아주 작은 의미이길 바라면서요.

42 브랜드 마케터·작가 이승희
Vol.77 | 2021. 05. | 〈숭이라는 장르〉

《AROUND》인터뷰 이후 한 아이의 엄마가 되었어요. 아이가 좀더 자라 "엄마는 뭐 하는 사람이야?"라고 묻는다면, 자신의 직업을 어떻게 설명해 줄래요?

"엄마는 세상을 탐구하면서 살아갈 수 있는 일을 하고 있어. 세상이 어떻게 돌아가는지 관찰하고 분석하면서, 사람들의 마음을 이해하고, 더 나은 삶을 위해 기꺼이 시간을 쓰는 일이야. 바로 마케터라는 직업이지. 마케터는 단순히 물건을 광고하는 사람이 아니라, 사람들의 필요와 원하는 걸 깊이 들여다보고, 더 좋은 선택을 할 수 있도록 돕는 사람이야. 엄마는 세상과 사람을 공부하며 이 일이 사람들에게 도움이 된다고 믿고 있어. 마케팅은 그냥 기술이 아니라, 사람들의 마음을 움직이는 일이라고 생각하거든. 그리고 엄마가 살아온 경험이 쌓일수록 이 일의 깊이도 더 깊어지는 게 참 매력적이야. 또, 새로운 걸 발견하고 만들어 가기 위해 하루하루를 의미 있게 보내려고 해. 그래서 단순한 하루도 그냥 지나치지 않고, 감사하고 소중하게 느껴지는 거야."

43 스튜디오 고민 안서영
Vol.99 | 2025. 02. | 〈고민 없이, 늘 먹던 걸로〉

나의 개성이 드러나는 작업물은 어떻게 만들 수 있을까요?

"스튜디오 고민의 작업임을 한눈에 알아봤어요." 그 말을 들으면 여전히 조금 놀라요. 기쁘면서도 궁금해지죠. 어떤 부분에서 그렇게 느껴졌을까, 싶어서요. 우리는 개성을 드러내기보다는, 콘텐츠의 결을 따라 우리가 잘할 수 있는 것에 집중해 왔을 뿐인데 말이에요. 저 역시 그런 경험이 있어요. 어떤 작업을 마주할 때 '이건 그 사람이 만든 거겠지.' 하고 직감하는 순간이요. 처음 듣는 노래에서도 음색만으로 자연스럽게 가수를 알아채는 것처럼요. 그렇다면 개성은 의도적으로 만들 수 있을까요? 일정한 표현과 구도를 반복하면 특징이 될 수 있죠. 그러나 그것만으로는 충분하지 않아요. 좋아하는 것을 오랫동안 바라보고, 그것을 나만의 방식으로 표현하려 애쓰는 과정. 색을 고르고, 여백을 두고, 작은 디테일을 다듬어가는

© Hae Ran

시간이 더해져 어느 순간 고유한 리듬이 완성될 때가
있어요. 개성이란 그렇게 천천히 형태를 갖추는 것이
아닐까 해요. 마치 처음부터 정해져 있던 것처럼. 우리
또한 그 과정 위를 천천히 걷고 있어요.

44 작가·헬스 트레이너 위선임
Vol.95 | 2024. 06. | 〈닮은 점 하나 없을지라도〉

**인터뷰 이후 원치 않게 직장을 그만두고 힘든 시기를
겪었다고요. 일에 관해 새롭게 생각해 본 바가 있을
듯해요.**
맞아요. 임금 체불 때문에 퇴사했고 지금은 소송 중입니다.
이런 장르를 겪게 되다니! 삶은 역시 예상치 못한 훅을
날리는 게 매력인가 봐요. 이 사건을 통과하며 일과 사람에
대한 회의가 크게 왔어요. 그러면서 또 깨달은 것이,
이게 저만의 일이 아니라는 거였죠. 사람은 누구나
한 번씩은 구렁텅이에 빠지더라고요. 자연스럽게 그런
사람들을 돕고 싶다고 생각했어요. 저 자신을 비롯해
말이죠. 그동안 작가와 트레이너, 두 직업을 오가며
두 집 살림을 했는데요. 힘든 일을 겪어보니, 사람이 늪에서
빠져나오려면 두 가지를 모두 하는 게 도움되더라고요.
글쓰기와 운동 말이죠. 벌어진 상황을 객관화해 글로
써보며 감정과 생각을 정리하고, 아무리 큰 좌절감에
빠지더라도 몸을 움직여 땀 흘리며 부정적인 생각을
밀어내는 거요. 이런 생각 끝에 최근 블로그명을 '근육과
문장'이라 변경했습니다. 뭘 그리고 있는지 보이시나요?
이번 파도가 저를 또 어디로 데려갈지 기대 중이랍니다.

45 0fr. 서울·미라벨 박지수
Vol.96 | 2024. 08. | 〈두 발끝 리본처럼〉

최근 미라벨에 들인 것 중 자주 사용하는 물건은 뭐예요?
닥스훈트 모양의 필통이요. 프랑스 브랜드 제품으로 작년
하반기부터 매장에서 판매하고 있는데, 원래 필통으로
출시되었지만 저는 파우치로 사용하고 있답니다. 좋아하는
이유는 굉장히 간단해요. 다리 길이보다 훨씬 긴 몸통에
커다란 귀와 웃고 있는 입 모양, 귀여운 눈이 보고 있기만
해도 기분 좋아지기 때문이죠. 소재도 부드럽고, 립스틱과
작은 손거울, 펜, 아로마 오일 스틱을 넣어 불룩해진
닥스훈트의 배를 보면 바쁜 일상 중에 실제 강아지를
만난 것만 같아요. 성인이 되고서는 필통을 쓸 일이 많지
않지만, 발주할 때부터 귀여운 모양새에 마음을 뺏겨서
우선 주문하고 보자 했죠. 닥스훈트 러버들에게 유난히
사랑받는 아이템이랍니다.

46 어라운드 경영지원 강상림

**어라운드에서는 과장님 손이 닿지 않는 일이 없어요.
수화기 너머로《AROUND》독자분들의 궁금증도
해결하시는데요. 가장 기억에 남는 일이 있다면요?**
매년 같은 시기에 구독을 연장하려고 전화로 연락을 주는
분이 계세요. 나이가 많아 홈페이지나 카드 자동결제에
익숙하지 않고, 입금도 직접 은행에 가서 한다고 수줍게
말씀하시는 여성 독자분이죠. 매번 잘 읽고 있고 언제나
좋은 매거진 만들어 줘서 고맙다고 인사를 해주세요.
늘 봄에 연락이 와서, 저에게는 그 독자분이 봄을 알려주는

ⓒ최머레

되면서 이전에는 알지 못했던 새로운 세계를 경험하고 있는데요. 제 삶이 많이 변한 건 맞지만, 그렇다고 사회에서의 '나의 일'을 포기하거나 내려놓고 싶지는 않아요. '엄마'라는 역할뿐만 아니라, 내가 맡은 다른 역할들도 소중하게 지키고 싶다는 마음이 여전히 커요. 새로운 속도에 적응하며, 계속 내가 할 수 있는 일, 내가 하고 싶은 일을 해나가고 싶어요.

48 사월의눈 전가경
Vol.69 | 2020. 01. | 〈더도 말고 덜도 말고 아파트 글자〉
Vol.97 | 2024. 10. | 〈우리는 낯설게 볼래요〉
97호 인터뷰로 사진책 출판사 사월의눈을 찾았던 날, 꽉 찬 서재만큼이나 책에 관한 생각으로 가득하셨어요. 앞으로 사월의눈은 어떤 이야기를 전하려고 하나요?
2023년 하반기에 처음 선보인 '리듬 총서' 시리즈를 앞으로 어떻게 다채롭게 꾸려나갈 것인지 고민하고 있어요. 사실 소재보다는 어떤 성격의 책을 만들어야 하는지를 더 고민하는데요. 사월의눈 책들이 어떤 면에선 묵직한 면이 없지 않아 있는데, 특정 의제에 보다 시급하게 반응하는 책, 조금은 가벼울 수 있는 책은 불가능한가… 그런 생각을 하고 있습니다.

느낌입니다. 올해도 전화가 왔답니다! 봄이네요! 이름이 낯익을 정도로 매년 구독을 연장하며 함께해 주시는 독자분들의 이름을 볼 때마다 혼자 내적 친밀감이 솟아나요. 올해도 함께해 주시는군요! 반갑습니다. 별일 없으시죠? 건강하신가요? 늘 감사합니다! 이렇게 이름만 보고서 혼자 생각하는 게 조금 우습기도 한데 그만큼 오래 함께해 주시는 분들은 감사함으로 기억하게 되더라고요.

47 스티비 마케터 이루리
Vol.80 | 2021. 11. | 〈이야기를 들려줄래요?〉
Vol.86 | 2022. 11. | 〈보고 있어도 보고 싶은〉
"새로운 것을 시도하고 경험으로 배우는 사람"이라고 본인을 소개해 왔어요. 《AROUND》 인터뷰 이후, 가장 특별하고 의미 있었던 새로운 경험을 들려주세요.
지난 인터뷰 후, 출산과 출판이라는 큰 이벤트가 있었어요. 작년 여름, 아기가 태어났고 겨울에는 책을 출간하게 되었죠. 인생에서 의미 있는 일이 한꺼번에 찾아온 시기였어요. 계획과 달리 아기가 책보다 먼저 세상에 나오는 바람에, 책을 마무리하는 과정이 쉽지 않았어요. 중간에 '출판을 포기할까?'라는 고민이 들기도 했죠. 하지만 내가 선택한 일을 아기 때문에 포기해야 한다고 생각하니 아쉬움이 컸고, 앞으로 점점 더 많은 것들을 포기해야 할지도 모른다는 두려움도 들었어요. "무엇을 상상하든 그 이상을 보게 될 것이다!"라는 말처럼, 엄마가

49 북디자이너 구혜민
Vol.9 | 2014. 01. — Vol.41 | 2016. 12.
과거 《AROUND》 디자이너로서, '어라운드스러운' 디자인을 정의한다면요?
한 마디로 딱 정의해서 말하기는 어려운 것 같아요. '어라운드스러운' 디자인은 떠올려보면 이 글을 읽고 있는 독자 그 자체이지 않을까 싶어요. 과거 디자이너로서 제 역할은 일상 속에서 발견한 시선들, 정성스럽고 따스한 이야기들이 한 권에 시각적으로 스며들도록 하는 것이지 않았을까 생각해요. 사진과 글의 조화를 많이 고민했어요. 이야기를 지켜봐주는 독자분들이 있었기에 《AROUND》가 더욱 어라운드스럽게 나올 수 있었던 것 같아요. 지금 생각해 보면 그때 그 시절의 기억을 곱씹으며 추억을 공유할 동료들이 있었다는 게 너무 좋았어요(웃음).

50 마르시안스토리 서민규
Vol.97 | 2024. 10. | 〈열린 결말의 사진책〉
지난여름 우리가 만났을 때, 대구 생활을 마무리하고 제주로 이주할 계획이라고 하셨죠. 요즘 제주에서 어떻게 생활하세요?
아직 출판사는 대구에서 운영하고 있어요. 제주에서는 10여 년 전부터 조그만 작업실을 마련해 놓고, 대구에서 출판 업무나 가족 행사가 있을 때를 빼고 사진 작업을

해요. 이곳은 관광지이지만 시골에 가깝습니다. 주변은 온통 감귤밭이고 무우밭, 마늘밭뿐이죠. 아침에 일어나면 우선 바닷가로 산책을 가요. 손에는 항상 작은 필름 카메라를 들고 있어요. 늘 같은 곳이지만 매일 빛으로 풍경이 조금씩 변해요. 산책 후 작업실에서 가볍게 아침 식사를 하고 컴퓨터 작업이 없으면 장비를 챙겨서 촬영을 나갑니다. 제주는 난개발에도 불구하고 아직 원시적인 자연이 많이 남아 있어요. 그야말로 아름답죠. 제주에서 저만의 사진적 언어를 만들어 가고 있네요.

51 겨울서점 김겨울
Vol.81 | 2022. 01. | 〈이토록 오롯한 겨울〉

지난 인터뷰에서 장래 희망을 "공부를 열심히 한, 피아노 잘 치는 할머니"라고 답했어요. 아직도 그 답은 같나요?
요새의 장래 희망은 그때와는 조금 다르네요. "철학 공부를 열심히 한, 제법 괜찮은 책을 쓴, 가끔 웃기고 보통은 경청하던 시체"로 하겠습니다. 철학의 역사, 책의 역사, 지구에 역사에 비하면 아주 적은 시간이 남아 있다고 느껴요. 들을 가치가 있는 말을 하나라도 남기고 최대한 공동체에 기여하다가 잘 죽고 싶습니다.

52 뉴트럴폼즈 포토그래퍼 안선근
Vol.18 | 2014. 11. — Vol.34 | 2016. 04.

《AROUND》에서의 시간 이후로도 여전히 카메라를 놓지 않고 있어요. 전이나 지금이나, 어떤 순간에 꼭 셔터를 누르나요?
그날 너른해진 마음의 여유가 만들어낸 '애정'이 발생하면 셔터를 누르게 합니다. 그래서 그런지 지금과 상태가 달랐을 예전 사진을 볼 때면 이걸 내가 왜 찍었나 하는 경우들도 많네요. 질문에 대답하기 위해 오래된 사진들을 다시 들춰봤습니다. 강가를 걷는 노인과 개, 하루를 준비하며 내린 찻잔, 술자리가 끝난 후 어질러진 테이블, 잠든 애인의 뒷모습, 숲속 바위 위에 떨어진 햇빛, 눈 덮인 산 등이 보입니다. 사진들을 보며 왜 셔터를 눌렀을까 생각해 보니 그날의 시선에서 애정을 찾아볼 수 있었어요. 애정의 꼴이 다양한 모습이라 새삼 신기합니다. 지난날 눌러댔던 셔터가 '꼭'이라는 글자를 설명하네요. 갑자기 좋아하는 드라마 대사가 떠오릅니다. "지안, 편안함에 이르렀나." (〈나의 아저씨〉 중에서) 괜찮은 기분에 놓이기 위해 오늘도 부단히 노력해야겠습니다.

53 《BGM》, 《hep.》 편집장·플라웍스 아트코 남필우
Vol.95 | 2024. 06. | 〈우리의 취향으로부터 자랄 너의 우주〉

매거진 발행부터 크리에이티브 디렉터 그리고 아빠로서의 생활까지 몸이 열 개라도 부족한 삶을 살아내고 있어요.

'모든 일에서 완벽을 추구하기'와 '최고가 아니라도 기한 내에 끝내려고 노력하기' 중 어떤 삶의 방식을 선호하세요?
제 안에서 늘 부딪히는 두 가지 마음이 등장했네요. 함께 일하는 분들은 (여러 이유로) 속이 터지겠지만, 저는 모든 일에 완벽을 추구하자는 마음으로 임하고 있어요. 스스로 만족하지 못하는 결과물을 세상에 내놓는 것만큼 부끄러운 일은 없다고 느껴지거든요. 간혹 그런 상황을 마주하면 나와 관련이 없는 결과물인 양 거리를 두고 싶어지기도 하죠. 저는 머릿속에서 디테일한 포인트까지 정리한 다음 짧은 시간 안에 작업을 마무리하는 사람에 가까워요. 그렇기에 생각을 정리하기까지 기간이 길고, 실 작업 시간은 짧죠. 저와 같은 성향은 데드라인에 아슬하게 걸치거나 조금 더 늦어지는 경우가 많다고 하더라고요. '완벽을 추구하기'라는 좋은 표현을 이번에 접하게 되었으니, 앞으로는 멋진 핑계(?)를 댈 수 있을 것 같네요.

54 초등학생 남서진
Vol.95 | 2024. 06. | 〈우리의 취향으로부터 자랄 너의 우주〉

초등학교 입학을 축하해요! 먼 미래, 학교라는 곳을 마침내 졸업하게 되었을 때 서진이는 어떤 사람이 되어 있고 싶어요?
착한 어른이 되고 싶어요. 제가 생각하는 착한 어른은 약하고 힘없는 사람을 도와줘요. 뭔지 자기 마음대로 하려는 사람이 약한 사람을 다치게 할 수도 있으니까. 그럴 땐 제가 방어해 주면 돼요. 전 몸도 크고 단단해서

© 임정현

대신 막아주는 거 괜찮아요. 그런데 저보다 더 힘이 세거나 무서운 사람을 만나면 어떡하냐고 아빠가 물어보더라요? 그럴 때 못 들은 척하고 약한 사람 데리고 도망가면 된다고 담임 선생님이 알려주셨어요. 나중에 전 목사님이 될 거예요. 연극이나 성극을 하는 배우도 되고 싶어요. 사실 하고 싶은 게 좀 많아요.

55 푸하하하프렌즈 한양규
Vol.30 | 2015. 12. |〈우당탕탕 세 친구의 정신 없고 유쾌한 토크박스 한 판〉
Vol.93 | 2024. 02. |〈세 건축가와의 기묘한 대화〉

30호 인터뷰에서 건축을 제외하고 흥미를 끄는 건 살면서 단 한 번도 없었다고 말했어요. 지금도 그러한가요? 건축에 대한 마음은 요즘 어떠세요?

지금도 그런 것 같아요. 사람들은 영화 이야기도 하고, 가구, 음식 이야기도 하죠. 근데 저는 그 대화에 끼기가 쉽지 않아요. 아는 게 진짜 없거든요. 모두가 그런 건 아니지만, 먹는 것과 입는 것, 보고 듣는 것들은 전보다 좋은 것들을 쉽게 접할 수 있는 환경이 되었어요. 그런데 건축의 환경도 좋아졌는지는 잘 모르겠어요. 단열이나 방수 같은 기능적인 것들은 좋아졌지만, 집을 포함한 건축에서 좋아하는 공간 혹은 기억나는 모습처럼 관심을 두고 이야기할 수 있는 것들은 여전히 많이 없는 것 같아요. 오히려 지금에 적응해 버린 것처럼 무관심의 대상이 된 것 같기도 하고요. 건축이 사람 사는 것과 친밀했으면 좋겠어요. 좋아하는 영화 이야기를 하듯, 집의 구조를 이야기하고 좋아하는 공간에 대한 이야기를 나누는 날이 오기를 바라요.

56 아키비스트 박온도
Vol.98 | 2024. 12. |〈언젠가 자연스레 태가 나겠지〉

우리가 이 대화를 나누는 2월 말, 최근 일기에 적었던 말을 들려주세요.

"그냥 하면 돼."라고 썼어요. 희망찬 새해 다짐은 명절이 지날 때쯤 언제 그랬냐는 듯 흐지부지되고 왠지 모르게 힘이 빠져요. 무기력함이 마치 새순이 나기 전 흐리고 앙상한 지금의 계절 같아요. 어디선가 2월에서 3월 사이는 부정적인 생각과 선택을 많이 하는 계절이라는 말을 듣고 깊게 공감했거든요. 그래서 누군가 답답함을 느끼며 고민하면 지금은 원래 그런 계절이라고 알려줘요. 저 또한 그런 시간을 잠시 보내다 달리기를 하면서 봄을 준비하고 있어요. 그 수많은 걱정과 막막함이 먼지처럼 별거 아닌 듯 날아가는 걸 느끼며, 추위에 덜덜 떨던 몸도 어느새 에너지로 가득 차 더워지는 게 머리를 탁 하고 맞은 기분이었어요. 시작 전에 너무 어렵게만 느끼던

것들은 일단 움직이고 나면 하나씩 해결을 하든, 버리게 되는 선택을 하게 되죠. "Just Do It"이라고 하잖아요. 그 문장을 새기고 계속 나한테 알려주고 있어요. 나를 방해하는 외부가 문제가 아니라 스스로 행동해야 한다는 사실을요.

57 디자이너 최인애
Vol.34 | 2016. 04. — Vol.70 | 2020. 03.

왜 디자이너의 길을 선택했는지, 그중에서도 왜 《AROUND》 디자이너가 되고 싶었는지 궁금해요.

책을 만든다는 건 조금 거창하고 멋진 일 같지만, 책 만들기는 어릴 적 좋아하던 종이 접기와 크게 다르지 않았어요. 낯선 책에서 어떤 종이를 사용했는지 알아내기 위해 손끝으로 읽어내는 종이의 질감이 좋고, 책의 형태를 고민하는 과정이 매력있었죠. 그 재미를 따라가보니 북디자인이었고, 좋아하는 이야기와 매력적인 사람을 쫓아가보니 《AROUND》의 글이었어요. (물론 어라운드가 잘 맞을 것 같다는 친구의 추천도 있었지만요. 친구야 고맙다.) 역시 좋아하는 일이 늘 정답이네요.

58 포토그래퍼 장혜진
Vol.97 | 2024. 10. |〈이 도시의 새 장면〉
Vol.97 | 2024. 10. |〈오롯이 나를 발견하는 걸음으로〉

포토그래퍼로 활동하면서, 대구의 사진책 서점 '낫온리북스'를 돌보고 있죠. 서점에 들일 책과 들이지 않을 책을 구분하는 기준이 궁금해요.

지역에서 활동하는 여성 사진가이기에 제가 운영하는 서점에서만큼은 저와 비슷한 혹은 저에게 필요한 이야기를 찾아 잘 들어보고 싶었어요. 동시대를 살아가는 우리에게 필요한 페미니즘·동물권·인류세와 같이 시의성 있는 주제를 다루는 책, 서사의 주체가 된 여성 창작자의 책, 지역에서 발행된 책, 소규모 자본으로 제작된 책. 이런 책을 서점에서 소개하려고 늘 애쓰고 있어요. 또 여성 창작자들의 이야기를 직접 들어보는 아티스트 토크 프로그램 'NOBNOT ONLY BOOKS in Focus'를 서점에서 진행하기도 해요. 여전히 사진계는 남성성으로 견고하게 쌓아 올려져 있어요. 이런 세계에 아주 가느다란 균열을 내고 싶었달까요?

59 무과수
Vol.65 | 2019. 05. |〈멋진 신도시〉
Vol.78 | 2021. 07. |〈무과수의 마을에 놀러 오세요〉

보고 듣고 느낀 것, 좋아한 것들을 홀로 간직하기보다 뉴스레터, 유튜브, SNS로 이름 모를 누군가에게도 전하고 있어요. 알지 못하는 다수에게 나를 꺼내 보이는

일은 용기가 필요하죠. '공유할 용기'를 잃지 않고 이야기 나누기를 지속하게 만드는 힘은 무엇인가요?
'일상'을 주제로 이야기한 지 10년이 넘어가고 있고, 200명으로 시작해 현재 10만 명에 가까운 사람들과 공유하게 됐지만 저의 마음가짐은 여전히 처음과 그대로예요. '내가 기억하고 싶은 순간을 기록으로 남겨 붙잡아 두는 것'. 처음에는 저도 중심을 잡지 못하고 남들이 좋아할 만한 이야기를 쓰던 때가 있었는데 그러다 보면 자꾸 흔들리고 멈춰 서게 되더라고요. 그래서 나를 위한 글을 쓰기 시작했더니 그제야 결이 비슷한 사람들이 하나둘 모여들기 시작했고, 기록을 중심으로 단단한 관계들이 형성되기 시작했어요. 날이 갈수록 자극적으로 변하는 콘텐츠가 수도 없이 쏟아지고 너무 빠른 변화들로 나다움을 지켜내기 무척 어려운 시대지만, 그 와중에도 평범한 이야기를 특별하게 바라봐주는 사람들이 존재하더라고요. 보통의 일상을 살아가는 사람들과 함께 서로 다독이며 즐겁게 늙어가고 싶어요.

얼마 전 북페어에서 우연히 뵈어서 반가웠어요. 대학교는 얼마 전 개강을 했지요? 이번 학기에는 무얼 가르치세요?
학부 3학년 학생들에게는 '그래픽디자인', 대학원에서는 '타이포그래피 연구' 과목을 강의해요. 두 수업 모두 큰 주제는 한글과 타이포그래피예요. 타이포그래피는 다양한 미디어에서 글자를 읽기 좋게 또는 매력적으로 보이도록 다루는 방법이죠. 우리는 한글의 첫 기록 〈훈민정음해례본〉(1446년) 책으로 공부를 시작했어요. 학생들과 함께 글자가 만들어진 원리와 구조, 현재까지 이르는 글자의 다양한 모양을 학습하고, 그 과정에서 한글 타자기와 탈 네모꼴 폰트, 한글 전용과 가로쓰기, 다국어 문자 섞어 쓰기 등을 살펴보고 이해할 거예요. 그리고 학생들은 소리를 시각화한 한글의 시스템 원리를 활용해서 포스터를 디자인하거나 자신의 연구 문제를 스스로 설계하는 과제를 한답니다.

전에는 어라운드 안에서, 이제는 바깥에서 《AROUND》를 디자인하고 있어요. 프리랜스 디자이너의 일상은 어떤 모습이에요?
대부분 컴퓨터 앞에서 작업하다 보니, 가끔은 '오늘 하늘 한 번 못 봤네.' 하고 놀랄 때도 있어요. 일과 생활의 경계가 흐려지기도 하고요. 그래서 루틴이 필요하겠다는 생각이

들었어요. 아침잠도 많고 시간 약속을 잘 지키지 못하는 제가 루틴을 만든다는 건 쉽지 않은 일이었지만요. 그런데 반려견 덕구를 만나고부터는 새벽 6시, 오후 4시. 이 두 번의 산책만큼은 무슨 일이 있어도 나가요. 첫 번째 산책은 반쯤 감긴 눈으로 나가지만 조용한 거리를 걸으며 하루를 서서히 시작하는 게 좋아요. 그리고 작업에 집중하다 보면 어느새 덕구가 조용히 다가와 무릎 위에 따뜻하고 묵직한 턱을 툭 올려요. 두 번째 산책을 나가야 한다는 신호예요. 가끔 미루고 싶을 때도 있지만, 나가면 '잘 나왔다.' 싶어요. 생각도 정리되고, 숨 돌릴 시간도 생기니까요. 눈이 오나 비가 오나 이어지는 이 작은 루틴 덕분에 하루가 흐트러지지 않고, 일상도 조금씩 단단해지고 있어요.

뜨개 하는 시간과 요가 하는 시간, 둘 중에 언제 좀더 나답다 느껴요?
뜨개를 할 때는 편물에 집중하는 편이에요. 혹은 영상을 틀어 둔 채 손을 움직이기도 해서 딴생각을 하거나 '나'를 의식하는 일이 거의 없어요. 뜨개질은 잉여 시간이 많을 때, 그러니까 요가 수련이나 일기 쓰기, 햇볕 쬐기, 충분한 수면 등이 모두 충족된 후에야 손이 가는 취미예요. 재미있어서 지나치게 많은 시간을 쏟게 되고, 중독적인 면이 있어 너무 빠져들면 오히려 내게 이롭지 않을 때가 있기 때문이죠. 반면 요가 수련은 삶을 또렷하게 살아가기 위해 꼭 필요한 행위예요. 건강한 생활을 위해, 과열되지도 무기력하지도 않은 균형 잡힌 상태를 유지하려면 수련이 필요하죠. 오롯이 내 몸과 영혼을 주시하는 거의 유일한 시간이기 때문에, 요가를 수련하는 시간이 나답게 느껴져요. 그리고 요가적인 삶이 나다웠으면 해요. 몸과 마음이 조화로운 상태에서 하루하루를 살아가는 것, 그것이 내가 원하는 모습이니까요. 물론 뜨개하는 나도 좋지만 말이죠.

어라운드의 또다른 축, ABC 팀에서 오랫동안 브랜드 프로젝트를 리드해왔어요. 브랜드와 소통하면서 중요하고 어려운 결정을 내려야만 할 때, 기준 삼는 것이 있나요?
브랜드 프로젝트는 우리의 파트너 기업, 그리고 글과 사진 등등 각 분야의 전문가의 힘을 빌려 구현해 내는 일이라 균형감에 대해 자주 생각해요. 무탈하고 빈틈없이 해내려고 하기보다는 언제든 변수는 있을 거라는 걸 전제로, 생각지 못한 문제에 최선의 대응을 해보자는 각오(?)로 일하죠. 또, 브랜드가 전하고자 하는 메시지를 어라운드의 언어와 감도로 풀어내는 방식에 대해서도 늘 고민해요. 우리는

무엇이든 자세히 들여다보기를 잘하고, 그렇게 발견한
것을 조곤조곤 풀어 이야기하는 일을 잘하는 브랜드라고
생각하거든요. 우리의 파트너가 어라운드에 기대하는 것도
그런 과정을 거쳐 나오는 따스하고 다정한 콘텐츠라는
생각이 들고요. 이야기를 담는 매체가 지면이든, 화면이든,
혹은 공간이든, 진심 어린 시선이 느껴지는 콘텐츠로
채운다는 점이 어라운드 고유의 매력이자 제가 일하며 꼭
지켜내고 싶은 기준점인 것 같아요.

64 한아조 조한아
Vol.79 | 2021. 09. | 〈한아조는 한아조〉

**비누는 예기치 못하게 묻은 얼룩과 일상의 흔적들을
깨끗하게 씻어내죠. 일을 하면서도 의도치 않은 결과나
마음이 철썩 달라붙기도 하는데요. 말끔히 흘려보내고
싶은 생각이나 태도가 있나요?**
처음 한아조를 시작하면서 다짐했던 수많은 것들이 해를
거듭하며 조금씩 달라졌어요. '나는 이런 사람이야.'라며
굳게 믿던 생각들을 무너뜨려야만 다음 단계로 나아갈
수 있는 경우가 많았어요. 나를 정의 내리기를 말끔히
씻어내고 싶어요. 더 이상 몸은 자라지 않는 어른이지만,
유연한 마음가짐이 있다면 언제든 내가 되고 싶은
어른으로 나아갈 수 있다고 생각해요.

65 브랜드 디렉터 강수정
Vol.1 | 2012. 08. — Vol.2 | 2012. 10.

**《AROUND》는 2012년 처음 세상에 나왔죠. 어떻게
창간 멤버로서 함께하기를 결심하셨어요?**
저는 어릴 때부터 주변에 관심이 많았어요. 거리의
사람들을 바라보며 그들의 삶을 상상하곤 했어요. 그런
저에게 《AROUND》는 무척 자연스럽게 다가왔어요.
내 주변의 다양한 삶을 담아낼 수 있는 기회이자
시작이었어요. 1호를 준비하면서 가장 많이 고민한
건, 읽는 순간만큼은 부드럽고 좋은 기분이 머물기를
바랐어요. 페이지를 넘길 때마다 그 안에 담긴 이야기와
감정이 고스란히 마음에 닿으면 좋겠다고 생각했어요.
그래서 부사 하나, 작은 이미지 한 장까지 신중하게
골랐어요. 요령 대신 천천히, 바느질하듯 한 땀 한 땀
잇고, 덧대고, 연결해 나갔어요. 무엇보다 좋은 사람들과
서로에게 기대며 책을 만들어 간 시간이 참 감사했어요.
《AROUND》의 시작을 한 문장으로 표현한다면, 이렇게
말하고 싶어요. "숲에는 두 갈래의 길이 나누어져 있었고
나는 사람이 덜 다닌 길을 택했으며 그것이 모든 것을
바꾸어 놓았다." (로버트 프로스트, 〈가지 않은 길〉 중에서)

Daily Life
일상

엇비슷해 보여도 다른 나날의 일

'의사'라는 단어에 어떤 이미지가 생각나는가, '작가'라는 말에 어떤 얼굴을 떠올렸는가.
가운을 입은 남궁인은 0.1초가 급박한 응급실 안에서도 다정을 잃지 않고 의학을 번역한다.
환자가 조금 더 정확하게 자신의 상황을 이해하고 받아들일 수 있게, 환자를 다치게 한
사회를 세상에 알릴 수 있게. 가운을 벗은 남궁인은 내 이야기를 뿌리 삼아 쉬지 않고
뭔가를 쓴다. 무지개 빛깔이 흐르는 게이밍 키보드 위에서 '타닥 타닥' 리듬을 만드는
손가락은 타건감을 만끽하는 호기심꾸러기 같다. 비일상이 펼쳐지는 응급실과 온전한
일상에 가까운 내 방을 오가는 남궁인에게서 나는 또 다른 얼굴을 본다. 판에 박힌 듯
그려지던 의사와 작가가 아닌 얼굴을. '음'보다 '움'에 가깝게 발음하며 짓는 무구한 표정을.

에디터 이주연(산책방)   포토그래퍼 Hae Ran

Friendly Doctor & Essayist
일상과 비일상 사이의 다정

남궁인—응급의학과 의사·작가

결정적으로 제 몸이 거부하는 것들을 해내고 나면 분명히 달라져 있어요.
사람은 대체로 익숙한 것만 하려고 하는데, 적극적으로 달라지려는 경험들이
나를 다른 모습으로 이끌어가게 된다는 걸 알게 됐어요.

일상 바깥의 사람을 돌보는 일상

응급의학과 의사로 일하는 건 "피로의 종류와 강도가 다르기 때문에 잠을 충분히 자야 한다."고 쓰신 적이 있죠. 오늘 푹 주무셨나요?
아주 잘 잤습니다. 어제 밤 10시에 퇴근하고 집에 와서 〈폭싹 속았수다〉를 보다 잠들었어요(웃음).

쉬는 날 흔쾌히 시간 내주셔서 고맙습니다. 부를 수 있는 호칭이 워낙 많은데, 뭐라고 부르는 게 편하세요?
오늘은 '작가님'이요.

좋아요. 책 《제법 안온한 날들》에 "평범하게 이어지는 일상은 사람을 가장 행복하게 한다."라는 문장을 쓰셨어요. 왜 평범한 일상이 가장 행복한 거라고 생각하나요?
저는 현재 권역응급의료센터에서 벌써 햇수로 17년째 일하고 있는데 응급실에선 일상 바깥의 사람을 보게 돼요. 어제도 환자 60명 정도를 만나고 돌아왔는데요, 오열하는 보호자를 만나는 일이나 살려달라고 울부짖는 분들을 보는 건 일상적이에요. 암 선고나 사망 선고를 하는 일도 잦아요. 그런 일을 아침부터 밤까지 겪다가 이 집으로 돌아오게 되는데, 문을 딱 열면 제가 떠난 그대로의 공간이 저를 맞아주거든요. 그때부터 일상이 시작되는 느낌이에요. 주어진 글을 쓰고, 읽을 수 있는 최대한의 책을 읽으면서 쉬는 시간을 보내죠. 집에서 보내는 건 평범한 일상인데 사실 제가 하는 일은 평범하지 않은 일상이잖아요. 그래서 그런 문장이 나오게 된 것 같아요. 드라마나 만화에서는 주인공이 집을 떠나면서부터 모험이 시작되는데, 그 마지막은 꼭 집으로 돌아와서 꼭 가족들과 평범하게 지내잖아요. 그런 모습을 보면서 평범한 것이 가장 행복한 게 아닌가 생각하게 됐어요.

작가님은 나인 투 식스와는 조금 다른 패턴으로 일하고 계시죠?
데이 근무 때는 아침 8시 반까지 출근해서 밤 10시에 퇴근하고, 나이트 근무 때는 밤 10시 출근, 아침 8시 반 퇴근이에요. 14시간 동안 권역응급의료센터로 오는 환자들을 보는 건 생각보다 힘들어요. 그러다 보니 퇴근하면 기절하듯 자게 되죠. 나이트 근무를 마치고 아침 8시 반에 퇴근하면 출근하는 인파로 차가 굉장히 막히는데 그때가 심리적으로도, 체력적으로도 부치는 때라 산을 넘어가는 느낌이에요. 무사히 집에 돌아오면 '와, 해냈다!' 하는 기분으로 옷을 벗어 던지고 일단 잠부터 자죠. 그러면 보통 오후 두세 시에 눈을 뜨는데, 컨디션이 좋지 않으면 네다섯 시에 일어날 때도 있어요. 이렇게 연달아 데이-나이트 근무를 하게 되면 나흘은 쉬는 패턴인데요. 그땐 글 쓰는 사람으로 시간을 보내고 있죠. 보통의 직장인처럼 출퇴근하지만 그 사이클이 좀 큰 편이에요.

문자 그대로 밤낮없이 환자와 만나고 있군요. 얼마 전 지인에게 "책도, 영상도 없이 아무것도 안 한 채 멍 때리는 시간은 없느냐"는 질문을 받은 적이 있는데, 저는 그 질문이 좀 낯설었거든요. 보통 쉴 때 아무것도 안 하나 싶어서요. 작가님은 어떠세요?
저도 가만히 멍 때리는 시간은 없는 편이에요. 그러려고 노력도 해봤는데 안 되더라고요. 오히려 그걸 하려는 상태가 힘들어요. 사람이라는 게, 침대에 오래 누워 있으면 빨리 나가고 싶고, 이 시간이 언제 끝나나 싶어지는 것 같아요. 한 자세로 오래 있는다는 게 물리적으로 힘든 일이니까요. 그래서 환자들도 집에 보내달라고, 누워 있기 답답하다고 소리칠 때가 있는데요. 경험해 보니까 그런 분들은 대체로 많이 나아지신 분들이에요. 아무리

응급실에 실려 왔어도 집에 가고 싶은 본능이 있다면 꽤 건강한 거더라고요. 아, 일부러 아무것도 안 하면서 시간을 보낸 적은 없지만, 진짜로 지치면 아무것도 안 하고 누워만 있게 된다는 걸 깨달은 적은 있어요. 작년에 의료 대란이 있었을 땐 노동이 정말 힘들었거든요. 그때 무리해서 일하다 보니 제 건강도 상당히 안 좋아졌고, 집에 돌아오면 누워만 있다가 다시 출근하는 일과의 반복이었어요. 그때 제가 저를 이렇게 표현했어요. "집에 돌아오면 사각 어묵처럼 누워 있다."고요(웃음). 일부러 그러려는 게 아니라, 정말로 그런 모습으로 있을 수밖에 없었어요.

사각 어묵(웃음). 단번에 상상되는데요. 응급의학과를 선택한 이유가 '사회에 관심이 많아서'였다고 접했어요. 사고나 범죄 같은 사회 문제를 직접 받아서 치료하는 거에 관심을 느끼셨다고요.
의대생 때 경험한 응급실 현장이 충격적이었어요. 일명 '조두순 사건'이 발생한 때였는데…. 저는 그 당시만 해도 일개 의대생에 불과했는데 그 현장을 보고 '묻지 마 범죄'라는 게 진짜 있다는 걸 체감했고, 사람이 이렇게까지 처참하게 깨져버릴 수 있다는 걸 알게 됐어요. 인턴으로 모든 과를 순환할 때도 응급실 인턴 경험이 가장 강렬했죠. 응급실에 있다 보면 하루에도 폭력 사건은 셀 수 없이 많고, 눈알이 터지거나 머리가 깨져서 오는 환자는 매일 있어요. 처음 그런 장면을 목격했을 땐 힘들기도 했지만 책임지고 싶다는 생각이 들더라고요. 생명 존중의

영역에서 맞서 싸우는 일이잖아요. 그런 점에 흥미를 느껴서 2010년에 응급의학과로 지원하게 됐는데, 실무에 들어가 보니 모든 게 사회 문제랑 연결돼 있다는 걸 체감했죠. 이를테면 한번은 성탄절에 공사장에서 혼자 일하던 인부가 추락하는 사고가 있었어요. 즉사였죠. 살리려고 해도 살릴 수가 없었어요. 그럼 생각을 하게 돼요. 왜 성탄절에, 이 사람은 헬멧도 안 쓰고 공사장에서 위험하게 일을 했을까…. 그런 걸 헤아리다 보면 사회 문제까지 연결되는 거예요. 이런 산업재해뿐 아니라, 아동·노인 학대, 자살 같은 사회 문제와도 마주하게 되죠. 코로나19, 메르스 같은 질병도 국제 문제라는 걸 알게 되고요. 그때부터 아는 것에서 그쳐선 안 되겠단 생각이 들었어요. 사실 응급실 의사로 배우는 건 환자의 몸을 치료하는 일뿐이에요. 그런데 의사가 되고 이런 현실을 알게 되니까 피해자의 편에 서지 않을 수가 없더라고요. 그러다 보니 이런 이야기들을 제 나름대로 기록하고 글로 보여주게 되었어요.

의사는 환자를 돌보는 역할인 만큼 자신의 건강도 중요할 텐데, 작가님 건강에도 적신호가 켜졌다고요. 비문증이 생겼단 소식에 놀랐어요.
비문증은 사람마다 다르게 표현된다고 하는데, 저는 눈 속에 벌레 같은 게 구물구물 기어가는 것처럼 실 모양으로 보여요. 눈에 이상이 생기고부터 신경 써서 눈을 감고 쉬는 시간을 갖거나 너무 피로하게 사용하지 않으려고 노력하다 보니 조금 나아지긴 했는데, 완전히 나아지는 병은 아니라고 하더라고요. 지금도 눈에 벌레 같은 게 돌아다니고 있어요. 근데, 신기한 게 안구와 신경계가 또 여기 적응을 하더라고요. 그런 증상들을 피해서 초점을 맺도록 움직여 주니까 처음만큼 불편하진 않은데요, 완전히 나아지진 않으니 여전히 신경이 많이 쓰이죠. 덩달아 각막도 상당히 안 좋아져서 작년 여름에 한창 혹사할 땐 오른쪽 눈이 거의 안 보였어요. 근무 중엔 휴게 시간이랄 게 없어서 거의 24시간 컴퓨터를 붙잡고 있으니까 눈도 피로하고, 자세도 굳어지다 보니까 목도 아팠어요. 뻐근하고, 팔 저림도 시작되어서 검사를 받아보니 목 디스크였어요. 그래서 요즘은 등 근육을 강화해 주는 스트레칭도 틈틈이 하고 있어요. 그래도 제 몸을 알고 신경을 쓰니까 눈도 목도 조금씩 나아지더라고요.

권역응급의료센터는 지역에서 가장 중한 환자들이 드나드는 곳이죠. 중증 환자들에게 연락이 올 텐데, 전부 다 진료를 볼 순 없는 상황이잖아요. 선택과 결정 앞에서 어떻게 위급도를 따지나요?

권역응급의료센터에는 하루에도 수백 통의 전화가 와요. 119 대원, 상황실, 환자 보호자나 본인…. 이 모든 내용을 전화로 듣고 판단하는 것도 응급의학과 전문의의 중요한 업무예요. 응급의학이라는 학문에는 환자를 분류하고 치료의 우선순위를 가리는 '트리아제'라는 전문 개념이 있거든요. 전문적으로 의사가 직접 보고 확인해야 할 상황인지 판단하는 기준이죠. 가령, 70세 환자가 갑자기 가슴이 아프다는 연락을 해와요. 그런 경우엔 직접 봐야만 알 수 있어요. 그땐 "오라고 해요."가 돼요. 또한, 경기를 일으킨 환자가 있다고 하면 상황을 긴급하게 점검해야 하는데, 그때도 "오라고 해요."가 돼요. 그러다 심정지 환자 연락이 오면 "뛰어!"가 되는 거고요. 중증 환자가 한 번에 몰릴 때도 많아요. 중증 환자를 수용하기로 했는데 더 중한 환자가 오면 우선 저와 우리 병원 인력으로 가능한가 판단해요. 환자 수용에 욕심이 많은 편이어서 제 역량으로 모두 보는 걸 우선으로 삼는데요. 여러 환자를 동시에 받다 보면 동료들이 "선생님 미쳤어요?" 하고 원성을 보내기도 해요. 그럴 땐 드라마 대사처럼 "내가 책임진다니까!" 소리가 절로 나오죠. 물리적으로 정 안 될 때면 다른 병원에서 수용할 여력이 있는지 확인 전화를 돌리는데, 서울에 있는 일곱 개 권역응급의료센터 사이에서 조율을 해나가는 거예요.

드라마나 영화 속 장면이 현실에 정말로 있었네요.
그럼요. 환자 치료가 전부가 아니에요. 얼마 전에는

한 학생이 건물에서 추락했다는 연락을 받았어요. 고층에서 뛰어내렸는데 너무 높은 곳이라 즉사했죠. 신원을 알 수 없어서 교복으로 학교 이름을 확인해서 교무실로 전화를 걸었어요. 오늘 결석한 학생을 확인해 달라고요. 그런 전화를 돌리는 것도 제 역할이에요.

아…. 기분이 너무 이상해요. 매일 이런 상황을 수십 건씩 최전선에서 대처하고 계신 거군요. 직업적으로 이런 일들을 해나가면 감정이 무뎌지기도 하나요?
네, 확실히 무뎌져요. 저도 병원 밖에서 이런 이야기를 들었으면 에디터님 같은 표정을 지었을 거예요. 그런데 현장에서 저는 프로여야만 하잖아요. 그래서 모든 상황을 냉철하게 보게 돼요. 며칠 전에는 어머니를 모시고 병원에 오신 보호자를 만나게 됐는데요, 아침에 눈을 뜨니 잠든 어머니가 피를 흘리고 있었다고 하시더라고요. 호흡이 가쁘다고도 했고요. 암이었어요. 암이 무려 피부 바깥으로 자라 있었고, 그게 커지다 못해 터진 거였죠. 바로 검사에 들어갔는데 전신에 암이 퍼져 있더라고요. 당장 돌아가셔도 이상하지 않았어요. 얼마나 남았느냐 보호자 분께 한 달 정도일 것 같다고 말씀드렸더니… 너무 슬프게 우시는 거예요. 눈물이 갑자기 마구 쏟아지는 걸 보면서 저도 울컥했지만 동요하지 않았어요. 제가 그 상황에서 마음이 약해져 버리면 신뢰 가지 않는 의사가 될 테니까요. 감정 조절을 못 하는 의사는 안 된다는 생각으로 감정을 무디게 유지하려고 노력하기도 해요. 그게 제 역할이니까요.

익숙한 것에서 적극적으로 나아가기

의대에 진학하기 전부터 작가가 되고 싶다는 소망이 있었죠. 쓰기에 대한 관심은 어린 시절 시를 사랑하는 마음에서 확장되었다고 들었어요. 중학생 때 박두진의 〈해〉를 읽은 뒤 푹 빠지게 되셨다고요. 왜 시였나요?
시의 문장과 소설의 문장은 다르죠. 물론 소설이 시적일 수도 있고 시가 산문시일 수도 있지만, 중학생이 교과서로 접하는 시는 확실히 소설과는 다르잖아요. 중학생 때 저는 짧은 문장으로 자신의 감정을 전달하고 누군가를 감동시킬 수 있는 게 시라고 생각했어요. 이를테면 윤동주 시인의 문장들 같은 거요. 얼마나 좋아요. "오늘 밤에도 별이 바람에 스치운다."라는 시구, 전 국민이 다 아는 거지만 그 당시 저한테는 처음 보는 문장이었고 읽자마자 소름이 끼쳤거든요. '어떻게 이런 생각을 할 수 있지?' 싶었는데요. 그때 시가 근본이다, 시가 세상을 구원한다, 라는 생각이 들었어요.

그런데 어떻게 에세이 작가가 되었어요?
신춘문예도 몇 번 도전해 봤는데 늘 낙방이었어요. 시를 안 쓴 지는 벌써 10년이 넘었죠. 그래서 에세이를 택한 건 아니지만 확실히 제가 잘 쓰는 분야는 에세이라고 생각해요. 에세이로는 독자들이 재미있어하는 문장도 쓸 수 있고, 그다음을 궁금하게 만들 수도 있거든요. 그런 글을 10년 동안 써오다 보니 지금은 확실히 저한테 에세이 작가라는 정체성이 생겼어요.

에세이라는 건 정확히 어떤 장르일까요?
에세이 작가로서 이슬아 작가를 참 좋아하는데, 그가 이야기한 것처럼 에세이는 사실만을 이야기하는 장르는 아니에요. 가공된 현실일 수 있고, 사실 그럴 수밖에 없죠. 저한테 일어난 실제 사건이더라도 제 시점에서 본 사건을 쓰게 되니까요. 저는 에세이라는 게 쓰는 사람이 직접 겪은 일이라기보다는 읽는 사람이 작가에게 일어난 일이라고 믿게 만드는 거라고 생각해요. 제가 쓴 병원 이야기들은 창작에 더 가까워요. 환자의 신원과 이야기를 마음대로 글로 옮길 수는 없으니까요. 다만, 독자들은 제가 응급의학과 의사라는 걸 아니까 제가 쓴 병원 이야기라면 실제 이야기라고 생각하겠죠. 저도 특정 사례를 가공해서 완벽한 고증을 거쳤으니 에세이라 생각하는 거고요.

남궁인을 에세이 작가로 만들어 준 건 다름 아닌 블로그 글들이었죠.
사람들이 특히 좋아하던 이야기들이 있는데, 대체로 제 이야기를 우습게 풀어낸 글이었어요. 어느 날은 배가 엄청나게 아팠는데, 나아지겠지 싶어서 평소처럼 식사도 하고 운동도 했거든요. 오히려 통증에 도움이 될까 싶어 더 열심히 했죠. 근데 출근하고 나니까 더 아파지는 거예요. 참다 참다 더는 안 되겠다 싶을 때, 수도 없이 만지던 CT 촬영 기계에 직접 들어가게 됐어요. 결과를 보니 맹장이 터졌더라고요. 그제야 외과 교수님한테 전화해서 맹장이 터졌는데 저 좀 살려달라고 했어요(웃음).

사실 아는 분 앞에서 수술받고 소변줄 끼고 별의별 모습 보이는 게 부끄러우니까 맹장이 터진 걸 알고도 퇴근한 다음에 다른 병원으로 갈까 생각했어요. 말도 안 되잖아요(웃음). 제 상황이 꽤 재미있게 느껴져서 '병원에 출근해서 맹장 수술받고 온 썰' 같은 느낌으로 블로그에 적었는데 이 글을 재미있게 읽은 독자가 유머 게시판으로 퍼 갔나 봐요. 소위 말하는 '대박'이 났죠. 조회 수가 수십만이 나왔어요. 에세이의 힘은 제 이야기지만 제 손에서 떠나면 남의 이야기가 된다는 거예요. 유머나 썰로 변하고, 때때로 뭔가를 알려주는 도구가 되기도 하죠. 의료 대란 때 근무가 너무 힘들어서 블로그에 상세하게 적어 일기를 남긴 적이 있는데, 그 글이 '의료 대란이 이렇게 심각하다'는 걸 알리는 지표가 되기도 했어요. 몇 자의 글이 눈덩이처럼 불어서 난리가 났죠. 에세이는 이런 변형과 변화를 만들어 낼 수 있는 장르라고 생각해요.

의사가 된 과정이 흥미롭더라고요. 고3 때 공부 잘하는 친구가 멋있어 보여서 같이 공부하다가 수능 성적이 잘 나와서 덜컥 의대에 가게 됐다고…. 너무 엄청난 이야기 아니에요?
정말 그랬다고밖에 표현할 수 없어요. 운이 좋았죠. 저는 한 번도 전교 등수가 두 자리 안이었던 적이 없거든요. 그땐 정말 '수능을 잘 보면 멋있어 보이지 않을까?' 싶어서 공부한 거였어요. 시중에 있는 문제집을 모조리 풀어보겠다는 생각으로 문제를 풀고 오답 노트를 만들었죠. 이걸 반복한 게 다인데 정공법이 지나치게 성공해서 현역으로 서울에 있는 의대에 갈 성적이 나와 버린 거예요.

어떠셨어요? '멋진 사람' 기분을 느끼셨나요?
당분간은 꽤 좋았죠. 너무 대박이 났으니까요. 다들 대박, 대박 해주니까 기분이 좋더라고요. 고등학교 선생님들은 몇 년 동안이나 제 이름을 칠판에 크게 적어놓곤 "얘처럼 될 수 있다!" 하면서 제 이야기를 에피소드로 들려주시곤 했대요.

수능으로 많은 게 바뀌었겠군요.
인생이 너무 많이 달라졌죠. 특히 의대는 인생의 진로를 거의 결정해 버리는 선택이기 때문에 제 미래는 그때 결정된 것 같아요. 그래서인지… 다른 공부를 하고, 다른 일을 하는 저는 상상이 잘 안 돼요.

그럼에도 불구하고 글이라는 걸 놓지 않은 이유가 있나요?
수능을 대박 치고는 정말 좋았는데, 대학에 가보니까 인정

투쟁은 그때부터 또 시작이더라고요. 다 같은 의대생 중 하나로 사는 게 저한테는 좀 아쉬운 일이었어요. 의대에 가려고 죽도록 공부를 열심히 한 타입도 아니다 보니 제 유일한 자아가 의사 하나면 안 되겠다는 생각이 들었죠. 또 다른 자아를 만들어야겠다 싶었는데, 저한텐 글쓰기가 있었어요. 문학을 좋아한 만큼 글쓰기도 좋아했거든요. 어느 정도였느냐 하면, 제가 쓴 시로 문제를 만들어서 친구들한테 모의고사라며 돌릴 정도(웃음). 그걸 깨달은 이후로 글쓰기를 평생의 목표로 선택하고 스무 살 때부터 쉬지 않고 썼어요.

그렇다면 의사라는 정체성을 가지게 된 건 언제예요? '내가 진짜 의사가 됐네.'라는 생각을 한 순간.
의대 커리큘럼은, 2년 동안 예과라고 해서 교양이 될 만한 학문을 배워요. 3학년 때 본과인 의학과에 가게 되면 그때부터 해부학, 소화기 등 의학 과목을 배우게 되죠. 그리고 5학년이 되면 그때부터 실습이에요. 4년 동안 이론을 익혔다면 이젠 가운을 입고 병원을 돌아다니게 되는데요. 선배 의사들이 어떻게 하는지 보고, 익히고… 글로 의학을 배울 땐 환자 한 명 보지 못하고, 병원이 어떻게 생겼는지도 모르는데 실습을 나가서 환자를 만나니까 그제야 제가 진짜 의사가 된다는 실감이 나더라고요. 사실 지금도 기분이 이상할 때가 있어요. 이렇게 평범하게 남궁인으로 이야기하다가 병원에 가서 가운만 입으면 '선생님'이 되거든요. 간절하게 어디가 아프다고 호소하는 환자를 보면 가끔 생경하게 느껴져요. 제가 괜찮다고 하면, 그건 그냥 친구가 위로하는 게 아니라 의사라는 사람이 말해주는 거잖아요. 가운만으로도 신뢰가 생기는 직업인 거예요. 그러니까 저한테 의사가 되었다는 생각이 들게 한 건 가운을 입고 처음 병원에 들어가서 환자를 마주하던 때였어요. 그때부터 공부도 재미있어졌죠. 의학 공부를 진심으로 제대로 하기 시작한 시기이기도 해요.

환자를 직접 만나면서 사명감이 생긴 거네요.
그렇죠. 또 한 번의 계기는 레지던트 1년 차 때인데요. 그때부터는 책임을 져야만 하거든요. 2010년도에 혼자 병원을 지켜야 했던 날이 있었어요. 고려대학교 병원이면 엄청 큰 병원인데, 면허 딴 지 고작 2년 된 제가 혼자서 병원을 지켜야 하는 거예요. 얼마나 두렵고 겁이 나겠어요. 권역응급의료센터니까 한밤중에 칼 맞고 오는 사람도 있고… 거의 〈범죄도시〉 같았어요. 혼자 눈을 이글대면서 분투했죠. 그때 책임감을 느끼면서 진짜 의사가 된 것 같아요. 그 시절에 틈틈이 쓴 글들이 《만약은 없다》와 《지독한 하루》가 되기도 했고요.

작가님은… 의사가 어떤 사람이라고 생각하세요?
(한참을 침묵한다.) 일단은 의학의 대변자예요. 의학은
과학이고, 과학은 지금까지 입증된 절대적인 지식이에요.
물론 뒤집힐 순 있지만 현재까지 우리가 사실로
받아들이는 정설이라는 게 있죠. 그래서 의학 또한
일순간으로선 고정된 개념이에요. 의사들이 교육을 받는
건 이 고정된 개념을 전부 다 알고 실행하기 위해서예요.
물론 의학은 너무 큰 범주여서 모조리 머릿속에 암기할
순 없지만 일정 지식 체계, 그리고 중요한 것들은
머릿속에 반드시 들어 있어야만 해요. 의사도 사람이니까
주관적으로 환자를 파악하고 해석하는 면이 있겠지만
결과적으로는 같은 의학 체계 내에서 의학의 대변자로
의료 활동을 하고 있어요. 그런데 대변자만으로 끝이
나면 안 돼요. 교과서에 나오는 대로 딱 잘라서 냉철하게
얘기하는 게 전부라면 의사가 굳이 사람일 필요가 없어요.
의사가 사람인 이유는 환자에 따라 강력하게 말할 수 있고,
다정하게 이야기를 전할 수 있기 때문이에요. 응급실엔
대체로 긴장하고 불안한 사람들이 와요. 저한테 무엇이든
다 확인받고 싶어 하죠. 심지어 인바디 용지를 내미는
환자분도 있어요. 그런데 이 모든 것에 제가 다정하게
굴면요, 응급실 체계가 돌아가질 않아요. 의사는 의학을
짊어진 전달자지만 사람인 이유가 분명히 있어요. 어떻게
보면 변조된 전달자라고도 생각하고요. …아, 잠깐만요.
(전화를 받으며) 엄마, 저 인터뷰 중이어서요. 조금 이따 전화
드릴게요.

**아, 완전한 의사에서 순식간에 아들 남궁인으로
돌아갔네요(웃음). 문득 의사도, 작가도 아닌 남궁인이
궁금해지는데요.**
어… 저요? 저는… 지나치게 소심하고 내성적인
사람이에요. 일주일에 6일 정도는 혼자 있어야 해요. 혼자
놀고, 혼자 생각하고, 혼자 쉬는 생활을 반복하며 지내고
있죠. 이제는 사람이 많은 자리에 나가도 말을 많이 하지
않으려 노력하게 되고, 남들에게 피해 주지 않으려고
최대한 조용조용 지내고 있어요.

**오, 그런가요? 대학생 때 '핵인싸'가 되기 위해 태국에서
별안간 레게머리 하고 돌아온 에피소드를 읽으면서 활달한
성격일 거라 생각했어요. 세계 일주도 하고, 굉장히 많은
경험을 해오셨잖아요.**
기본적으로는 소심하고 내성적이긴 한데, 제 생활
안에서는 안 해본 게 없어요. 가장 대범했던 경험은
역시 '비행기 안 타고 이집트 가기'였죠. 2005년이었고,
와이파이나 스마트폰도 없을 때거든요. '가보자!' 하는
마음으로 현찰만 들고 집에서 나와 버스를 타고 속초로

가서 배를 타고 러시아에 갔어요. 블라디보스토크에
내려서 모스크바행 기차표를 샀고, 거기서부터 국경
열일곱 개를 넘어서 이집트에 갔어요. 숙박도, 교통편도
그때그때 구해야 했죠. 어떻게 될지도 모르는 채 오로지
비행기를 타지 않고 이집트에 가려고 배낭을 싸서 집에서
나왔을 땐 사실 막막하기 이를 데가 없었거든요. 근데 갔다
오고 나니 세상 무엇과도 바꿀 수 없는 경험이었다는 걸
알았어요. 이젠 뭐든 다 할 수 있을 것 같고…. 워낙 본
것도, 만난 사람도 많으니까 그 경험 하나만으로도 살아갈
수 있겠다는 생각이 들더라고요. 이것저것 저 나름대로
경험해 오면서 특정 시기에만 할 수 있는 일들이 있다는
걸 알게 됐어요. 그땐 돈도, 환경도 열악했는데 지금은
경제적으로 충분하지만 절대 못 하거든요.

말도 안 돼요, 열일곱 개 국경을 넘다니. 비행기도 없이.
그렇죠(웃음)? 이 이야기도 언젠가 글로 남겨
봐야겠어요. 아, 고대 문학회 들어간 것도 제 인생을
바꾼 경험 중 하나예요. 역사상 의대생은 한 명도 없기로
유명한 동아리인데요. 문과대에 들어가서는 문학회 문
앞에 딱 섰는데 미치겠더라고요. 심장이 쿵쾅쿵쾅하고….
용기 내서 들어가 봤는데 거기 사람들이 모여 있었어요.
지금도 친하게 지내는 시인, 소설가들이죠. 그들과 그때
학생이란 신분으로 묶여서 합평도 하고, 술도 마시면서
많은 걸 배우게 됐어요. 작가의 씨앗은 아마 거기서 틔운

것 같아요. 처음 방송에 나갈 때도 그랬죠. 저처럼 소심한 사람이, 대단할 것 없는 사람이 무슨 방송에 나가나 싶었는데 꾹 참고 했더니 되더라고요. 서울시에서 강연이 들어왔을 때도, 지금이야 강연은 자주 나가지만 그때만 해도 환장하겠더라고요. 300명 앞에서 한 시간 동안 이야기를 하라니. 근데 막상 하고 나니까 이런 경험이 모여서 제가 되어 있었어요. 결정적으로 제 몸이 거부하는 것들을 해내고 나면 분명히 달라져 있어요. 사람은 대체로 익숙한 것만 하려고 하는데, 적극적으로 달라지려는 경험들이 나를 다른 모습으로 이끌어가게 된다는 걸 알게 됐어요.

그런 경험들을 블로그에 기록하고 있죠. 기록한다는 것과 누군가 볼 수 있는 곳에 발행한다는 건 조금 다른 일이라고 생각해요.
블로그 글이 3천여 개가 다 되어가는데 막상 공개한 건 절반이 안 돼요. 1천 개 정도려나요. 완성이 안 되었거나 특정인에게 쓰는 편지 같은 건 비공개로 해놨어요. 저는 완성되지 않으면 가치가 없는 글이라고 생각해서 스스로 완성되었다고 생각한 글들만 발행하고 있거든요. 처음부터 끝까지 비문 없이 한 흐름으로 읽히면서 마지막 문장을 읽었을 때 '끝났네. 다 읽었다.' 정도의 느낌이 오는 글을 완성된 글이라고 생각하는데, 최대한 많은 글을 완성 상태로 올려놓으려고 노력하죠. 남들에게 보여주어야 더 좋은 글이 나온다고 생각하니까요. 피드백을 받아서 글이 늘기도 하고, 독자를 상상하면서 써야 더 좋은 글이 나오기도 하고요.

기록은 과거를 돌아볼 수 있게 한다는 데서 가치를 찾는다는 이야기를 하신 적이 있죠. 혹자는 과거를 돌아보는 건 나아갈 힘을 잃는 거라고도 하는데, 작가님은 과거에서 어떤 가치를 발견하고 있나요?
제가 쓴 과거의 글들은 대체로 형편없어 보여요. 제가 작가라는 타이틀로 쓴 글조차 형편없어 보이죠. 객관적으로 잘 썼다, 못 썼다를 떠나서 제 눈에 부족한 점이 보인다는 건 지금의 제가 그때보다 나아진 거란 의미잖아요. 또한 글에는 제 감정을 충분히 담고 있기 때문에 제 감정을 돌아보는 창구가 되기도 해요. 제가 어떤 문제로 힘들었고, 지금은 얼마나 나아졌는지 파악할 수 있는 기준이 된다는 데서도 가치가 있다고 생각해요.

참, 2025년 서울시 명예시장이 되셨죠! 소소한 호기심인데, 어떻게 연락을 받게 되나요?
전화가 와요. "귀하는 서울시 명예시장으로 선정되셨습니다." 하는데, 처음엔 '뭐 이런 전화가

다 있지?' 싶었거든요. 근데 믿을 수밖에 없는 증거들이 있더라고요. 올해 서울시 명예시장으로 오은영 박사, 한문철 변호사, 유현준 건축가 등 다양한 분야의 인사들과 함께하는데, 특별히 페이가 있는 건 아니지만 서울시의 다양한 모습을 직접 볼 수 있다는 게 의미 있어요. 이런저런 자리에 공식적으로 초청 받기 때문에 서울시가 추구하는 방향성이나 시민과 함께하는 일들을 살필 수 있고 정책 제안도 가능하거든요. 서너 달 활동하면서 서울시가 보이지 않는 행정 분야에 많은 노력을 기울이고 있다는 걸 알 수 있었어요. 명예시장이 되고 안내방송을 하나 녹음한 적이 있는데(웃음), 친구들에게 어찌나 연락이 많이 오는지 몰라요. 독감 예방 차원에서 서울시 지하철과 버스에서 나오는 안내 방송을 녹음했거든요.

아, 요조 작가님이 SNS에 올린 거 봤어요(웃음). '인이 목소리 들었다'고.
아, 맞아요. 친구들이 "나 크게 화낼 뻔했어." 하고 연락을 많이 주는데, 명예시장은 친구들을 웃게 만드는 데도 좋은 자리 같아요(웃음).

명예시장을 지내면서 특별히 해보고 싶은 게 있나요?
의료계는 지금 부침이 너무 심하고 의료 붕괴도 아직 현재 진행형이어서 어떤 제안을 하기는 조금 어렵지만, 올해 임기 안에 서울시에 보탬이 되는 정책 한두 개 정도는

제안해 보고 싶다는 바람이 있어요. 그러기 위해서는 계속 관심을 가지고 살펴 나가야겠죠.

오늘 대화를 돌아보면 의사와 작가를 이야기할 때 온도가 달랐다는 인상이 있어요. 작가에 관한 내용은 바로바로 다양한 이야기를 꺼내주시는 반면, 의사로서는 한참을 생각하면서 조심스럽게 이야기를 들려주셨다는 느낌이 들었거든요. 두 일을 대하는 마음에 어떤 차이가 있나요?

두 직업은 달라요. 그러니까, 작가로서의 저는 끝없이 자기를 개척할 필요가 있어요. 오늘은 무슨 글을 쓸지, 어제 완성되지 않은 글은 언제까지 마감해야 하는지 끊임없이 생각해야 해요. 계속 쓸 수만은 없어서 '이쯤 되면 오늘은 쉬고 내일부터 쓰자.'라는 생각도 해야 하고요. 그래서 작가란 무엇인지를 계속 고민하게 돼요. 그런 덕분에 '무엇을 쓰고 있습니까?'라든지 '작가로서 가장 기쁜 순간은 언제입니까?' 같은 질문에도 비교적 쉽게 답할 수 있어요. 반면, 의사로서의 저는 출근한 시각부터 퇴근할 때까지 권역응급의료센터를 지키는 사람이 되어야 해요. 사실상 의사는 더 많은 걸 익히고 공부하는 역할은 아니에요. 의사가 되기까지 저한테 필요한 지식은 모두 익힌 상태거든요. 틈틈이 새로운 내용은 공부하고 있지만 지금까지 익혀온 것들로도 하루를 보내는 데는 충분해요. 그러니까 더 중요한 건 더 많은 지식을 습득하기보다도 환자들의 아프다는 말을 제가 알고 있는 지식으로 번역해서 치료법을 안내해 드리고, 이를 번역하여 환자가 이해할 수 있도록 돕는 일인 거죠. 그걸 하루에도 수십 번씩 반복하면서 해야 하는 건데요. 그러다 보면 한 가지 생각에 집중하게 돼요. '내가 아는 걸 정확하게, 또 다정하게, 놓치지 말고 안전하게 진료해야겠다.' 그 일이 때로는 꽤 끔찍하고 긴박하지만 모든 일이 그 범주 안에서 벌어지는 거죠. 결국 작가와 의사는 발전하는 방향이나 고민 지점이 조금 달라요. 작가가 진보하고 발전해 나가는 영역이라면, 의사는 수호하고 지키는 영역이죠.

작가로, 의사로 이루고 싶은 것이 있나요?

의사로서는 동료들에게 다정하고 지식을 제대로 공유하는 사람이 되고 싶어요. 저 혼자만 생각할 게 아니라 팀워크를 생각하며 잘해 나가고 싶죠. 가끔 상처받게 행동하고 거침없이 발화하는 교수들이 있는데, 저는 마음 상하지 않게 다정히 말하는 의사가 되고 싶어요. 반면 작가로서는 '이 사람, 자기가 쓸 수 있는 건 진짜 끝까지 다 썼다.'라는 평을 받고 싶어요. 그러려면 더 치열하게 쓰고 발표해야겠죠. 아직은 작가로서 한참 뭔가를 써내야 하는 시기라고 생각해요. 제 역량은 정해져 있을 테니까 일단은

힘이 닿는 대로 열심히, 최대한 써보려고요. 아, 4년간 써서 모은 글이 6월 〈서울국제도서전〉에 맞춰 출간될 예정이에요. 교양서인데, 4년 동안 쓰다 보니까 이제는 저한테 감각이랄 게 사라졌어요. 미발표 글들이라 어떻게 가닿을지 궁금하기도 하고, 두렵기도 하고, 설레기도 해요. 앞서 많은 사람에게 보여줘야 더 좋은 글이 된다고 이야기했는데 누구한테도 보여주지 않은 글이다 보니 제가 판 함정에 빠진 듯한 기분으로 출간을 기다리고 있어요.

책이 나오고 나면 또 이야기를 청해봐야겠는걸요. 어느덧 마지막 질문이에요. 지금부터 돈을 벌지 않아도 될 만큼의 재력을 드릴게요. 어떻게 살아가고 싶어요?

저는 물욕도 없고, 혼자 살고 있어서 돈 쓸 일이 그리 많지도 않아요. 뭔가를 산다고 하면 책밖에 없거든요. 실은 그래서 병원에 취직한 후로 월급을 쓸 일이 별로 없었어요. 작가 수익도 있으니까요. 지금부터 돈을 안 번다고 해도 먹고살 수 있을 것 같지만, 일시금으로 이보다 풍족하게 평생 먹고살 돈을 준다면… 그래도 저는 병원으로 출근하고, 퇴근하면 글을 쓸 것 같아요. 저는 동료와 같이 일하고 사람들을 도우면서 삶의 위안을 얻고 있어요. 제가 쓸모 있다는 생각도 하게 되고요. 가끔은 제가 이것 때문에 살아간다는 생각도 하는데요, 아주 오랫동안 생각한 이야기이기 때문에 확실하게 말할 수 있어요. 저는 돈이 훨씬 더 많아져도 계속 의사와 에세이 작가로서 하던 일을 해나갈 거예요.

마지막 질문을 끝내기도 전에 이미 대답을 알고 있었다. 환자와 병원을 말하는 목소리에서, 글을 발화하는 입모양에서 뭉근한 온기를 한껏 느낀 후였으니까. '좋아하는 일을 직업으로 삼으면 불행해진다.'는 혹자의 말에 나는 한 번도 공감한 적이 없다. 적어도 내가 아는 사람들은 일을 좋아함으로 인해, 좋아하는 일을 함으로 인해 제법 안온한 날들을 보내는 듯하니까. 오늘은, 아니 오늘도 남궁인의 일상과 비일상에 겹겹의 다정을 보태고 싶다.

믹스 커피 한 잔에 무엇이 섞여 있는지 아시는가. 곱게 갈린 원두 가루와 설탕,
프림, 생각보다 적은 물은 물론이고 컵을 비울 잠깐의 여유가 들어 있다.
'뉴믹스커피Newmixcoffee'는 잔을 가볍게 들더니 몇 가지를 더 넣어 티스푼으로 두어 번
젓는다. 이를테면 재미있게 일하는 법, 한국적인 것의 새로운 정의, 역동적이고 에너제틱한
일상과 아주 약간의 헛소리까지. 그 모든 것들을 섞어 만든 한 잔은 유쾌하고도 달콤하다.
김규림과 서원, 뉴믹스커피의 두 사람을 따라 몇 잔의 이야기를 연거푸 음미한다.

한 잔의 모든 것

김규림·서원—뉴믹스커피

에디터 이명주
포토그래퍼 강현욱

뉴믹스커피의 새로운 공간에서 만나게 되었어요. 오늘은 이 자리에 모인 모두가 까만 옷을 입었네요.

규림 그러게요. '블랙'은 뉴믹스커피의 브랜드 컬러예요. 성수점과 북촌점에서 손님을 직접 대면하는 동료들도 검은색 유니폼을 입어요. 만나서 반갑습니다, 뉴믹스커피의 김규림입니다.

원 안녕하세요, 뉴믹스커피의 서원입니다.

점장님께서 두 가지 맛의 믹스 커피를 시음해 보라고 주셨어요. 오리지널 맛과 시나몬약과 맛인데, 달큰하니 좋았어요.

원 맛있죠? 오리지널 맛은 일하면서 에너지가 필요할 때 딱 마시기 좋아요. 시나몬약과 맛은 여기 북촌점에서만 맛볼 수 있는데 시나몬 향미와 약과의 달달함이 한 모금에 느껴지죠. 초기에는 뉴믹스커피의 첫 공간인 성수점을 테이크아웃 커피숍으로 운영했어요. 현재는 두 곳을 모두 '기념품숍'이라 부르면서, 자유로이 시음하고 제품을 구매할 수 있는 공간으로 운영하고 있습니다. 앞으로 서른 가지에서 마흔 가지 이상의 맛이 출시될 예정이라, 다양하게 시도해 보고 취향껏 골라 가는 경험을 제공하고 싶었어요.

저도 커피를 조금씩 즐기면서 대화를 시작해 볼게요. 이야기를 나누는 오늘은 북촌점 영업 시작 이튿날이에요. 어제는 어떤 하루를 보냈어요?

규림 마지막 주말에 지인들을 먼저 초대해서 테스트 운영을 해보며 마음의 준비를 했어요. 북촌은 관광객이 많은 거리니까 자연히 고객 연령대와 국적이 다양할 거라 예상했는데 역시나 그렇더라고요. 오픈 후 첫 손님은 조지아에서 온 분이었는데 그냥 지나가다가 궁금해서 들어왔대요(웃음). 뉴믹스커피가 북촌으로 사무실까지 이전하게 되면서, 주변에 이웃한 카페나 식당 사장님들에게 떡을 돌렸거든요. 그걸 컵에 담아 첫 손님께 '럭키 떡'이라며 건넸더니 좋아하시더라고요. 뉴믹스커피가 싹을 틔운 '그란데클립' 구성원들이 와서 축하도 해주고, 북적북적 줄 서는 모습도 보여줬어요. 처음엔 그런 게 중요한 거 아시죠?

그럼요! 두 번째 공간을 여는 거니까 뭐든 처음보다는 능숙하게 해냈을 것 같은데요.

원 무언가 편하게 해낸 적은 아직 한 번도 없는 것 같아요. 때를 거듭하면서 어려움에 대응하는 법을 체득하고 있지만, 형태만 달라질 뿐 처음이나 그다음이나 어려움은 비슷한 크기로 존재해서요. 다만 두 번째 오픈이니까 저도 동료들도 덜 긴장하고 즐겨보려고 했어요. 무엇보다

북촌에 머무는 사람들은 기분이 다 좋아 보여요. 출근할 때 그 에너지를 한껏 받는 기분이죠.

규림 여기서 일한 지 2주 되었는데 벌써 네 번이나 간 단골 음식점도 생겼어요. '신라제면'이라는 곳인데, 저는 일단 마음에 들면 그 한 놈을 가만두지 않거든요(웃음).

그러고 보니 3월에는 뉴믹스커피가 1주년을 맞이했죠. 기쁜 일들 사이에서 초봄을 맞이하고 있네요.

규림 …눈물이 흐릅니다.

(모두 웃음을 터뜨린다.)

규림 지난 1년을 떠올리면 엄청 농축된 밀도로 시간을 보냈다는 생각이 들어요. 마치 5년 같은 1년이었죠. 처음에 계획한 대로 흘러간 것보다 이것저것 시도해 보면서 씨를 뿌려둔 것들이 많거든요. 그중에서 몇 개가 꿈틀꿈틀 움직이면서 일로 이어지니까 브랜드가 앞으로 나아갈 방향도 선명해지는 것 같아요. 이직이나 작은 회사의 초기 멤버로 들어가 일한 적은 있지만, 이렇게 직접 사무실을 짓고 내가 앉을 의자를 고르고 회의실에 텔레비전을 다는 등의 일은 처음이에요. 그렇게 보낸 1년… 되게 재밌었어요.

원 저도 비슷해요. '벌써 1년이야?'와 '아직도 1년이야?'의 마음이 공존하죠. 처음에는 저와 규림 님, 마케터 은지 님이 함께 머리를 맞댔는데 이제는 사무실에만 여덟 명의 동료가 있고 매장 점장님들과 파트타임 친구들까지 모이면 서른 명 가까이 돼요. 요즘은 어떤 일이든 보이지 않는 곳에서 수많은 사람의 노력이 필요하다는 걸 느끼고 있어요. 오늘은 뉴믹스커피의 이야기를 저와 규림 님이 말하게 되었지만, 이렇게 자리 잡기까지 뒤에 많은 동료들이 힘을 모으고 있죠. 저는 그런 분들이 더 많이 인식되길 바라요. 수면 위로 드러나는 것만이 전부가 아니라는 걸 알아주었으면 하는 바람이죠. 일이란 게 다 그렇잖아요.

맞아요. 사람과 사람이 안팎으로 엮여 이루는 게 일일 테고요. 늦기 전에 두 분의 역할에 대해 들어볼까요? 먼저 원 씨는 명함에 '비즈니스 리드'라고 적혀 있어요.

원 이 질문을 받고 제가 하는 일을 무어라 설명할까 고민해 봤어요. 이전에 '신세계 인터내셔날'이라는 패션 회사에서 브랜드 매니저로 근무했는데 그때는 일의 경계가 아주 명확했어요. 온라인 MD, 총무, 인사처럼 구분되어 있고 각 팀의 협업 시스템이 구축되어 있기 때문에 저는 맡은 일에만 힘쓰면 됐어요. 반면 뉴믹스커피에서는 지하를 파서 기둥을 만들고 지붕까지 얹는 모든 일을 다 하고 있죠. 이를테면 매물을 찾으려고 부동산을 다니며 발품 팔거나 동사무소와 구청에 가고, 한국전력공사에 전화도

해보고요. 네이버에 검색하면 볼 수 있도록 '플레이스' 등록도 했죠. 눈에 당연하게 보이는 게 실은 누군가가 직접 하는 일이었다는 걸 해보면서 깨달았어요. 비즈니스 리드라는 말이 팬시한 타이틀처럼 느껴지는데 좀더 분명하게는 사업을 개발하고 키우는 행위, 즉 일을 벌이는 사람이 제 역할이에요.

　일을 벌이는 사람. 직관적이면서 끊기지 않는 동력이 느껴지는 역할이네요.
원 맞아요. 저는 일하면서 정체되는 게 가장 두려워요. 느려지기 시작하면 다른 사람들도 동력을 잃어버릴 테니까 앞장서서 새로운 일을 만들어 내고, 그걸로 동료들이 재미와 흥미를 느끼도록 하고 싶어요. 몸에 피가 새로 돌 듯이요.

　규림 씨는 지난 《AROUND》 인터뷰에서 '제품 기획자, 마케터, 문구인'이라고 본인을 소개했어요. 오늘은요?
규림 음, 그건 여전히 좋아하고 잘하는 거지만 뉴믹스커피에서 제게 주어진 타이틀은 '크리에이티브 디렉터'예요. '과연 그것은 무엇인가!' 혼자 생각해 봤는데(웃음), 브랜드를 바깥에서 보는 사람들이 좋아하기 전에 안에서 만드는 동료들이 애정을 갖고 자신감 있게 나아갈 수 있는 기획을 하는 거라고 생각해요.

　뉴믹스커피의 처음에는 '배달의민족' 창업자로 알려진 김봉진 디자이너가 이끄는 '그란데클립'이 있죠. "클립처럼 사소해 보이는 것들을 발견해서 위대하게" 만드는 팀인데, 두 분은 어떤 계기로 합류했어요?
규림 싱가포르에서 일하고 있을 때인데, 봉진 님이 새로운 걸 함께 만들어 보자고 하셨어요. 그 '새로운 것'이 무엇인지 여러 번 물어볼 때마다 "이제부터 생각해야 한다."는 답이 돌아오더라고요(웃음). 분명한 아이템은 없어도 봉진 님뿐 아니라 함께 새로운 일을 도모할 동료들을 보니 재미있을 것 같다는 생각이 들었어요. 여러 소재가 오갔지만 결국 세상에 첫발을 디딘 건 '믹스 커피'였죠. 뉴믹스커피는 그란데클립에서 인큐베이팅 되었지만 이제는 완전히 분리된 회사예요.
원 저는 규림 님 제안을 받았어요. 다니던 패션 회사를 퇴사하고 싱가포르에서 경영학 석사 과정을 밟았는데, 본래 'F&BFood And Beverage' 분야에 관심이 많아서 와인바를 운영해 본 적도 있고 커피를 탐구하는 것도 좋아했어요. 레스토랑이나 카페를 고객에게 전달하는 비즈니스 모델 '푸드 테크'에도 관심이 있다 보니 자연스레 마케터로서의 규림 님에 대해서도 알게 됐죠. 싱가포르에서 만나서 이런저런 이야기를 나누고 이후에

제가 파리에서 머물게 되었는데, 규림 님한테서 파리 출장 중이라며 연락이 왔어요. 뭐 하냐고 묻길래 맛있는 거 먹자는 줄 알았는데 만나자마자 물어보더라고요. "혹시… 사업할 생각 있나요?"

　다짜고짜 너무나 의심스러운 질문을(웃음)…. 그때는 사업을 전개하기 위한 방향성이 잡혔던 건가요?
규림 그때도 분명한 아이템은 없었어요. 당시에 논의가 오가던 건 '박물관'과 '불고기'였는데… 그 두 개를 함께 잘해볼 사람을 찾는 건 쉽지 않죠(웃음). 그래서 만능인을 데려오면 되겠다 싶었어요. 이런저런 일에 거침없이 뛰어들 사람이 저를 포함해 두세 명만 있다면 뭐든 할 수 있을 것 같았거든요. 원 님에게선 냉철함이나 이성적인 생각이 돋보였고 평소에 관심사가 많은 사람이라 꼭 섭외하고 싶었어요.
원: 합류를 결정하는 데 가장 크게 기여한 규림 님의 한마디가 떠올라요. "저랑 정말 다른 사람이라, 제가 갖고 있지 않은 걸 갖고 있어서 같이 하면 좋겠어요." 그간 일할 때는 저도 모르게 관성적으로 나와 비슷한 사람들과 함께하려 했거든요. 서로 다른 개성이 모여 일한다면 새로운 무언가가 나올 것만 같았죠.
규림 (원을 바라보며) 어쨌든 지금은 행복하시죠?
원 (눈을 마주치지 않으며) 다음 질문으로… 갈까요?

　얼른 넘어갈게요. 그렇다면 뉴믹스커피 이전에는 어떤 기준으로 일을 선택했어요?
원 좋아하는 일을 할지 또는 잘하는 일을 할지, 이 질문이 언제나 저를 따라다니던 꼬리표였어요. 그동안은 잘하는 일을 해왔다고 생각해요. 사회가 좋은 길이라고 만들어 둔 기준들을 크게 벗어나지 않고 잘 따라왔거든요. 그런데 그런 선택만 쌓이다 보니까 스스로 신물이 나고 지겹더라고요. 그란데클립에 합류할 때는 이 생각뿐이었어요. '좋아하는 거 딱 한 번만 해보자!' 내 마음이 스스로 타오를 수 있는 일을, 잘되면 더욱 좋겠지만 그렇지 않더라도 잘하는 게 있으니까 후회 없이 해보자고요.
규림 저는 백수 생활을 할 때 직업을 구하는 기준을 세워뒀어요. 첫째는 '멋'이에요. 아무리 돈을 많이 줘도 윤리적으로 문제가 있거나 '간지'가 안 나는 건 절대 하고 싶지 않아요. 제 존재가 떳떳하지 못할 것 같거든요. 그다음 기준은 '주고받는 곳'이냐는 거예요. 적어도 중간 관리자로서 누군가한테 배우면서 또 다른 누군가에게는 가르쳐 줄 수 있는 역할을 하고 싶었어요. 지금 생각해 보면, 뉴믹스커피에서 하고 있는 일이 제가 일찍이 세워둔 기준에 잘 맞아떨어졌어요.

저마다 하는 일이 다르듯, 일을 선택하는 기준이
다르네요. 다시 뉴믹스커피로 돌아와서, 결국 믹스 커피로
브랜드를 만들게 된 계기가 있어요?

원 좀더 가벼운 아이템으로 '한국적인 음료'를 찾아보자는
이야기가 나왔어요. 호박즙, 식혜, 미숫가루나 수정과…
다양하게 나왔지만 만장일치로 믹스 커피가 뽑혔죠.
사실 비즈니스 컨설팅의 시점으로는 절대 해선 안 되는
아이템이에요. 무척 크던 시장 규모가 현재는 급격히
줄어들었고, 그마저도 동서식품이 90퍼센트 이상의
파이를 갖고 있거든요. 하지만 우리가 앞으로 만들게 될 건
동서식품과 경쟁하는 것도 아니고, 커피와 경쟁하는 것도
아닌 완전히 새로운 거라고 생각했어요.

규림 이게 원 님의 아이디어였는데, 실은 원 님이
'스페셜티 커피'를 되게 좋아하거든요. 그런 사람이 믹스
커피를 사업 아이템으로 가져오니까 되려 재밌더라고요.
그리고 누구나 친근하게 대할 만한 음료잖아요. 요즘
사람들이 자주 먹진 않더라도요. 싱가포르에 살 때 마시던
커피도 믹스 커피와 비슷해서 해외 시장을 겨냥하기도
좋을 것 같았어요.

원 물론 스페셜티 커피 좋아하지만(웃음), 군대에서 먹는
믹스 커피 맛은 아직도 떠올라요. 힘들 때마다 한 봉지
타 먹으면 복잡한 맛 해석 필요 없이 직관적으로 행복이
느껴지잖아요. 스페셜티 커피가 이렇게까지 자리 잡은
나라는 우리나라뿐인데, 그 마중물을 믹스 커피가

하지 않았나 싶어요. 커피라는 음료에 대한 문턱을
확 낮춰주었으니까요.

브랜드 타깃으로 "도심에서 역동적이고 에너제틱한
삶을 사는 사람들"을 꼽았죠. "뉴 코리안"이라고도
명명했고요. 소재는 친근하지만 브랜드를 구현하는
방식에서는 낯선 느낌이 들어요.

규림 처음 믹스 커피를 만든다고 했을 때 사람들이 "다방
준비 잘 돼가?" 이 말을 가장 많이 했어요. '레트로'나
나이 지긋한 어르신들의 간식을 떠올린 거겠죠? 그걸
답습하는 건 브랜드를 새로 만드는 의미가 없잖아요.
지금은 소비하지 않아도 잠재적인 소비 가능성이 있는
사람들을 타깃으로 삼고 싶었고, '한국의 브루클린'이라
불리는 성수동에 모인 젊은 친구들을 떠올렸어요. 자신을
표현하거나 창작 활동에 거침없는 예술인이나 댄서,
서퍼, 에너지를 많이 쓰고 빠른 충전이 필요한 사람들로
페르소나를 덧붙여갔죠.

원 그때 본 기사가 하나 떠올라요. 《월페이퍼Wallpaper》
매거진에서 피오나 배 님이 쓴 기사에 서울이라는
도시의 이미지를 어떻게 정의할 건지에 관한 이야기가
있었는데요. '모든 걸 다 섞어버린다'는 내용이었어요.
옛것과 새것을 섞고, 산업적인 방향성과 장인 정신을
섞고, 스트리트 패션과 하이엔드 패션이 섞여서 우리만의
독특하고 다이내믹한 무언가가 탄생한다고요. 그 말은
'한국적인 것'을 우리만의 언어로 정의하는 데 영감이
되어줬고, 그걸 바탕으로 뉴믹스커피의 키 컬러인
블랙이나 공간의 주요 소재로 쓰인 스테인리스, 미디어
아트 등을 결정해 나갔어요. 세련되고 정제된 느낌의
디자인으로요.

규림 가만 생각하면 안에서 보는 '코리안'과 바깥에서
보는 '코리안'이 다른 것 같아요. 안에 있는 우리는 인사동,
전통적인 것들이 한국답다고 느끼지만 해외 친구들은
이제 성수동이나 세련된 편집숍, 카페 등에 '별표' 찍고
찾아오잖아요.

그 다름을 영원히 모를 수도 있는데, 변화를 만들기
위해 주체적으로 행동하는 뉴믹스커피이기에 가능한
정의일지도 몰라요. 한편, 직접 타 먹는 '포' 형태 제품으로
모두에게 동일한 미각 경험을 주려면 안내가 세심해야
할 것 같은데 어때요?

규림 맞아요. 한번은 미국 아마존에 너무 연해서 맛이
없다는 후기가 올라온 적 있어요. 그래서 사진을 보니까
엄청 큰 머그에 한 봉지 타서 드신 거예요…. 마음이
찢어지더라고요(웃음). 근데 충분히 그럴 수 있잖아요.
해외는 '스위스미스 핫초코' 한 봉지도 무지 크니까요.

그래서 좀더 명확하고 자연스레 따라올 수 있는 장치들을 만들려고 했어요. 믹스 커피 전용 저울이나 컵라면처럼 안쪽에 금이 그어진 머그컵 같은 것들을요. 믹스 커피는 물이 핵심이니까.

원 저는 정보를 덜어내는 방법도 고민하게 되더라고요. 소비자들이 마주하는 정보가 너무 많아 오히려 제대로 읽히지 않을 때가 있거든요. 제품을 구매할 때 '믹스 커피 가이드'를 같이 드리는데 처음에는 길고 말도 많았다면 이제는 손바닥만 한 종이에 적정한 물의 양과 온도 등 필수 정보를 가볍게 담았어요.

이외에도 규림 씨의 블로그 '꿀로그'에서 뉴믹스커피의 일하는 모습을 슬쩍 엿볼 수 있어요. 아이템을 정하자마자 가장 먼저 부동산으로 달려간 것, 로고를 선정하려고 한지 위에 붓글씨를 쓰던 것, 컵 디자인을 위해 옥상에 올라가 종이컵 수십 개에 스프레이로 시안을 만든 것···. 여느 회사라면 잔소리를 마구 들을지도 모른다고 생각했어요(웃음). 뉴믹스커피다운 일의 방식이 있는 거겠죠?

규림 보통의 업무 진행 방식하고는 꽤 다를지도 모르지만, 저는 예전부터 그렇게 일을 해왔어요. 가만히 자리에 앉아서 각자 모니터 보고 시안을 만드는 것보다 전지 펼쳐두고 마음껏 그려보고, 그중에서 고르는 게 더 즐겁고 수월한 방식이잖아요.

원 우리답게 일하는 방식은 여전히 찾아나가는 중인데요. 인원이 늘다 보니 의견을 모으고 좋은 선택지를 고르는 데 더 많은 고민이 필요하더라고요. '뉴믹스다운 것'이라고 할 때 이 자리에 있는 모두가 생각하는 게 비슷할 줄 알았는데 저마다 조금씩 방향성이 다른 거예요. 아이디어를 꺼내놓을 때 손톱만큼 달랐던 방향이 나중에 결과물에 이르렀을 때는 완전히 다른 각도의 것이 되어 있을 때도 있고요. 의사 결정 과정이나 브랜드의 가치를 만들 때는 그 격차를 좁히는 작업이 필수적이라 느껴졌어요.

다른 인터뷰에서 일할 때 '헛소리를 많이 하는 분위기'라고 하던데, 흐르는 생각을 편하게 주고받는 게 격차를 좁히는 방법이 될 수 있을까요?

규림 그럼요. 원래는 일하는 도중에 자연스럽게 이야기가 오갔다면, 지금은 의도적으로 다 같이 모여 일주일에 한 번씩 '뉴믹스커피 챗'을 해요. 별 안건 없이 우리 커피 마시면서 흐르는 대로 이야기를 나누는 거예요. 주말에 뭐 했는지, 요즘의 신변잡기는 뭔지··· 그러다 보면 새로운 아이디어가 자연스럽게 나오더라고요. 각 잡고 아무것도 없는 회의실에 앉아서 끙끙 머리를 싸매는 것보다 쉽게 물꼬가 트이는 것 같아요. 이야기를 나누는 사람들이

한 방향으로 흐를 맥락도 생길 테고요.

문득 궁금한 게 있는데 때로는··· '적당히' 하고 끝내고 싶을 때도 있나요?

규림 아··· 그런 적은 없어요. 완벽하게 납득 되지 않은 상태에서 결과물을 내보인다면 아쉬움이 남을 거고 그럼 분명히 나중에 다시 해야 하니까요. 일은 하는 사람의 자존심을 걸고 하는 거 아닌가요? 자존심이 지켜지는 선까지는 힘을 쓰고 싶어요. 물론 가끔은 '일이 뭐길래!' 이런 생각도 들죠. 얼마 전에 동료가 저한테 "이렇게까지 해서 도대체 무얼 이루고 싶어요?"라고 묻더라고요. 사람마다 동기부여나 일의 이유가 다르니까 궁금할 수 있잖아요. 질문을 받은 김에 저도 답을 고민해 봤는데, 뉴믹스커피는 어딘가 존재하던 브랜드를 가져온 게 아니라 세상에 없는 걸 만들었기 때문에 세상에 없는 케이스까지 만들고 싶어요. 《하버드 비즈니스 리뷰》같은 데 실리는 것도 목표고요. 그러려면 모든 걸 우리만의 방식으로 소화해서 '뭔가' 다르게 해야 하거든요. 그렇게까지 해내기 위해선 그 일에 임하는 사람의 자존심이 필요한 거죠.

원 씨는 어떻게 생각해요?

원 저도 적당히 하고 그만두는 법은 잘 모르겠어요. 일을 하는 의미는 저 자신의 동기부여에서 비롯되어야 한다고 생각해요. 그렇다면 내가 속한 곳에 나의 힘이

닿는다는 '공헌감'을 느끼는 게 중요하다고 보거든요. 해외에서 오신 분들이 내가 만든 뉴믹스커피를 사 갔을 때 느끼는 뿌듯함도 있고, 작은 부분이라도 내 아이디어가 실현된다면 보람도 느낄 수 있죠. 그 공헌감이야말로 일에 진심을 다하게 만드는 큰 동력이에요.

개성이 뚜렷한 존재들이 팀을 이뤄 일하고 있으니, 함께 일하는 것의 가치에 대해 알 것 같아요.
규림 저는 제가 가진 기본 에너지가 낮기 때문에 개인 플레이어로서의 삶을 편안해해요. 그런데 왜 항상 조직 생활을 하게 될까 하는 근본적인 의문을 떠올린 적이 있거든요. 혼자로서는 절대 느낄 수 없는 것, 다룰 수 없는 스케일의 일이 있더라고요. 또 혼자 하는 생각에는 한계가 있는데 여러 사람의 생각이 붙고 또 붙으면 다면적이고 입체적인 그림이 그려지잖아요. 그게 함께하는 작업의 매력이에요.

그렇다면 '일 잘하는 사람'은 어떤 사람인가요?
원 생각이 내 범위에서 멈추는 게 아니라 우리 범위까지 나아갈 수 있는 사람이요. '나만 잘돼야지.' 이런 마음보다 우리가 지금 결정해야 하는 게 뭐지, 생각하고 나아갈 방향은 어떤 거지, 지금 내 곁의 동료는 무얼 고민하고 있지…. 시선이 나를 벗어나 우리에 머무는 사람들이 모일수록 서로 큰 힘이 되어준다고 생각해요. 감정 지수 'EQ'가 높은 사람이겠네요.
규림 잠깐만, 지금 저 겨냥하신 거 아니죠?
원 아, 아직 여기 계셨어요(웃음)?
규림 (웃음) 제 마음속에 항상 담아두는 말이 있는데, 일본 그래픽 디자이너 '나가오카 겐메이長岡賢明' 선생님이 "우리는 끓어올라야 하는 주전자"이기 때문에 "스스로 끓어오를 수 있는 자연 발화성 존재"가 되어야 한대요. 더 나은 사람이 되고 싶다든가, 새로 맡은 바를 탁월하게 해내고 싶다든가, 자신을 조금이라도 북돋을 수 있다면 그게 무엇이든 자연 발화의 기회라고 생각해요. 뜨겁거나 미지근한 물이라면 금방 끓어오를 테지만, 거기에 찬물이 들어오면 끓는 일이 요원해지잖아요. 내가 지금 이곳에 있는 이유를 명확하게 발견할 수 있는 사람들은 일을 잘한다고 생각해요.

일 잘하는 사람과 좋은 동료는 같은 말일까요?
규림 그럼요! 일터에서는 일을 못하면 나쁜 사람이랍니다?
원 저는 그 질문을 신입 사원 면접 때 받았어요. 일을 잘하는데 인성이 엉망인 상사와 성격은 좋지만 일을 못해서 항상 윗사람에게 혼나는 상사 중 누구와 일하고 싶냐고요. 그런 질문을 어떻게 신입 사원 면접 때 할 수가

있어요(웃음)? 그렇지만 그때나 지금이나 제 답은 똑같이, 일 잘하는 상사랑 함께하고 싶다는 거예요. 낮은 직급일 때는 잘하는 사람들에게 배우고 싶다는 생각을 했는데, 지금 제 자리에선 자연 발화할 수 있는 환경을 함께 고민하는 좋은 동료가 되어주고 싶어요.

이제 오늘 대화의 마지막 질문이에요. 뉴믹스커피 인스타그램에는 나다운 삶의 방식을 사는 이들에게 질문을 던지는 콘텐츠가 있죠. "Mix Makes New [　]"의 괄호에는 어떤 단어를 넣고 싶어요?
규림 제가 먼저 채워보자면… 'History'라고 할래요. 우리가 하는 일은 역사를 쓰는 일 같거든요. 꼭 브랜드의 것만이 아니라 여기에 한데 섞인 사람들 개개인의 역사도 쓰이고 있을 텐데, 그 수많은 페이지 중 제일 재미있는 파트를 써 내려가길 바라는 마음으로 일하고 있어요.
원 멋있는 답변이네요. 제 답은 다음에 들려드리는 걸로….
(모두 웃음을 터뜨린다.)
원 저는 'Things'을 넣을게요. 이 단어엔 어떠한 것도 될 수 있다는 가능성이 들어 있잖아요. 새로운 것들을 계속 섞다 보면 무엇이든 만들어진다는 게 우리를 한마디로 보여주는 거예요.

뉴믹스커피가 던지는 질문은 한 가지가 더 있다. '가장 좋아하는 믹스'는 무엇이냐는 것. 그 답을 고민하는 원 씨에게 "혹시 짬짜면 아냐?" 하며 농담을 던지던 규림 씨를 떠올리며 새벽녘, 나는 어떤 답을 할지 생각해 봤다. 연일 이어지는 마감 탓에 잠을 잘 못 자서인지 또렷이 떠오르는 것 없이 뉴믹스커피 한 잔만 들이켜는데, 진하고 달콤한 커피가 마치 온몸에서 끌어당기듯 퍼진다. 이거지, 눈이 번쩍 뜨이는 바로 이 맛. 질문에 대한 답이 떠올랐다!

세계 최고의 상사

드라마 〈The Office〉(2005-2013)

사무용지 회사 '던더 미플린'의 스크랜턴 지부. 나는 지점장 마이클입니다.
나와 일하면 분명 재밌을걸요?

글 차의진

동료를 친구처럼

시즌 1
5화 〈Basketball〉

"세계 최고의 상사 WORLD'S BEST BOSS." 사무실에서 항상 들고 다니는 머그컵에 새겨진 문구입니다. 던더 미플린 영업 사원 중 최고로 인정받아 지점장 자리까지 올랐으니, 실력은 누구도 의심 못 해요. 우리 지부의 즐거운 분위기를 만드는 사람도 바로 납니다. 비결은 동료를 친구처럼 여기는 태도죠. 직원들과 친밀해지기 위해서는 가끔은 선을 넘는 농담도 필요합니다. 사무실을 한 바퀴 돌면서 동료들 이름을 마음대로 바꿔 부르거나 그가 방금 한 말을 따라 해보세요. 다들 불편해하는 것 같다고요? 하하! 사실은 좋아하는 겁니다. 오늘은 물류 창고 직원들과 사무직 직원들이 농구 시합을 합니다. 물류 창고에 농구대가 생겼길래 내가 제안한 거예요. 이런 친목 도모 행사는 회사 분위기를 끈끈하게 만드는 데 도움이 됩니다. 경기 전, 창고 직원 대릴이 지나가네요. 지는 사람이 토요일에 출근해 일하자고 제안하니, 싫다고 합니다. 질까 봐 겁나는 걸까요? 몇 번 놀리니까 알았다고 합니다. 굳은 표정이었던 것도 같고요. 어쨌든, 역시 나는 부하 직원과도 친구처럼 지내는 사람이에요.

경기 시작. 힘세고 체력 좋은 상대편도 우리 팀 단합에는 못 따라옵니다. 이게 다 내가 모두에게 스스럼없이 다가가는 덕분이죠. 골인! 완벽한 팀플레이가 나오면 상대편 앞에서 엉덩이도 흔들어줍니다. 아이쿠, 방금 부상을 입었습니다. 이렇게 정정당당하지 못한 게임은 중단하는 게 낫겠어요. (우리 팀이 이기고 있어서 경기를 멈추는 건 절대 아닙니다. 절대!) 심판, 이 경기 중단할게요. 갑자기 덩치 큰 대릴과 직원들이 날 에워싸네요. 토요일에 나오는 건 사무직 팀이라면서요. 얼결에 알겠다고 해버렸습니다. 무서웠던 건 아니에요. 우린 친구니까요. 물류 창고 직원들이 없는 우리 층에서 직원들에게 이야기했습니다. "내일 출근 안 해도 돼. 본사에서 인원 감축하라고 했지만 내일 나온다고 해고당하지 않는 건 아니니까. 다들 좋은 주말 보내!" 쪼잔해 보였을까요? 강압 대신 선택지를 주었으니, 내가 쿨한 상사라는 사실은 변함이 없습니다. 그렇고 말고요.

사기를 높여라

시즌 2
1화 〈The Dundies〉

'던디즈'는 우리 지점의 연간 우수 직원 시상식입니다. 나는 뻔하고 딱딱한 행사는 싫습니다. 언제나 위트가 필요하죠. 안내 데스크 직원 팸은 오래전 약혼을 했지만 아직 결혼식을 못 했습니다. 그래서 지난해에는 '세계 최장 약혼상'을 주었어요. 나와 친한 팸이니까 할 수 있는 농담입니다. 팸이 던디즈는 지루하기 짝이 없는 최악의 행사라고 했다고요? 매년 진행자를 맡은 내가 올해는 더 재미있는 유머를 준비했으니 팸도 좋아할 거예요. 본사에 전화를 걸어 행사 비용을 지원받아 볼게요. 지사별 매년 파티 한 번을 열 비용을 주는데, 우리 지점은 이미 소진해 버렸답니다. 딱 한 번 지원해 준다니 말이 되나요. 우리가 파티를 얼마나 많이 여는데요. 2005년 5월 5일 파티, 모로코풍 크리스마스 파티, 올림픽 경기···. 소소한 이벤트를 개최해야 사무실에도 활기가 돕니다. 본사가 실무자를 잘 모르네요. 회의실로 집합! 더 재밌는 시상식을 위해 가족 초대도 허용합니다. 비용은 어떻게 처리할지 모르겠다는 이야기는 아직 직원들에게 못 했지만요. 근처 술집을 빌려 나의 축하 무대로 제8회 던디즈를 열었습니다. 중간중간 나가는 직원들이 있는데, 열심히 일한 탓에 피로해서겠지요. 회계를 맡은 안젤라에게는 '깐깐상'을, 신발을 잘 관리하는 팸에겐 '순백 운동화상'을 주었습니다. 뿌듯한 밤이네요. 위트를 곁들인 동기부여가 직원들의 사기를 증진할 거예요. 창의적이고 혁신적인 이벤트를 기획하세요. 최고의 상사가 마땅히 해야 할 일입니다. 참, 직원 여러분. 계산은 각자 하세요!

리더십을 발휘하라

시즌 4
9화 〈Local Ad〉

나는 오랫동안 영업 사원이었지만, 창의적인 일을 벌이는 데도 소질이 있습니다. 오늘은 지역에 송출할 TV 광고를 찍으러 본사에서 광고 감독이 온다고 하더군요. 회의실로 집합! 다들 아이디어를 내보세요. 독창적인 스토리보드는 내가 이미 마련해 두었지만요. 감독을 만나 기획을 들어보는데, 영 형편없습니다. 이렇게 진부한 내용이라면 그냥 찍지 않는 게 좋겠어요. 그를 밖으로 내보냈습니다. 이럴 바에는 내가 직접 만들겠어요. 이번이 직원들 앞에서 리더십을 발휘할 기회예요. 다시 회의실로 집합! 감동적인 연설로 포문을 엽니다. "누군가 여러분을 창의성이 없다고 평가한 적 있나요? 여러분은 창의적이에요." 물류 창고 대릴이 배경 음악 작곡을, 그림에 소질 있는 팸은 로고 디자인을 맡았습니다. 휴! 영상 편집에 몰입하다 보니 벌써 새벽 2시가 넘었어요. 평소에 야근이라고는 잘 하지 않는데, 야심한 시각에 열정을 다하니 뿌듯합니다. 본사에 완성본을 보낸 지 열흘 뒤, 결국 광고 전문가들이 만든 영상을 송출한다네요. 화가 나지만 이럴 때 동료들과 모여야죠. 펍을 빌려 영상을 함께 보기로 했습니다. 역시나 실망스럽군요. 영업 사원 짐이 펍 직원에게 우리가 만든 DVD를 건네줍니다. 던더 미플린의 종이가 종이비행기로, 메모지로, 신문으로, 액자 속 그림으로, 마지막은 회사 지원서로 바뀌는 완벽한 영상! "종이가 없는 세상에 무제한 종이 공급." 내가 쓴 카피지만 멋지군요. 직원들도 이번만큼은 진심으로 박수를 칩니다. 역시 난 동료들이 좋아요.

어느 날 본사 미팅에서 CFO 데이비드가 말했습니다. 다른 지점이 고전할 때 우리는 꾸준히 판매 실적이 좋다고, 비결이 도대체 뭔지 궁금하다고요. 사실 나도 모르겠습니다. 나, 마이클과 일하는 게 재밌어서가 아닐까요? 미워도 미워할 수 없고 보다 보면 정이 가는, 나는 세계 최고의 상사입니다.

절망 없이 오늘을 사는 법

**마스다 미리가 그린 두 사람,
《누구나의 일생》의 나쓰코와 《행복은 누구나 가질 수 있다》의 히토미**

만약 유별히 특별할 것 없는 하루에서 행복을 발견하는 법을 말하라는 질문이 당도한다면,
나는 가장 먼저 '마스다 미리益田ミリ'를 답할 것이다. 평범한 일상을 소중하게 여기는
일러스트레이터이자 에세이스트인 그는 담백한 시선으로 우리네 삶을 훑어보다 잠시 음미하고 싶은
감정들을 발견해내니까. 그 감정의 온도는 미적지근해서 되려 자꾸만 손이 간다. 마스다 미리의
작품 속 두 사람, 나쓰코와 히토미의 일상에 귀 기울여 행복을 발견하는 법에 마저 답해본다.

글 이명주 자료 제공 새의노래

하시다 나쓰코
30대 싱글 일러스트레이터 여성. 낮에는 도넛 가게에서
알바를 하고 밤에는 만화를 그려 인터넷에 올린다. 자신의
일상과 문득 떠오르는 생각에 상상을 더해 그린 만화의
제목은 '화과자 가게의 하루코'. 그림을 그릴 땐 '쓰유쿠사
나쓰코'라는 필명을 쓴다.

사와무라 히토미
40대 싱글 직장인 여성. 70대 부모님과 함께 여전히
본가에 산다. 그의 곁엔 부모님과 친구들, 직장 동료들과의
오붓한 시간이 있고, 이따금 마음을 들뜨게 만드는 사랑이
찾아와 머물렀다가 떠난다. 40대의 안정감과 쓸쓸함이
골고루 흩어진 일상을 보낸다.

나쓰코의 일상:
여전히 잘 모르고 헤매도

> "내 마음은 누가 결정해줄 수 있는 게 아니야.
> 자신이 좋다고 생각한 것은 평생 죽을 때까지
> 자기만의 것이야."

내 이름은 하시다 나쓰코. 누군가는 나를 '쓰유쿠사 나쓰코'라고 알고 있을지도 모른다. 도넛 가게에서 알바를 마치면 매일 저녁, 책상에 앉아 '하루코'라는 캐릭터가 등장하는 일상 만화를 그리는 중이니까. 하루코의 이야기는 나한테서 비롯되지만 똑 닮은 건 아니다. 도넛을 화과자로 바꾸었고, 내가 하지 못한 말을 하루코는 할 줄 안다. 또 내가 생각의 물꼬를 트면 하루코는 그 가닥을 잡아간다. 어느 날은, 복권에 당첨되면 그림도 알바도 그만둔 채 아무것도 하지 않고 살게 될까 상상해 봤다. 갑자기 온천에 가거나 세계 일주를 떠나더라도 그걸 내가 좋아한다면, 인생의 대의명분 따위는 필요 없는 게 아닌가. 나의 '좋아한다'는 마음이 설령 모습을 바꿔 다른 사람 눈에는 전혀 다르게 보이더라도 내 안에서는 언제까지고 연결될 테니까. 심심한 맛으로 시작한 생각을 하루코의 마음을 빌려 매듭지었다.

실은 내가 좋아하는 것들에는 작은 비밀이 있다. 내가 멜빵바지를 즐겨 입는 이유는, 직장 생활 속 인간관계에 지쳐 반년 동안 집에만 머물렀을 때 나를 바깥으로 나가게 해준 갑옷이었기 때문이다. 그리고 도넛 가게에서 일하게 된 이유는, 우연히 가운데가 뻥 뚫린 '제로' 모양의 도넛을 보며 아무것도 없는 내가 겹쳐졌기 때문이다. 마지막으로 그림을 그리게 된 이유는… 형언하기 어렵다. 어릴 때부터 그림을 좋아했는데 왜 지금까지 이어졌냐고 묻는다면 잘 모르겠다. 나를 알리고 싶거나 내 그림을 보고 즐거워해 주길 바란다는 것도 완전한 답은 아니다. 모르는 것투성이어도 분명한 건, 인생이 끝날 때까지 계속 좋아할 자신이 있다는 것. 이건 하루코의 마음을 빌리지 않고도 말할 수 있다.

얼마 전, 아버지가 복권에 당첨됐다. 당첨액이 크진 않지만, 매번 큰돈을 주고 사도 영 꽝이던 터라 이번에는 꽤 운이 좋았던 것 같다. 아버지에게 같은 크기라 해도 싫은 일보다 기쁜 일은 더 빨리 사라지는 느낌이라 했더니, 아버지가 답했다. "빨리 사라진다고 해도 전부 사라지는 건 아니니까. 의외로 기뻤던 기억이 오랫동안 남는 것 같다만. 신념을 가졌을 때의 자신과 마찬가지로." 불평하던 나는 마음속에 좋아하는 일과 함께 새겨진 작고도 기쁜 신념들이 떠올랐다. 아버지가 그런 말도 할 줄 안다니. 좋았어, 오늘 밤에 그리는 만화에선 소금쟁이가 되고 싶던 아버지의 소원을 이뤄드려야겠다.

히토미의 일상:
달콤쌉쌀한 마음 구석에서

*만화는 오른쪽 줄 상단부터 읽어 내려간 후 왼쪽 줄 상단으로 넘어갑니다.

"이 허무함은 어디서 오는 걸까.
아니, 어디서부터도 아니야,
내면에서 오는 거야."

내 이름은 사와무라 히토미. 여전히 본가에 살고, 여전히 만원 전철에 몸을 실어 출근한 직장에서 분주히 일한다. 여가 시간에는 가족 또는 친구들과 맛있는 걸 먹는 것도 20대와 30대의 나를 지나 40대에 이르기까지 변함없는 일상이다. 달라진 걸 꼽으라면, 시간이 흐를수록 계절이 찾아오는 기색을 금세 알아차린다는 것. 요즘처럼 봄볕이 스치고 갈 때면 '이 느낌 알아.' 같은 안심이 떠오른다. 몸속 세포는 매일 바뀌지만 죽을 때까지 나라는 존재는 단 하나라는 생각. 자신의 일관성을 깨우치는 데 나날이 탁월해진 것 같다.

며칠 전, 나이가 비슷하지만 결혼 후 아이를 키우고 있는 동료와 티타임을 가졌다. 꽃이 핀다는 것은 곧 저물 때도 온다는 것. 봄이 애달프다는 동료는 평균 수명이 160년이길 바란다며 그중 100년은 30대로 살고 싶단다. 일도 여행도 그리고 사랑도 실컷 누릴 수 있는 시기라 생각하는 걸까. 내 머릿속에선 몇 번의 데이트를 하며 가까워진 연하의 연인 마카베가 떠오른다. 마카베를 만나는 날마다 《브람스를 좋아하세요…》에서 연인한테 젊게 보이기 위해 공들여 화장을 고치는 '폴'이 떠오른다. 내가 지나온 시간이 약점처럼 느껴지는 기분. 모든 게 달라지는 와중에도 고유하게 존재하는 나를 알면서도, 빈번히 이보다 어린 시절이 그리워지는 게 인간의 본성인가 싶다. 그래도 하나 다행인 건, 우리의 관계가 오래가지 않을 것 같다는 느낌이 들어도 그 쓸쓸함을 한편으로는 전부 예상했다는 거다.

요즘 나는 곧잘 허무함을 떠올렸다. 부쩍 모르는 게 많아진 부모님과의 외식 시간을 내가 주도할 때, 텔레비전 안에서 영원한 젊음을 누릴 것 같은 연예인들을 보며 나의 갱년기를 상상할 때, 죽음의 존재를 알고 있는 인간인 이상 불현듯 떠오르는 허무함을 피할 순 없었다. 그러나 나는 요즘 곧잘 행복함도 떠올린다. 퇴근길에 새로운 케이크 가게를 발견하면 설렘을 느끼고, 친한 친구들과 맛있는 걸 먹고 노래방까지 간 다음 날 아침의 늦잠은 달콤하다. 아홉 개의 순간이 허무하더라도 '이게 내가 주인공인 만화의 마지막 장면'이래도 만족할 단 한 개의 순간을 맞이한다면, 거침없이 앞으로 나아갈 수 있다. 슬픔과 기쁨이 오가는 삶이 이런 나를 만들었다.

Book—《행복은 누구나 가질 수 있다》 마스다 미리 | 박정임 옮김 | 이봄

아무개의 일상:
어떤 이름을 넣어도 되는 자리

> "어렸을 때부터 수차례 경험했는데도,
> 전혀 익숙해지지 않는다. 어른이 됐는데도
> 힘들고 불안해. 비록 감기라도."

—P91, 《누구나의 일생》 중

나의 이름은 아무개. 내가 나로 태어날 줄 알았던 사람?
어디를 둘러봐도 손 번쩍 든 이는 찾을 수 없을 테다.
나는 초대를 받았는지도 모른 채로 얼떨결에 삶을 시작해
시간을 나아간다. 아이에서 청년으로, 중년과 노년에
다다르기까지 더디던 시간이 때로는 가속도가 붙어 눈썹을
휘날릴 정도로 빠르게 흘러가고, 꽤 자주 가파른 언덕에
올라선다. 어린 날에는 만사를 통달한 나를 꿈꾸며 어여한
어른이 되길 바라고, 어엿한 어른이 되면 유난히 반짝이던
때라며 어린 날을 꿈꾼다. 언젠가는 분명해 보이던 삶의
의미가 이따금 아득해지는 건 어찌 보면 당연한 일. 누구나
처음일 인생을 변화무쌍하게 살아가려니 분명한 것보다
흔들리는 게 많다.
나쓰코와 히토미의 일상은 나의 것과 엇비슷하다.
좋아하는 일을 즐겁게 해내고 싶은 바람, 가끔씩 복권에
당첨되어 부자가 되는 상상, 나와 다른 생애주기를 사는
친구와의 만남, 책상 앞에 앉아 한 번씩 찌뿌둥한 어깨를
펴는 일, 과식과 과음이 오가는 주말, 나이를 얼마나
먹었든 희비가 오르내리는 연애와 사랑으로 마음을
부둥켜안는 일까지. 그중에서도 가장 비슷한 걸 하나
꼽으라면 그 모든 상황 속에서도 고유하게 존재하는 내가
있다는 것 아닐까. 나이기에 발견할 수 있는 오롯한 행복이
있다는 걸 믿는 것만으로도 우리는 흔들리는 삶에서 절망
대신 행복을 쉬이 거머쥘지도 모른다.
다시 한번 말하지만 나의 이름은 아무개. 그 자리에
나쓰코나 히토미 또는 이 문장을 읽는 당신의 이름을
넣어도 요철 없이 이해될 보통의 이야기다. 언젠가 끝이
있을 삶을 살아가며 얻는 생각은 엇비슷하다. 지난 과거가
어려웠다고 현재나 미래가 평온하리라 낙관할 수 없고,

오늘의 변화에 잘 적응했다고 내일의 변화도 따라갈 수
있을지 기대하지 않는다. 그렇다면 우리가 초점을
둘 곳은 바로 하나, 지금뿐이다. 흘러가는 매일에서
작은 행운이라도 찾아내는데 게을러지지 않기로 한다.
군데군데 기쁨이 많은 날에는 부지런히 주워 주머니에
넣고, 기쁨이랄 건 눈곱만한 것도 안 보이는 날에는 아예
잠시 멈춰 직접 만들어 보기로 한다. 나와 멀지 않은 곳을
응시하며 작은 기쁨의 순간을 발견할 수 있다면, 우리는
절망 없이 오늘을 살 수 있다. 오늘을 살아갈 수 있다.

> "문득 이런 생각을 했습니다.
> 만약 내가 만화의 주인공이고 영원히 이 상태로
> 있게 된다면, 지금의 나는 굉장히 행복하다."

—P151, 《행복은 누구나 가질 수 있다》 중

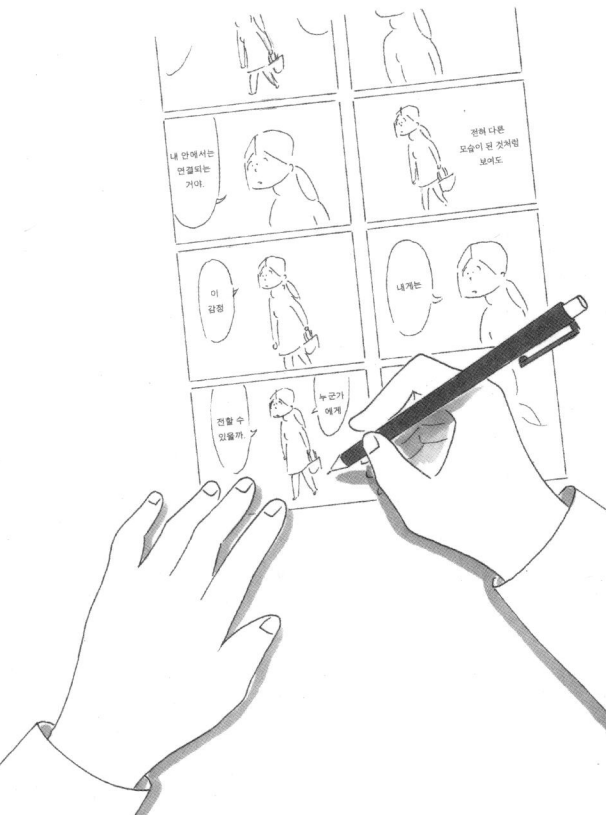

Essay

각자 다른 직업을 가진 다섯 명에게 부탁했다. "여러분의 하루는 어떻게 흐르는지 궁금해요. 시간표를 채워줄래요?" 답장으로 돌아온 건 밥 먹는 시간도 하루를 보내는 방식도 전부 다른, 재미난 동그라미 다섯 개였다.

글 박지은, 시미즈 히로유키, 신동숙, 임향미, 차이진   일러스트 심규태

당신의 24시

차의진
《AROUND》 에디터

《AROUND》 발행 일정에 따라 일상도 달라집니다. 취재 준비가 한창인 오늘을 기준으로 일과를 소개할게요. 비몽사몽 출근길 지하철에 오르며 하루를 시작합니다. 연남동 사옥에 도착! 이곳에서 지내는 고양이, 하이와 빵이부터 만나요. 밥과 물을 채워준 다음 제가 먹을 아침 간식도 챙기죠. 대체로 오전에는 홈페이지와 SNS에 콘텐츠를 업로드합니다. (물론 오전 내내 이것만 하는 건 아닙니다만 편의상 이렇게 소개할게요.) 점심에는 동료들과 식사하고 주변을 산책합니다.
취재 기간에는 바깥에 나와 있는 날이 많습니다. 인터뷰이를 만나 두세 시간 동안 이야기를 나누고, 포토그래퍼와 함께 사진을 촬영해요. 기사 한 편이 탄생할 때까지 수많은 메일이 오갑니다. 브랜드나 인터뷰이와 사진, 사전 질문지 등 여러 자료를 주고받아요. 여가에는 살림을 돌보거나 친구를 만납니다. 같은 동네에 사는 이웃들과 두루 친하게 지내고 있어서, 거의 매일 저녁을 같이 먹습니다. 모두가 각자의 일터에서 돌아와 모여야 하니 거의 9-10시가 되어서야 식사를 해요. 매거진 마감 기간에는 홀로 집중할 수 있는 늦은 밤이 되어서야 원고를 작성합니다. 지금 이 원고도 까마득한 밤에 쓰고 있네요. 스르르 감기는 눈은 어쩔 수 없는 걸까요….

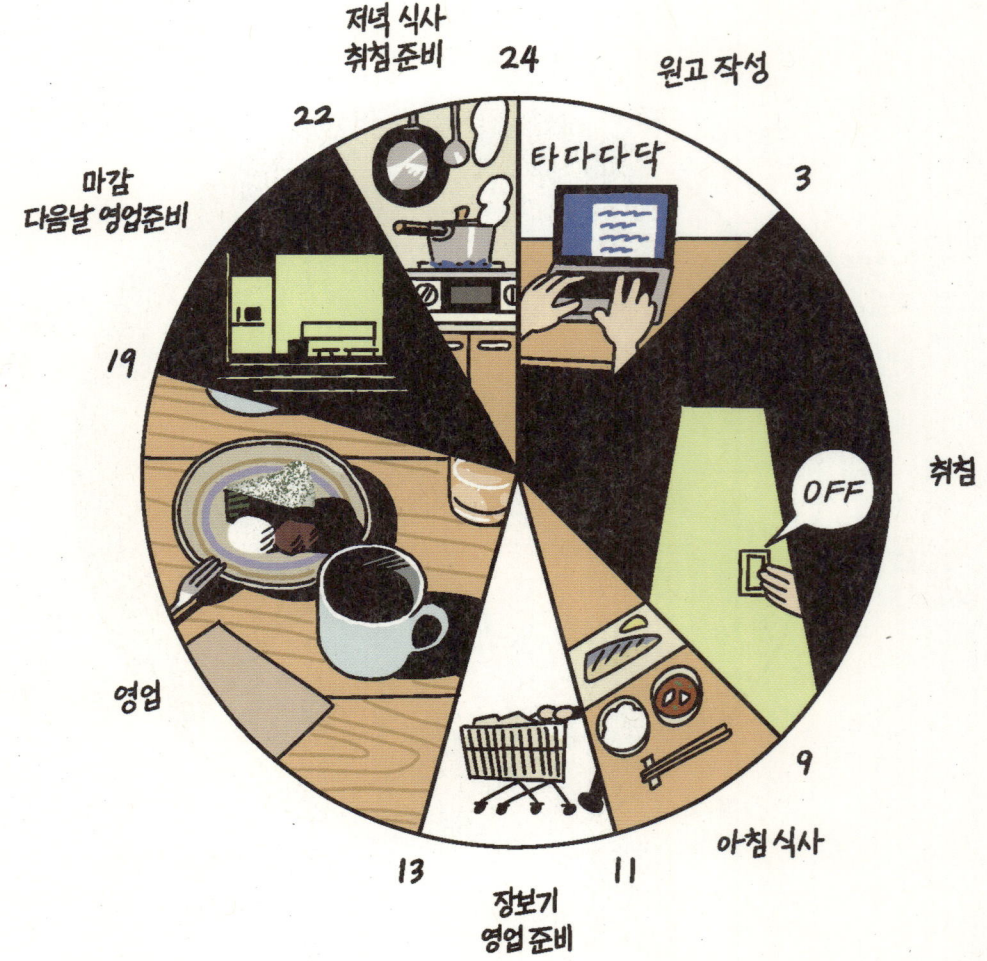

시미즈 히로유키
'아메노히커피점' 운영자

서예 작가인 아내와 함께 아메노히커피점이라는 카페를
홍대 앞에서 운영하면서 번역가, 작가로 활동하고
있습니다. 주로 일본어로 집필하지만 한국어로는《커피
내리며 듣는 음악》,《한국타워 탐구생활》을 썼어요.
우리 커피점은 14년간 운영해온 곳이지만 작년 9월
임차 건물 경매로 쫓겨났고, 연말부터 새로운 곳에서
손님맞이를 재개했습니다. 그런데 2월 초 빙판길에서
넘어져 고관절이 골절되는 바람에 석 달 동안 일어서지
못하게 되었습니다.
때문에 일과표는 1월 영업날로 작성한 것인데 보다시피
불규칙합니다. 점심은 영업이 끝난 후 겨우 먹을 때도
있어요. 매일 케이크를 만드는 시간도 필요해요. 전에는

자정을 지나 귀가하는 일도 많았지만 작업 공간과 설비를
도입해 준비 시간이 어느 정도 줄었습니다. 심야는 원고를
쓰는 시간이고 마감 전에는 밤새는 경우도 있죠.
수술한 요즘은 아침 7시에 깨어 자정에 잠드는 규칙적인
생활을 하며 천천히 원고를 쓰고 있어요. 새로운 가게를
제대로 열 수 없는 것은 아쉽지만, 생활을 되돌아보는 좋은
시간을 보내고 있습니다.

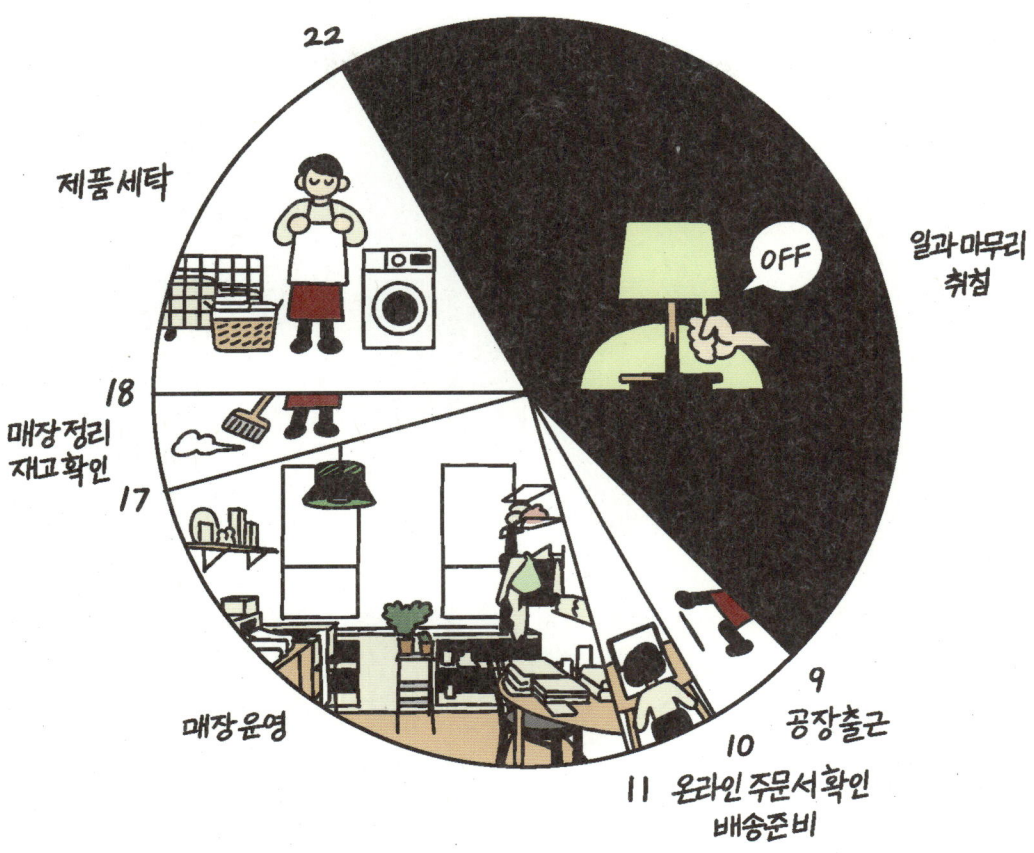

22 제품세탁

일과마무리
취침

18 매장정리
재고확인

17

매장운영

9 공장출근

10

11 온라인 주문서확인
배송준비

신동숙
'흰' 대표

2024년 6월부터 시작한 흰hiin은 퇴직 후 본격적으로
목수 일을 시작한 남편과 원단으로 무언가를 만드는
걸 좋아하는 저, 이렇게 두 사람이 운영하는 살림 도구
브랜드입니다. 주방을 사랑하는 마음이 사용하는 물건에
닿기까지, 친정 엄마 또는 친정 언니보다는 친절한
중간자 역할을 하고 싶어 하는 저는 부엌에서 쓰는 도구를
만듭니다. 제게 필요한 나무로 된 섬세한 도구들이 남편의
손에서 탄생해 브랜드를 채웁니다.
살림을 좋아하는 두 아이의 엄마인 저는 눈뜨는 시간부터
잠들기 전까지 제품을 생각하고, 만들고, 사용합니다.
기획부터 디자인, 생산 의뢰를 비롯해 여러 공정 모두
혼자 맡고 있죠. 우선 샘플을 사용해 보면서 결정한

원단과 부자재를 발주합니다. 재료가 공장에 입고되면
생산의뢰서와 작업지시서를 작성합니다. 생산된 제품을
확인한 다음 하나하나 세탁하고, 건조 후 검수하고 개별
포장해 판매합니다. 매장 운영과 택배 발송은 스텝들과
함께합니다. 모든 과정이 재미있고 즐겁기에 지금까지
이 일을 하고 있는 게 아닌가 싶어요. 그런데, 시간 단위로
일을 분류하려니 어렵네요(웃음).

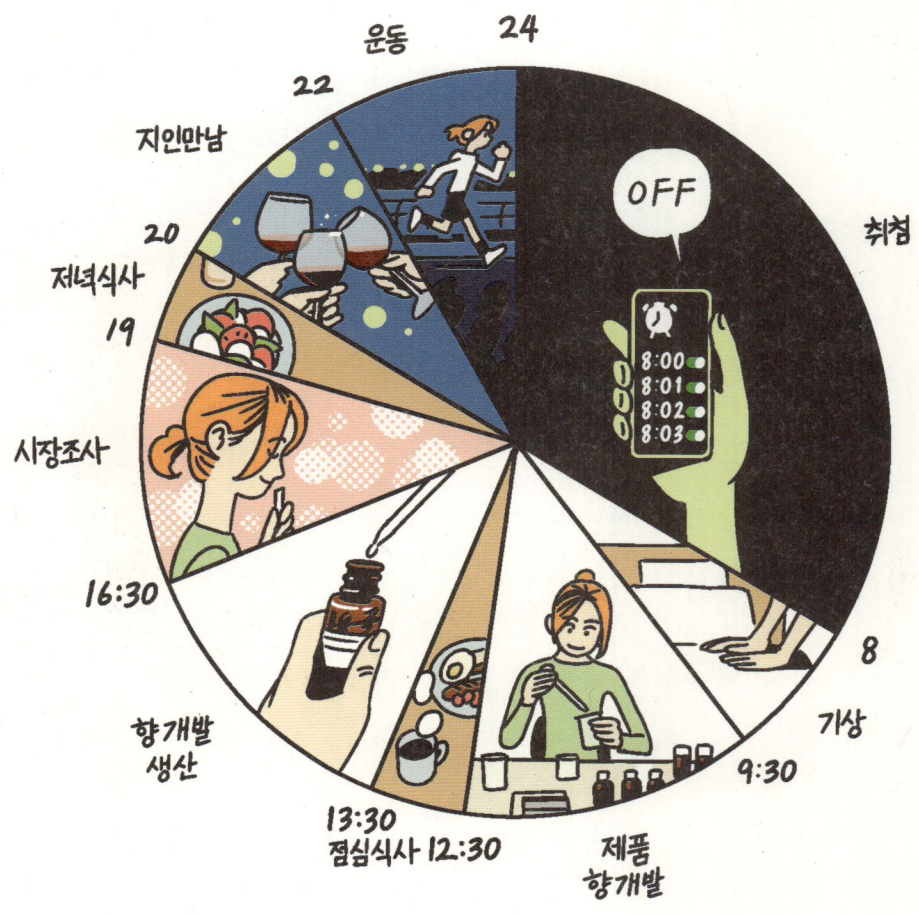

임향미

'페일블루닷' 조향사

페일블루닷의 향을 조향하는 조향사 임향미입니다.
이름은 맡길 임, 향기 향, 아름다울 미로 이루어져 있어요.
'아름다운 향기를 전해주는 사람'이라는 뜻인데, 직업
또한 이름의 의미를 따라가게 되었어요. 조향하는 일을
업으로 삼고 있다 보니 하루의 대부분을 향을 개발하거나,
제품을 개발하고 조사하며 보내는 편입니다. 향은
눈에 보이지 않기 때문에 특히 향 개발 프로젝트에서는
커뮤니케이션이 매우 중요해요. '향이 맑았으면 좋겠다.'는
상대방 의견이, '순한 향'과 '공기처럼 가볍고 선선한 향'
중 무엇을 뜻하는지 알 수 없기도 하니까요. 요구대로 향을
실현하려면 커뮤니케이션에 필요한 다양한 향의 느낌을
이해하고 있어야 합니다. 그래서 시장에서 통용되는

제품들을 알아야 하죠. 그래서 시장조사를 많이 하는
편입니다.
맵고 자극적인 음식은 대체로 먹지 않습니다. 먹으면 향을
잘 느낄 수 없어서인데 (실제로 맵고 뜨거운 걸 잘 못 먹어서
다행입니다.) 일과가 끝나면 일부러 향이 있는 음식을
자주 찾아 먹기도 합니다. 와인이나 위스키를 좋아하고,
핸드드립 커피를 특히 즐겨 마시는 편이에요. 이외에는
사람 사는 게 다 똑같습니다(웃음).

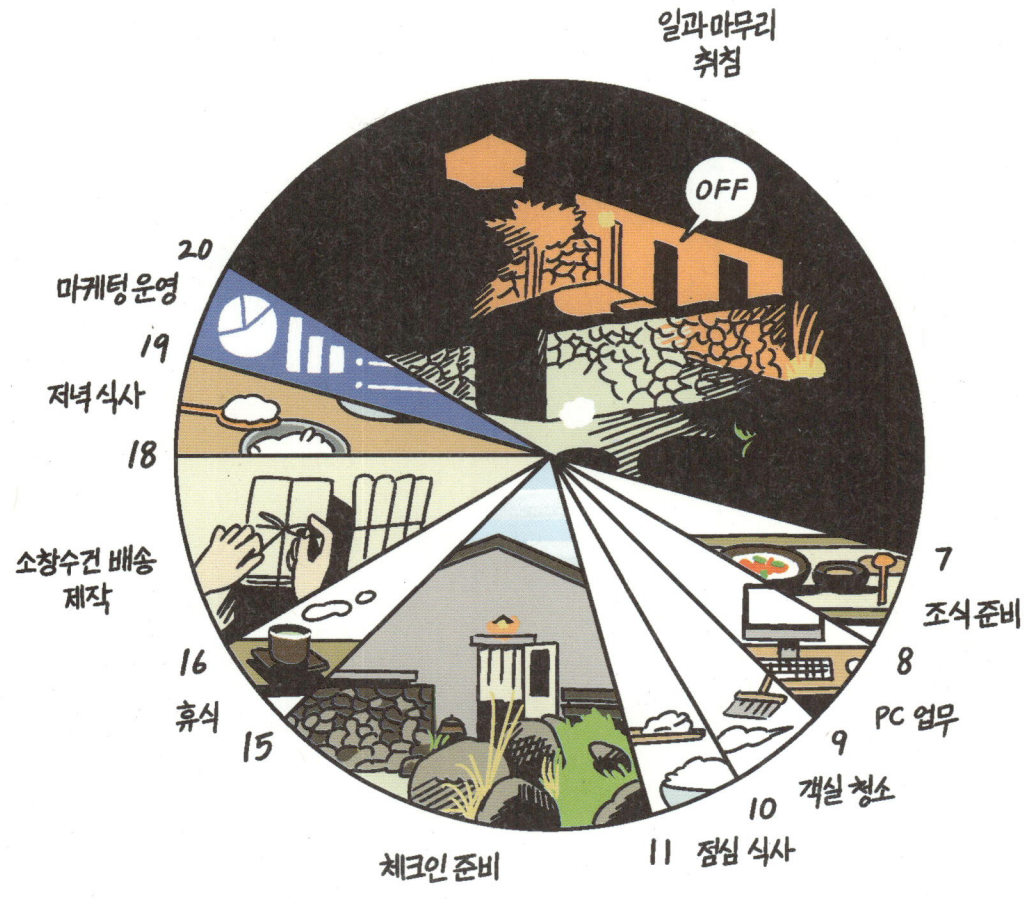

박지은
'무디타 제주' 호스트

무디타 제주는 저의 어린 시절을 품어준 할아버지의
창고를 개조해 만든 독채 숙소입니다. 아침 7시에 일어나
아침 조식을 만드는 것부터, 오후 3시 손님의 체크인을
준비하는 시간까지. 하루의 대부분을 가족과 지내며
운영해 나가고 있어요. 함께이기에 정성을 더하는 것이
가능하기도 해요. 예를 들어 부모님이 청소를 도맡아
주시기에, 저는 게스트에게 편지를 쓰거나 웰컴 화병을
만드는 등 환대에 정성을 쏟습니다.
저희는 숙소 운영과 함께 목화 순면으로 만든 소창수건도
판매하고 있습니다. 스테이에 좋은 수건을 내어드리고자
만들기 시작했는데, 고객분들이 판매해달라고 요청하면서
지금에 이르렀죠. 판매를 위한 수건을 한 땀 한 땀

수제로 제작하기까지 모든 과정이 쉽지는 않았지만
2년 정도 흘러왔고, 이제 소창수건 제작과 판매는
숙소 운영만큼이나 중요한 업무가 되었습니다.
작은 스테이를 운영하고 소박한 판매를 이어가는
1인 자영업자이지만, 작은 브랜드가 사랑받고 있음에
감사한 마음을 가지고 만족하는 일상을 살아가고 있어요.

어라운드의 100번째 시선

일상
엇비슷해 보여도 전부 다른 나날의 일

100권의 《AROUND》는 무수한 사람들의 글과 말, 사진과 그림의
총합이다. 100호를 기념해 우리의 책을 짓고 다듬거나 한 자리를 채운
100인에게 직업과 삶에 관한 한 가지 질문을 건넸다.

에디터 이명주

66 어라운드 에디터 차의진

옆자리 동료인 의진 씨를 몰래 지켜봤어요. 겉으로는 매사 덤덤해 보여도 좋아하는 무언가에는 마음속 열정이 불타오르는 사람인 것 같은데요. '나 이런 거 좋아하는구나!' 깨달은 순간을 들려줄래요?

내가 좋아하는 걸 잘 알고 있다고 생각하며 살았는데, 에디터로 일하면서 더 많이 깨달았어요. 인터뷰이와 이야기를 나누다 보면 머리가 쭈뼛 서고 마음이 두근거릴 때가 있어요. 그 사람의 인생이 거대한 세계처럼 다가오고, 나는 그곳을 방문한 작은 손님처럼 느껴질 때요. 저는 한 사람의 생에 압도되는 기분을 좋아하나 봐요. 또 다른 순간은… 유독 원고가 술술 써지는 소재를 만날 때! 좋아하는 마음 없이 무언가에 대한 감상을 풍성하게 전하기는 어려워요. 고요하고 정제된 존재보다 유쾌하거나 기발한 것에 관해 하고픈 말이 많아요. 내가 아끼는 것들, 누군가의 세계로 인도하는 문장들을 계속 꺼내 보일게요. 세 자릿수 《AROUND》도 좋아해 주실 거죠(웃음)?

67 어라운드 마케터 문주원

사무실에서 주원 씨 자리를 지날 때마다 깔끔함에 내심 놀라곤 했습니다. 아마 사적인 공간 역시 비슷하리라 생각했지요. 혹 버리지 않고 오랫동안 간직하는 물건이 있나요?

물건을 자주 비우려고 노력하는 편이라 마땅히 떠오르는 게 없었는데, 절대로 버리지 않는 물건이 생각났습니다. 아주 어릴 적부터 지금까지 '편지'를 모으고 있어요. 장난스럽게 적은 쪽지부터 나를 울렸던 편지까지 모두 상자에 차곡차곡 쌓아두고 있답니다. 새로 받은 걸 상자에 넣을 때마다 지난 편지를 다시 뒤적거리는 건 언제나 기쁜 일입니다. 오직 나만을 위해 적은 글을 어떻게 사랑하지 않을 수 있을까요.

68 에디터 김건태
Vol.17 | 2014. 09. — Vol.100 | 2025. 04.

지난날엔 《AROUND》 매거진 에디터로 수년을 보냈고, 이제는 에세이 필진으로 함께하고 있죠. 나를 담은 글을 오랫동안 쓸 수 있는 건 삶에 궁금한 게 많은 사람이라는 증명이 아닐까 싶은데요. 건태 씨가 요즘 가장 궁금한 것은 무엇인가요?

저는 고양이 알레르기가 있어요. 어라운드 첫 출근 날 사무실에 고양이가 세 마리나 있다는 걸 알게 됐을 때 망했다 싶었어요. 동료들 모두 고양이를 사랑했고, 저 역시 고양이가 귀여웠지만, 눈이 간지러워서 차마 쓰다듬을 수는 없었어요. 그런 저를 지그시 바라보던 애가 있었는데, 그 애 이름은 '하이'예요. 하이는 슬그머니 다가와 긴 꼬리를 제 콧구멍에 집어넣고 사라졌어요. 그러고는 멀찌감치 물러서서 저를 보는데, 눈이 작고 코가 낮은 것이 꼭 돌아가신 할머니를 닮았더라고요. 그래서 어라운드 마지막 출근 날 하이를 납치하려고 큰 배낭을 들고 갔는데 실패했어요. 하이를 못 본 지 7년 정도 지났어요. 할머니 닮은 아이보리색 고양이가 저를 기억할까요? 51구역에 외계인이 사는지, 투팍은 살아 있는지, 슈뢰딩거의 상자 속엔 무슨 비밀이 있는지 다 궁금하지만, 지금 당장은 하이가 제 콧구멍에 다시 꼬리를 집어넣을지가 가장 궁금합니다.

69 포토그래퍼 임정현
Vol.79 | 2021. 09. | 〈착한 사람들의 언어〉
— Vol.100 | 2025. 04. | 〈재미 따라 걷는 사람〉

아름다운 장면을 포착하는 일상을 보낼 텐데요. 요즘 유독 아름다워 보이는 피사체가 있다면요?

근래 들어 아동복 촬영을 위해 아이들을 찍어야 하는 일이 종종 있었는데요. 평소에도 아이들을 좋아하긴 했지만

ⓒ최모레

가까이에 많지 않고 또 자세히 관찰할 일은 없었는데, 촬영 덕분에 꽤 오래 아이들을 지켜보게 되었어요. 인간의 모습을 했지만 아주 작고, 말이 통할 듯 안 통하는 걸 보면서 마치 다른 세계의 요정 같다는 생각을 했습니다. 순수하게 감정을 드러내고 크게 웃고 크게 우는 모습에 뻣뻣한 제 마음도 말랑해지는 느낌이었어요. 아이들은 때 묻지 않았다는 표현이 세상에서 가장 잘 어울리는 피사체인 것 같아요. 사진 속 반짝이는 눈동자를 보면 너무 깨끗해서, 지문도 남기고 싶지 않은 흰 도화지 같다는 생각도 들었어요.

70 어라운드 브랜드 프로젝트 매니저 지정현

어느 날 아침, 눈을 떠보니 소속이 바뀌었다! ABC팀에서 매거진팀의 에디터가 된 당신, 당신의 기획이라면 몇 페이지를 쓰든 얼마나 걸리든 취재를 위해 어디로든 떠나도 좋다는데, 쓰고 싶은 기사가 있다면?

어라운드 사옥 앞을 지나가는 동물 친구들과의 인터뷰. 어라운드가 자리한 연남동에는 반려견이 많아요. 그중에서도 특정한 시간대마다 마주치는 견주와 반려견들이 있는데, 나란히 걷는 모습이 보기 좋아요. 내적 친밀감을 주체할 수 없어 "이름이 뭐예요?"라고 묻고 싶지만, 그저 동물 친구와 눈을 마주치는 것으로 대신하곤 합니다. 그들의 여유로움과 서로를 향한 바지런함은 어디에서 나오는 걸까요? 저는 제 몸도 산책시키기 버거워하는 사람인데 말이죠. '나도 낮에 동네에서 산책하고 싶다.'는 부러움도 자연스럽게 따라오고요. 수줍은 견주를 만나면 어쩔 수 없이 반려견을 인터뷰해야겠네요. 그들의 말을 알아들을 수 없으니, 결국 "멍멍."만 적어야 할지도.

71 그림책 작가·일러스트레이터 이진희

Vol.40 | 2016. 11. |〈그림을 만드는 작업실〉
Vol.84 | 2022. 07. |〈안온한 걸음 틈새로〉

작가님의 오늘 하루가 궁금해요. 어떤 곳을 걷고, 어떤 풍경을 마주했나요?

익숙한 길을 함께 걸으면서도 여기저기 사진을 찍는 친구의 뒷모습을 오래 바라보았어. 어린 시절부터 변하지 않는 눈빛, 나에게도 남아 있는지 모르겠어. 내가 수없이 삼킨 말들은 어디에 있을까. 그 말들이 나의 꿈속에 머물다가 언젠가 그 누군가의 꿈속에 닿았으면 좋겠어. 꿈에서 깨어 기억나지 않더라도 오늘처럼 우리 오랫동안 먼 길을 돌아 의미 없이 함께 걸었으면 좋겠어.

72 작가 한수희

Vol.8 | 2013. 11. — Vol.100 | 2025. 04.

2013년부터 지금까지 에세이를 연재하고 있죠. 눈 깜짝할 새 찾아오는 마감에 단 한 번의 '빵꾸'도 없이 성근한 마음으로 임해주셨어요. 어라운드 한편을 오랫동안 지켜주신 보답으로, 오늘 밤 출발하는 비행기 티켓을 선물할게요. 어디로 떠나실래요?

사실 비행기 타는 걸 무서워해서 좋다가도 싫은 그런 기분입니다. 게다가 어제 막 일본에서 (벌벌 떨다) 돌아와서 어딜 가고 싶지도 않습니다만… 이런 기회를 놓칠 수는 없으니 하노이로 가겠습니다. 춥지도 않고 덥지도 않을 하노이에서 뜨끈한 소고기 쌀국수를 한 그릇 먹고 싶어요.

73 배우·모티프원 호스트 이나리

Vol.80 | 2021. 10. |〈당신의 단 한 가지는 무엇인가요〉

'모티프원'이라는 이름 아래, 가족이 머물던 공간으로 낯선 이들을 초대하고 적당한 온기로 머물게 해요. 나리 씨에게 집은 어떤 의미를 가진 공간인지 듣고 싶어요.

집은 배입니다. 혼돈에서 질서로, 불안에서 평온으로 나를 건네주죠. 그러나 때로는 그 반대로 나를 데려가기도 해요.

74 Oth, 문예진

Vol.70 | 2020. 02. |〈우연히 마주한 무지개〉

얼마 전, 인도에서 한 달 여행을 하고 왔다고요. 70호 인터뷰에서 "일상에서 힘든 순간이 찾아왔을 때 여행의 기억을 떠올리면" 조금은 괜찮아진다고 말했죠. 이번 여행에서도 일상으로 돌아온 후에 계속 곱씹고 싶은 장면을 만났나요?

ⓒ문예진

어떤 일을 시작할 때 준비가 제대로 되어 있지 않더라도
지금 할 수 있는 최선으로 시작해 최고의 무대를 만들어
내는 추진력과 단합력, 아이부터 어르신까지 꺼지지 않는
불같은 열정, 배척하지 않고 한없이 베푸는 뜨거운 관심과
함께 춤추자고 손 내미는 다정함, 충분히 손해를 보는
상황인데도 불평불만하지 않는 여유와 느긋함, 투박한
친절, 돈을 내지 않아도 모두가 맘껏 즐기는 축제, 투명함,
과거도 미래도 아닌 현재를 살아가는 그들이 하루하루를
대하는 태도 같은 걸 만났어요. 솔직히 눈으로 보이는
건축물이나 풍경은 그다지 인상 깊지 않지만 그것보다
더욱 값진 경험을 할 수 있었어요. 사람 대 사람으로
연결된 느낌과 맨손으로 밥을 먹고 맨발로 도심을 걸어
다녔고, 그곳의 사람들이 이끌어준 덕분에 생전 처음으로
춤을 추며 느낀 해방감을 제 맘속에 있는 가장 멋진 방에
전시해 두고, 오래도록 보고 싶어요.

75 어라운드 브랜드 프로젝트 매니저 정현지

**현지 씨는 좋은 하루를 위해 루틴을 만드는 사람 같아요.
매일 아침, 홈페이지에서 《AROUND》의 과거 기사를 한
편씩 읽는다고 했던 말이 기억나거든요. 요즘은 어때요?
괜찮은 오늘을 위한 나만의 의식이 있나요?**
혼자 살기 시작하면서 명제가 된 문장이 있어요. 언젠가
《AROUND》 아웃트로에도 적었는데요. "마음이 아플 땐
영화를 보고, 기분이 안 좋을 땐 집안일을 한다. 요즘 내가
치유하는 방식이다." 몸을 움직여 청소를 하고, 조금씩
깨끗해지는 집을 보면 작은 성취감들이 차곡차곡 쌓여요.
그 성취감이 오늘의 나를 위한 다른 행동들을 하게 만들죠.
가장 좋은 건, 미리 정리해 두면 몸과 마음이 지쳐 집에
돌아왔을 때 바로 침대로 다이빙해도 된다는 점!

76 아시하우스 하태웅
Vol.93 | 2024. 02. | 〈우리의 아름다운 기억으로부터〉
**해가 뉘엿뉘엿 넘어갈 때까지 대화를 나누며 "중심이
변하지 않는 잔잔한 삶"을 꿈꾼다고 말했어요. 그 마음은
여전할 것 같은데, 어떤 방식으로 이루고 있는지요?**
오늘 아침, 정원을 둘러보다가 잎이 다 떨어진 느티나무의
가지 끝이 연둣빛으로 변해 있는 걸 보았어요. 햇살도 조금
더 부드러워졌고요. 봄이 오고 있구나 하는 순간이었죠.
그런 순간을 맞이하면, 매일 똑같아 보이는 풍경도 사실은
끊임없이 변하고 있다는 걸 깨닫게 돼요. 이렇게 자연의
작은 변화를 바라보며 지금, 이 순간을 온전히 느끼는
시간을 가져요. 아마 그런 순간들이 쌓여 잔잔한 삶이
이어지는 게 아닐까 해요.

ⓒ강현욱

77 아시하우스 송현정
Vol.93 | 2024. 02. | 〈우리의 아름다운 기억으로부터〉
**눈이 한바탕 쌓인 날, 에디터와 포토그래퍼에게 웰컴
푸드로 직접 만든 마들렌을 커피와 내어주셨죠. 다가오는
봄에는 텃밭에 채소와 과일도 키울 거라고 했던 게
기억나요. 요즘에는 아시하우스에서 어떤 요리를, 어떤
마음으로 만들고 있어요?**
3월 조식은 봄기운이 가득한 냉이를 넣어 아란치니를
만들었어요. 곧 봄 파종을 할 시기라 4월 초엔 당근, 감자,
시금치를 심을 예정이에요. 감자 시금치 수프를 끓이거나,
천천히 익힌 당근을 샐러드로 만들어 볼까 싶어요. 특별한
맛을 내거나 화려한 요리를 하는 건 아니지만, 가능한 한
계절을 담으려고 해요. 겨울에 먹었던 포토푀, 여름에
먹었던 토마토 가스파초… 오신 분들이 이런 식으로
아시하우스와 그때의 계절을 함께 기억해 주셨으면 하는
마음이거든요.

78 소소문구 콘텐츠 매니저 윤혜원
Vol.77 | 2021. 04. − Vol.92 | 2023. 11.
**우리는 꽤 많은 이야기를 나눴어요. 일과 일상, 취미나
취향, 시답잖은 연애 고민 같은 것도요. 그 속에서 혜원
씨는 자신을 잘 아는 사람이라는 생각이 들었는데요.
자신을 사물에 빗댄다면 무얼 고를래요?**
두꺼운 유리잔. 내면을 투명하게 드러내면서도, 손이

닿으면 자기만의 고유한 형태를 느끼게 해주는 모습이
닮았어요. 무엇을 담느냐에 따라 비추는 색이 달라지는
것처럼, 마주하는 매 순간을 솔직하게 보여주고자
해요. "지금 너무 재밌어!", "오늘은 새빨간 색이야!",
"아메리카노가 좋아!" 좋아하는 걸 마음껏 소화하고
이야기하는 사람으로 살고 싶어요. 쉽게 깨질 수 없게,
단단한 모습으로 서 있을래요.

79 녹기전에 녹싸
Vol.94 | 2024. 04. | 〈흐르는 두 스쿱의 시간〉
다짜고짜 당황스런 질문일지 모르겠지만, 94호
인터뷰에서 "죽음을 상상할 때 무서운 기분이 들기도
한다."고 말했어요. 그 생각은 변함없나요?
변함이 있습니다. 더 증가했어요. 나날이 늘어나는
흰머리를 볼 때마다, 그리고 사랑하는 사람과 함께하는
시간이 늘어갈수록 무서운 마음이 고개를 듭니다. 좋게
이야기하자면 시간을 정말 잘 보내야겠다는 생각이기도
하고요.

80 스튜디오 소설 안가람
Vol.34 | 2016. 04. – Vol.39 | 2016. 10.
촬영 스튜디오 '소설'을 만들어 이끌고 있죠. 서정적이고
부드러운 느낌의 이름인데, 스스로 그렇게 불리기로
결정한 계기가 있다면요?
2016년 11월 즈음 아버지와 낮부터 경복궁을 하루
종일 걷던 날이 있었어요. 늦가을 특유의 일교차가 있다
보니 저녁쯤 자연스럽게 막걸리 한잔이 생각나더라고요.
근처에서 아버지와 함께 복순도가를 마시며 스튜디오

이름을 지었어요. 사실 그날이 절기상 '소설'이었거든요.
그때의 저는 곧 서른을 앞둔 나이였기 때문에 나라는
한 사람의 계절이 바뀌는 순간이라 생각했던 것 같아요.
단순하지만 여러 겹의 의미를 품고 있는 다의적인
단어라고나 할까요.

81 화가 김참새
Vol.98 | 2024. 12. | 〈우리는 어른이 아닌 걸요〉
매일 한 점씩 그림을 그리는 노트를 저와 포토그래퍼에게
살며시 보여준 것, 기억하나요? 가장 마지막으로 그린
그림에 대해 들려줄래요?
가장 최근이 어젯밤이네요. 드로잉 노트에 아이디어
스케치를 여러 장 했어요. 요즘 전시를 앞두고 신작 준비가
한창인데요, 꾸준히 디벨롭하며 작업 중인 시리즈들 중
'소녀'에 대한 스케치를 했죠. 어젯밤은 이상하게 다크하고
깊게 눌러진 컬러가 떠올라서 그런 류의 컬러로 스케치를
했고요. 이제 어느 정도 스케치가 마무리되어서 캔버스에
이 드로잉을 옮겨 그릴 거예요.

82 브랜드 에디터 정혜미
Vol.31 | 2016. 01. – Vol.70 | 2020. 02.
그 누구에게도 방해받지 않는, 온전한 하루의 휴일이
주어졌다면 어떻게 보내고 싶어요?
먼저 숲으로 갈 거예요. 영화 감상을 위한 노트북과 마음을
위한 책 한 권을(노트북만 사용할 것 같지만 일단 챙길게요.)
들고요. 숲속에 있는 숙소에 수영장도 있으면 좋겠네요.
날씨는 수영하기에 적당하고 습하지는 않을 거예요.
수영장에서 놀다가(수영은 못해요.) 수영복을 입은 채로

ⒸC강현욱

아주 꾸덕꾸덕한 까르보나라에 맥주 한잔 곁들인 다음
따뜻한 물로 샤워를 하고, 침대에 누워서 영화 두 편을
볼 거예요. 달콤한 뺑오쇼콜라를 먹으면서요. 영화 제목은
⟨사운드 오브 뮤직⟩과 ⟨듄2⟩예요. 그리고 언제 잠들었는지
모르게 잠들어서 다음 날 오후 12시 이전까진
안 일어날래요.

83 아티스트프루프 최경주
Vol.46 | 2017. 05. | ⟨지금, 당신에게, 이 단어, 여성⟩
Vol.70 | 2020. 02. | ⟨이토록 조화로운 이방인⟩
**알록달록한 컬러와 도형들이 조화를 이루는 작품처럼,
작업실 또한 작가님을 닮아 인상적인 공간이라
생각했어요. 저는 누구든 온전히 나다울 수 있는 '자기만의
방'이 필요하다고 생각하는데요. 작가님은 그 방을 어떤
모습으로 꾸미고 싶은지 궁금해요.**
머무르는 곳마다 자기만의 방이자 아지트처럼 살았어요.
여러 이유로 익숙하던 자리를 떠나야 하는 상황에서
민달팽이가 된 기분인 요즘입니다. 또 어딘가 보금자리를
마련하겠죠. 점점 여백이 좋고, 텅빈 느낌이 평온합니다.
소유에 대한 관점이 바뀌고, 가벼워지고 싶어요. 창작에
대한 욕구가 높을수록 재료는 많아지고 삶은 단순해지니,
그만큼 간결한 나만의 방을 기대합니다. 아마 나의 작업에
즐겨 쓰는 차분한 미색의 거즈로 꾸미겠죠.

84 사진가 정멜멜
Vol.98 | 2024. 12. | ⟨한 시절을 영원이라 부르며⟩
**우리가 이야기를 나누던 날, 아마 가장 많이 등장한 단어가
'귀여움' 아닐까 싶어요. 동물 친구들의 귀여움을 마음껏
만끽하는 나날에 대해 들려주었잖아요. 요즘엔 어떤
귀여움이 나를 천진하게 만들어요?**
요즘엔 도시락을 싸는 각국 브이로거들의 영상에 빠져
있습니다. 굉장히 다양한 도시락 데코 아이템이 있다는
걸 알게 되었어요. 매번 다른 장소와 시간에서 진행되는
촬영 일을 업으로 하다 보니 루틴한 일상과는 거리가 있어
도시락을 싸기 쉽지 않지만, 자신을 혹은 자신의 가족을
위해 정성껏 그리고 귀엽게 도시락을 싸는 사람들을 보며
대리 만족하게 되더라고요.

85 디자이너 손혜빈
**혜빈 씨가 일상의 틈에서 나에게 건네던 질문이 이따금씩
떠올라요. 요즘의 나를 행복하게 만드는 게 무엇인지
물었죠. 바쁘다며 일상을 기록하는 일에 게을러진 탓인지
도통 답하기가 어렵더라고요. 혜빈 씨는 일상을 기록하는
자신만의 방법이 있나요?**
인생의 모든 기억을 꼬박 적어보기. 그중에서도 자꾸
걸려 넘어지는 기억을 찾아가 어떤 돌멩이가 박혔는지
살펴봐요. 그래야 다시 새싹이 돋을 테니까요. 나쁜 기억에
집착하는 건 결국 일상을 잘 보내기 위해서예요. 몰래 핀
꽃 덤불을 발견하는 건 덤이고요!

86 어쩌다책방 김수진
Vol.70 | 2020. 02. | ⟨작은 책방에서 마주치는 것들⟩
**연남동 서점 '어쩌다 책방'에서 오는 이들을 위해 책과
문학, 예술에 대한 아름다움을 내어주고 있잖아요. 예술
작품을 통해 인상적인 경험을 한 적이 있는지 궁금해요.**
곧 10주년을 맞는 책방에 고유한 방명록 프로그램이
있었으면 했어요. '언제언제 누구 다녀감' 이런 방명록
대신 읽기와 쓰기를 통해 만날 수 있는 방법을요.
그래서 만든 게 '공동집필'이에요. 하나의 주제 아래
여러 사람이 함께 집필에 참여하는 방식으로 운영돼요.
작은 사이즈의 몰스킨에 주제만 적어두는 거죠. 첫
주제가 독일의 극작가이자 시인 '베르톨트 브레히트'의
⟨즐거움⟩이었어요. 이 시는 자신을 즐겁게 하는 16개의
목록을 나열한 것이 내용의 전부예요. 손님들이 쓰기
어려워한다면, 의도대로 운영되지 않는다면 어쩌나
걱정했는데 한 달도 안 돼서 각자의 즐거움으로 빼곡하게
찼어요. 채워진 노트를 읽는 분들도 굉장히 즐거워하시죠.
그 모습을 보면서 브레히트가 했던 말이 떠올랐습니다.
"꼭 교훈적이지 않더라도 문학은 삶의 즐거움을 높여준다.

©강현욱

우리 감각을 날카롭게 해주고, 고통마저 즐거움으로
바꿔낸다." 첫 공동집필을 통해 새삼 책과 문학, 더 나아가
책방의 역할을 고민해 보게 되었지요.

87 일러스트레이터 렐리시
Vol.93 | 2024. 02. | 〈혼자가 모여 우리의 작업실로〉
Vol.94 | 2024. 04. | 〈한 가지만 먹는다면〉

**다양한 작업자가 모인 삼옥빌딩을 취재하러 갔을 때
저와 가장 먼저 인사를 나눴어요. 그때 "작업할 때는
성숙해지지 말아야겠다"며 "철없이 살아야 유쾌함을 잃지
않는다."고 말한 게 인상 깊었는데, 요즘에도 시트콤 같은
순간들이 있어요?**

요즘 건강과 다이어트를 위해 요리를 자주 해 먹어요.
그러다 보니 온라인으로 급하게 재료를 주문하는데,
희한하게도 주문했다고 생각한 수량보다 더 많이 오는
경우가 종종 생기는 거예요. 적양파가 잔뜩 와서 양파잼을
만들기도 했고, 식빵이 두 팩이나 와서 샌드위치만
질리도록 먹은 적도 있고, 달걀 40개로 다양한 달걀 요리를
연구하기도 했답니다. 급한 성격으로 '폭풍 클릭'하다 보니
그런 걸까요? 주문 시 평정심을 유지해야겠어요.

88 고스트북스·작가 김인철
Vol.73 | 2022. 09. | 〈지지고 볶고 투닥거리는 사이〉
Vol.97 | 2024. 10. | 〈네모난 세계로의 유영〉

**고스트북스의 서가를 소개하면서 'SF' 장르를 좋아한다고
말했던 게 떠올라요. 타임머신을 타고 돌아가고 싶은
과거나, 미리 보고 싶은 미래가 있나요?**

저는 '만수무강'을 하고 싶어요. 반드시 해야만 하죠.
여러 이유가 있겠지만 과학의 카테고리로 답변드리자면,
'과학의 진보'를 최대한 많이 보고 싶기 때문이에요.
우리가 살아가는 이 시점에도 지식으로서의 과학은 앞으로
나아가고 있어요. 다만 누구도 그 끝을 알 수 없다는 게
문제겠지요. 고전역학이 상대성이론과 함께 무너졌듯
지금의 확고부동한 이론들도 언젠가는 또 다른 이론에
무너지게 될 거예요. 저는 진실에 가까운 우주 이론이
밝혀지는 그 순간의 미래를 보고 싶어요. 이 우주는 왜
존재하는지, 어떻게 시작했으며 어떤 원리로 작동되는지,
'우연'이라는 공허한 대답이 아닌 실체적인 해답을 알고
싶어요. 물론 끝이라는 경계가 없을 정도로 오래 살 수
있으면 가장 좋겠지만 그건 불가능하니… 하루빨리 세계
유수의 석학분들이 타임머신을 만들어 주셨으면 좋겠네요!

89 오이뮤 신소현
Vol.79 | 2021. 09. | 〈이토록 따뜻한 서울의 색들〉

**79호에서 서울을 닮은 색 다섯 가지를 꼽아주었죠. 훈색,
고무대야색, 달개비꽃색처럼 그 이름도 다정했는데요.
혹시, 나와 우리의 주변에서 의미를 발견하는
《AROUND》는 어떤 색과 닮았나요?**

'도토리색'이 떠올라요. 오이뮤에서 출간한 《색이름 352》
설명을 빌리자면, "약간 어두운 갈색을 띤 떡갈나무
열매의 껍질 색. 도토리는 참나무속에 속하는 나무 열매의
총칭이다." 땅 색과 구분도 잘 안 되는 데다가 철 되면
발치에 굴러다녀도 눈에 띄지 않는 도토리. 그러다 한 번
눈에 띄면 자꾸 보이고, 개중에 특별히 동그랗고 윤기 나는
것 하나쯤은 주워 호주머니에 넣고 싶은 도토리요. 저에게
《AROUND》는 우리 주변 일상적인 것을 특별한 시선으로
건져 담아낸 도토리 자루 같답니다. 매 호 제시되는
담론 속에서 사람과 공간, 문장과 사진, 시선과 취향을
엿볼 수 있는 다양한 즐거움은 마치 여러 가지 변주로
생활의 입맛을 돋우는 도토리묵, 도토리전, 도토리국수와
같달까요?

90 오이타·식물 디자이너 최문정
Vol.93 | 2024. 02. | 〈스민 존재의 자리〉

**오이타의 터전을 첫 작업실이 자리했던 서촌으로
옮겼지요? 새 터전에서 자신의 일상을 대하는 마음가짐에
대해 묻고 싶어요. "분재를 대하는 마음의 길도 여러
갈래로 나뉘었다."고 했는데 초심과 같거나 달라진 부분도
있나요?**

서촌으로 다시 돌아왔지만, 그때의 나와 지금의 나는 많이 달라졌다고 느껴요. 어릴 때는 무엇이든 빨리 해내야 한다는 압박감 속에서 빠르게 성장하려 했고, 성과가 중요했죠. 지금은 지치지 않고 지속 가능한 방식으로 나아가는 것, 제게 맞는 호흡이 더 중요하다는 걸 느끼고 있어요. 이사한 지 벌써 5개월이 지났지만 아직 정식 오픈을 하지 못한 것도 그런 이유에서예요. 분재가 천천히 새 환경에 적응하듯, 저도 한 걸음 한 걸음 신중하게 내딛고 싶어요. 이번에 누군가 오랫동안 살던 집으로 터를 옮기면서, 가정에 자연스럽게 스며드는 분재를 소개하고 싶다는 마음이 커졌어요. 이곳에서는 있는 그대로의 자연스러움을 표현하는 분재, 일상 속에 자연스럽게 스며드는 분재를 많이 소개하고 싶고, 저 자신도 그런 삶을 바라는 마음입니다.

91 콘텐츠 에디터 오은재
Vol.86 | 2022. 10. — Vol.90 | 2023. 07.

우리는 함께 일하던 동료에서, 이제는 동갑내기 친구로 바깥에서 안부를 나누어요. 만날 때마다 책 한 권씩 품에 넣고 다니며 소개해 주던 모습이 또렷한데요. 은재 씨의 마음을 흔들리게 만든 문장이 있나요? 좋아하는 책 속에서요.

"(…) 그렇게 아름다운 순간은 누구도 잊을 수 없는 법이다. 자신은 잊었다고 생각할지라도 몸 한구석에 영원히

ⓒ 최머레

새겨져서 못난 것을 덜 미워하거나 고운 것을 더 좋아하게 만드는 일을 부지런히 수행하고 있을 것이다." (김소영, 《어떤 어른》 중에서) 질문을 보자마자 이 문장이 떠올랐어요. 지면 곁에서 우정의 마음을 주고받은 친구들과 오랜만에 만나 밀린 이야기를 나눌 때마다 이에 대해 실감하곤 해요. 좋은 이야기를 찾아 서성이던 그때가, 어쩌면 아름다움을 가장 섬세하게 수집하던 시절이 아니었을까 싶어요. 백지 앞에서 머뭇거리던 날들을 비롯해 점심시간을 기다리며 '오늘의 대화 주제'를 고민하고, 귀여운 포스트잇에 쪽지를 적어 서로의 안부를 챙기던 순간들까지. 그 모든 기억이 지금도 제 안에서 조용히 빛나고 있답니다. 우리의 인연이 계속해서 이어지는 것도 그 장면들이 여전히 우리에게 크고 작은 힘이 되어주기 때문일 거라 믿어요. 날이 좀 따스해지면, 이 밑줄로부터 시작된 긴 이야기를 함께 나누게 되길 바라요!

92 작사가 고예림
Vol.81 | 2022. 01. | 〈저, 작사합니다〉

81호 인터뷰에서 좋아하는 것으로 '언어'를 꼽으면서 당시 주워 담은 말들로 "어쩔티비", "오히려 좋다"를 꼽아주었죠. 최근에 주워 담은 말이 있나요?
음, 최근에 주워 담은 말이요… 몇 개 있어요. 모두 다 지극히 사소하고 개인적인 순간에 주워 담은 말인데요. 하나는 드라마 〈폭싹 속았수다〉에서 애순이 어머니 대사인 "매일이 밀려든다."예요. 막고 서 있을래도 막을 수 없는 시간을 거세게 밀려드는 파도에 비유한 것이 무척이나 인상 깊었어요. 그리고 또 하나는 '배타인지'라는 일종의 밈 표현이에요. 이 말의 정의는 '내가 지금 배가 부른지 안 부른지 정확히 파악하는 능력'이라고 해요. 위트 넘치는 유튜버 문상훈 님이 제시한 2025 신조어라고요. 그 외에도 재치 있고 공감할 수밖에 없는 기막힌 신조어가 많으니 찾아보시길 추천해요.

93 편집자 기인선
Vol.42 | 2017. 01. — Vol.100 | 2025. 04.

우리의 단어와 문장을 가다듬어주는 든든한 조력자이자, 《AROUND》 매거진을 채울 원고의 첫 번째 독자이시죠. '처음'이라는 말에는 괜스레 다른 것보다 많은 애정과 특별함이 깃들어요. 지금까지 기억에 남는 처음의 순간이 있다면요?
1분 간격으로 두 아이를 만난 순간이 내 인생의 가장 잊지 못할 '처음'이란 건 확실해요. 그 아이들을 데리고 어쩔 줄 몰라 하며 매일매일이 '처음'이던 어느 날, 어라운드 연락을 받았어요. 매달 《AROUND》 작업을 함께 하자는 이야기였죠. 그 얘길 들으며 정말 하고 싶은데 너무

난감했어요. 며칠 뒤 이사 날짜랑 일정이 딱 겹쳤거든요. 망설이다가 이사 이야기를 하며 다음 달부터 할 수 있을지 물었을 때, 그렇게 하자고 하신 에디터님과의 순간도 정말 잊을 수 없는 '처음'이에요. 그렇게 해서 2017년 1월부터 지금까지 《AROUND》의 글을 항상 '처음' 만나고 있답니다.

94 아날로그키퍼 문경연
Vol.90 | 2023.08. | 〈종이 앞에 마주 앉은 마음으로〉
언젠가 이루고 싶은 것들을 적어두는 '언젠가 노트'가 있다고 했잖아요. 여전히 쓰고 있나요? 궁금하지만 혹 내밀한 이야기가 있을까 인터뷰 때는 묻지 못했는데, 그 내용을 조금만 들려주실래요?
여전히 현재 진행형의 노트예요. 지우는 속도보다 쌓이는 속도가 훨씬 빠르죠. 2년 전에 "직접 쓴 기록으로 가득 찬 책을 만들고 싶다."라고 썼는데 실제로 작년에 책을 출간했어요. 이어지는 장에는 "그런 책을 원 없이 만드는 출판사를 만들고 싶다."라고 적었는데요, 이 또한 이루어질 거예요.

95 《wee》 편집장 김현지
Vol.41 | 2016. 12. — Vol.85 | 2022. 10.
어라운드와 마음이 가까운 매거진이 있어요. 바로 부모와 아이가 나다운 모습으로 살아가기를 응원하는 가족 매거진 《wee》인데요. 편집장님께 꼭 묻고 싶은 질문이 있었어요. 혼자보다 함께라서 행복하다고 느낀 순간이 있나요?
'함께'라는 단어에는 자연스럽게 'weedi' 멤버들과의 시간이 생각나요. weedi는 《wee》의 엄마 디지털 에디터 커뮤니티예요. 콘텐츠를 만들기 위해 6주마다 기획 회의를 하고, 매주 아침 6시에는 온라인에서 만나요. 잠이 덜 깬 채 부스스한 모습으로 서로의 근황을 나누고, 지난주에 쓴 글에 대한 피드백을 주고받죠. 이렇게 하루를 활기차게 시작하는 시간이 저에게 큰 행복을 줘요. 아이를 낳고 키우는 일은 생각보다 외로운 일이에요. 때로는 아이가 아닌 나에 대해 이야기하고 싶어질 때가 있죠. 내가 좋아하는 것, 흥미로운 것, 이루고 싶은 것에 대해서요. 우리는 사소한 순간을 글로 기록하며 각자의 갈망과 꿈을 나눠요. 그리고 저마다의 속도로 그 꿈을 향해 나아가고 있어요. 그 과정이 정말 감동적이에요.

96 요가·명상 안내자 최예슬
Vol.75 | 2022. 07. | 〈지금 나는 그렇구나〉
어라운드에서 스물네 개의 절기마다 자신을 돌아보는 에세이 '절기 따라 걷기'를 연재했죠. 마침내 《아주 오래되었으나 새로운 세계로》라는 책으로 펴냈고요.

봄이 한창인 4월, 이맘때 느낄 수 있는 계절의 기쁨에 대해 들려주세요.
빈손으로 산책 나와 느긋한 속도로 걷다가 나무의 몸에 가만히 손을 얹고 고개를 들어요. 사실 이건 어느 여름 이국의 바닷가 마을에서 시작한 건데, 봄을 환대하고, 누리고, 배웅하기에도 제격이더라고요. 새순이 돋고 꽃이 피고, 꽃 진 자리에 푸르름이 풍성하게 채워지다가 열매 맺히는 모습, 열매가 땅으로 돌아오는 모습까지 차근차근 바라보면 위로를 받는 기분이 들어요. 볼 때 진정으로 보기 위해서는 몸이 가벼우면 좋습니다. 가방 없이 가끔은 휴대전화도 없이, 어느 날엔 작은 카메라 하나만 들고 걸으며 바라본 세상은 챙겨야 할 것이 많을 때 보이는 것과 무척 달라요.

97 고스트북스·삽화가 류은지
Vol.73 | 2022. 09. | 〈지지고 볶고 투닥거리는 사이〉
Vol.97 | 2024. 10. | 〈네모난 세계로의 유영〉
인터뷰를 마친 후, 먹구름을 무서워한 고양이의 이야기가 담긴 《The Cat Afraid of Dark Clouds》를 선물로 주셨잖아요. 곁에 두고 마음이 먹구름처럼 흐려질 때마다 열어보고 있어요. 은지 씨의 머리 위에도 먹구름이 떠다니던 날, 들어볼 수 있을까요?
그 책의 초안은 2021년 봄, 코로나가 여전히 유행하던 때 쓰였어요. 우리는 여전히 마스크를 쓰며 일상의 제한 속에 있었죠. 당시 저는 밤마다 가슴이 답답하고 호흡이 불안정한 느낌을 받았어요. 자다가도 거실로 나가 가만히 앉아 숨을 고르곤 했죠. 하루는 비가 거세게 내리고, 교통 체증으로 도로에 갇혀 있었어요. 먹구름이 잔뜩 낀 하늘은 어둡기만 했죠. 이상하게도 파란 하늘이 영영 돌아오지 않을 것만 같았어요. 막연한 불안이 밀려왔고, 마치 먹구름 속에 갇힌 듯한 기분이었어요. 그런 시간을 보내며 저는 불안을 어떻게 다루면 좋을지 자주 생각했어요. 그래서 이 책을 만들게 되었고요. 불안을 다루는 방법은 사람마다 다르고 정해진 답이 있는 것도 아니에요. 하지만 제가 믿는 것은 파란 하늘은 언제나 그 자리에 있다는 것, 그리고 먹구름 뒤에도 늘 파란 하늘이 있었다는 거예요. 그런 생각을 하면 두려움이 밀려와도 좀더 힘을 낼 수 있어요.

98 브랜드 커뮤니케이션 에디터 이혜인
Vol.4 | 2013. 04. — Vol.12 | 2014. 04.
어느 날 문득 마음에 와닿는 이야기들이 있죠. 그건 나와 누군가의 시간이나 얼굴도 알지 못하던 사람들의 시간 속에서 우연히 발견되기도 하고요. 마음속에 오랫동안 머물던 대화를 하나 꼽아줄래요?
홀로 산책하는 길에 자전거를 타고 있는 두 남매와 아빠를 지나치게 됐어요. 그때 아빠가 남매를 돌아보며 "오늘 갈 길이 멀어서 거긴 안 들를 거야."라고 했는데, 이상하게 그게 오래 기억에 남아서 메모장에 적어두었습니다. 가야 할 먼 길이 있다는 게, 슬프면서도 희망적으로 들렸거든요.

99 콘텐츠 에디터 이다은
Vol.71 | 2020. 05. — Vol.98 | 2024. 12.
시각과 청각, 후각, 촉각, 미각. 사람의 오감은 눈을 뜰 때부터 다시 감을 때까지 열심히 일해요. 우리의 일상은 오감이라는 도구에 의해 쓰이고 있고요. 전부 소중하겠지만 다은 씨에게 가장 중요한 감각을 꼽아주세요.
제게 가장 귀한 감각은 시각이지만 중요하게 여기는 건 미각. 방금 크런키 한 조각을 먹었는데요. 단 걸 별로 좋아하지도 않으면서 속으로 맛있다고 말했거든요? 그럼 좋아하는 건 또 얼마나 잘 먹겠어요? 맛있는 음식을 있는 힘껏 음미하는 일은 제 인생에서 뜻대로 이루어지는 몇 안 되는 행복이에요. 그러니 누려야죠. 그러니 중요하고요. 코로나 시기에 며칠간 후각과 미각을 잃었을 적에 착하게 살 테니 제발 냄새와 맛을 돌려달라고 기도했던 기억이 나요. 다시 생각해도 정말 끔찍한 경험이었어요. 너무 무서워….

100 식물세밀화가·원예학연구자 이소영
Vol.90 | 2023. 08. | 〈잠깐 볼 수 있을까요?〉
사람은 닿지 않을 만큼 멀리 있는 것보다, 가까이서 아주 자주 들여다볼 수 있는 행운을 발견할 때 더욱 행복해진다고 생각해요. 소영 씨는 어떤가요? 자주 들여다보고 싶은 행운을 발견한 적 있나요?
제 작업실 근처에는 농협에서 운영하는 로컬푸드 마트가 있어요. 여기에선 사계절 내내 동네 농부들이 재배해 수확한 채소, 과일 같은 걸 판매해요. 농부마다 맡은 매대가 있어서 가끔 이른 아침에 가면 농부가 진열하기도 전에 갓 수확한 상태의 채소를 살 수도 있고, 가격도 저렴해요. 저는 일주일에 한두 번은 꼭 여기에 가서 장을 봐요. 겨울엔 딸기 꽃이 맺힌 딸기 화분을, 봄엔 이천 원짜리 프리지아 꽃다발을, 여름엔 개암나무 열매를 그리고 가을엔 야생 다래를 파는 이곳에 가는 게 너무 즐거워요.

보너스 101 어라운드 고양이 빵이
어라운드의 터줏대감 빵이! 너를 위해 마지막 질문을 준비했으니까 솔직히 말해줘. 지금까지 어라운드에서 함께한 동료들 중 누구를 제일 좋아해?
냐하아아아암…. (별생각 없는 듯 하품한다.)

철은 강인하고 둔탁한 인상을 지닌 재료다. 그렇기 때문에 생활 공간은 안락한
분위기가 우선이라는 이들에게 적절한 가구 소재로 주목받지 못한 시절도
길었다. 그러나 여기, 철제 가구가 얼마나 유연하게 매일에 스며들 수 있는지
소개한 이들이 있다. 경쾌하고 다채로운 색을 무기 삼은, 철제 가구 브랜드
'레어로우rareraw'다. 단단한 재료만큼이나 우직하게 쌓아 올린 11년. 레어로우와
함께하는 공간에서 나는 취향과 개성을 벗 삼아 자유롭게 일하는 사람이 된다.

rareraw
대담하고 유연하게

에디터 차의진
자료 제공 레어로우

가구가 나를 말할 수 있도록

창립자 양윤선 대표에게 철은 친숙한 소재였다. 철물점을
운영한 할아버지, 철제 집기 제작 회사를 꾸려 가는
아버지의 영향으로 누군가는 낯설고 투박하다 말하는
재료를 양 대표는 일상에서 쉽게 접할 수 있었다. 미국에서
디자인을 공부한 뒤 한국에 돌아와 아버지 회사에 합류한
다음, 그는 작은 상상을 품었다. 쓰는 이의 취향을 닮은,
가정용 철제 가구를 만드는 것. 레어로우라는 이름으로
작은 상상을 현실화한 지 10년이 넘는 시간이 흘렀다. 철의
가능성을 탐구하며 대담한 발걸음을 딛는 세월이었다.

> "철은 얇지만 강하고, 가공과 색채 표현이
> 자유로워 다양한 디자인적 시도를 가능하게
> 합니다. 이러한 강점을 활용해 유연하고 실용적인
> 모듈 가구를 만들고, 공간에 따라 자유롭게 변형할
> 수 있도록 제품을 설계하고 있어요. 철의 잠재력을
> 발휘해 개인의 취향과 삶의 방식에 따라 다르게
> 가구를 사용하도록 돕는 것이 목표입니다."

단연 이목을 끄는 것은 다채로운 색깔이다. 시그니처 컬러
레어 그린을 필두로, 샤프란 옐로우, 우드 브라운, 파스텔
블루 등 가구에 일반적으로 쓰이지 않는 선명하고 강렬한
색들을 제품에 입힌다. 사실 철은 색을 표현하는 데 적합한
소재라고. 레어로우는 재료의 강점을 살려 사용자에게
다양한 선택권을 제공해, 나만의 공간을 완성하도록
이끈다. 다채로운 색은 이질적인 느낌을 자아내기보다
나의 개성을 표현하는 단서가 된다.

일하는 사람을 위해

레어로우의 관심은 자신만의 취향과 업을 가지고, 미래로
나아가는 사람에 있다. 그중에서도 삶과 일의 경계가
흐려진 사람들을 위해 탄생한 시리즈가 바로 '레어로우
워크'. 업무 공간이 집처럼 편안하기를, 혹은 집에서도
창의적인 생각이 움트기를 바라며 기획한 시리즈다.
소재 고유의 특성을 살리면서도 쓰임이 좋고, 독창적인
감각이 담긴 물건을 추구하는 브랜드답게 세세한 요소까지
신경 썼다.

> "레어로우 워크는 오피스 가구에서 쉽게 찾아볼
> 수 없는 디테일이 있어요. 섬세한 높이 조절이
> 가능한 책상이나, 수납과 이동이 자유로운
> 화이트보드가 그 예입니다. 책상은 상판과
> 다리 색을 직접 고를 수 있어요. 아름다움과
> 실용성이 완벽히 반영되어 있죠."

이들의 발걸음은 더욱 대담해질 예정이다. 지난 11년간
레어로우의 강점과 가능성을 깨달았고, 철재로 더 많은
일을 도모하고 싶다고. 그렇기 때문에 이들의 시선은
국내를 넘어 해외로도 향해 있다. 모두가 각자만의
취향이 깃든 집에 사는 것은 그들의 또 다른 목표. 통념을
뛰어넘고 가구계에 새로운 문을 연 레어로우기에 더 큰
꿈을 꾸며 나아갈 수 있다.

레어로우 청담 쇼룸
A. 서울 강남구 선릉로 741
O. 화-토요일 11:00-19:00, 일-월요일 휴무

당신의 공간을 상상하세요

'레어로우 하우스'는 다양한 직업의 뮤즈를 선정해, 뮤즈의 라이프스타일과 레어로우 제품이 어우러진 공간을 구현하는 프로젝트다. 가구가 실제 공간에서는 어떤 모습인지를 효과적으로 보여주기 위해 기획했다고. 뮤즈는 각자의 분야에서 자신만의 일로 전문성을 갖추고, 고유한 취향을 지닌 인물들이다. 그간 뮤지션 선우정아, 아트 디렉터 차인철, 수의사 나응식, 스테이폴리오 대표 장인성과 함께했다.

장인성의 '말랑한 오피스'

2024. 03. 30 – 2024. 08. 25

이야기

한 회사에서 11년 동안 브랜드 마케터로 일하던 장인성. 또 다른 시작을 고민하던 무렵, 레어로우와 함께 성수동에 오피스를 열었다. 일명 말랑한 오피스는 '책감옥'과 테라스에서 책을 읽고, '인성상담소'에서 일과 삶에 대한 고민을 나누는 공간이다. 생각이 막히면 '달리는 공간'에서 몸을 움직여본다. 이곳에서는 누구나 용감한 초보자가 된다.

공간

인성상담소는 장인성에게 마케팅과 브랜딩, 삶에 대한 고민을 나누는 자리다. 예약자 중 추첨을 통해 선정된 사람만 일대일 상담에 참여할 수 있었다. 읽고 싶은 책을 반드시 읽기 위해 집에 책감옥을 만든 장인성은 레어로우 하우스에도 같은 공간을 만들었다. 예약자는 정해진 시간 동안 모듈형 철제 선반 '시스템000'으로 꾸며진 방을 나설 수 없고 오로지 책에 몰입했다.

선우정아의 '더 필요한 게 없는 세계'

2023. 03. 18 – 2023. 06. 18

이야기

뮤지션 선우정아는 집에 대해 "더 필요한 게 없는 세계"라고 정의했다. 작업실부터 음악 감상실, 휴식과 영감의 공간까지 성수동 레어로우 하우스에 풀어둔 여섯 방은 그가 보탤 것 없는 충분한 세계다. 손님들은 방 곳곳을 살피며 그의 일상과 삶을 엿볼 수 있다. 프로젝트 중반에는 선우정아가 찾아온 손님들을 환영하며 미니 콘서트를 진행했다.

공간

여섯 방 중 '작업실'엔 철제 시스템 선반에 피아노, 악보, 음악 장비를 가지런히 놓았다. 중앙을 차지한 모션 데스크는 높이 조절이 가능한 레어로우 제품이다. '음악 감상실'은 '포 스태킹 쉘프' 제품을 CD와 LP 수납장으로 활용했다. 방문자는 선우정아가 그린 이상적인 집을 둘러보며 나의 세계에 필요한 공간과 가구를 떠올려 볼 수 있었다.

어디든, 어떤 모습으로든

레어로우는 다양한 브랜드와 협업 프로젝트를 진행한다. 레어로우에서 상시 만날 수 있는 제품으로 수납을 돕거나, 아예 맞춤 가구를 제작해 공간을 꾸미는 방식. 문화 시설부터 사무실까지 공간 특성에 맞는 솔루션을 제공한다.

1. 의정부 미술 도서관

국내 최초 미술 전문 도서관의 전 층 가구 디자인과 제작에 참여했다. 서가에 불투명한 소재 '아스텔'을 사용해 책이 은은하게 비치도록 연출한 점이 주목할 만하다. 철제 가구의 부드러운 인상을 새롭게 마주할 수 있는 공간이다.

A. 경기도 의정부시 민락로 248

1.

2. 그래픽 바이 대신

만화책부터 그래픽 노블, 아트북을 열람할 수 있는 문화
공간이다. 대표 제품인 모듈형 철제 선반 시스템000을
간이 테이블, 서가, 소지품 선반 등으로 다채롭게
변형했다. 철제 가구가 목적과 공간 특성에 맞게 얼마든지
활용 가능하다는 점을 살펴볼 수 있다.

A. 서울 송파구 위례순환로 387, 대신위례센터

3. 카카오벤처스 오피스

카카오벤처스의 업무 공간. 공간을 효율적으로 사용하기
위해 삼각형 데스크를 새롭게 개발했다. 협업이 필요할
때는 책상을 서로 붙일 수 있도록 설계했다고. 부서 간
공간은 스탠드형 시스템000으로 분리해 개방감을 주고
수납까지 해결하는 등 일하는 사람을 세심하게 고려한
점이 돋보인다.

A. 경기도 성남시 분당구 백현동 532 카카오아지트 4층

H. Rareraw.com

2.

3.

글 써요,
에세이 같은 거요

오랜만에 《AROUND》 8호를 꺼냈다. 내가 처음으로 원고료를 받고 쓴 글이 실려 있다.
남미를 여행하며 느낀 것에 대해 꾹꾹 눌러썼다. 지금, 다시 그 여행 이야기를 꺼내 본다.

글·사진 정다운

여행자

조금 식상한 문장으로 시작해야겠다. 퇴사하고 여행을 다녀왔다. 오래전 일이지만, 불과 몇 달 전처럼 생생하다. 인생을 바꾸겠다는 식의 비장한 결심으로 회사를 그만둔 건 아니었다. 남미 여행은 오랜 소망이었다. 남미를 여행하자면 최소 6개월은 시간을 내야 할 것 같은데, 나에게 주어진 연차는 고작 1년에 15일 남짓이다. 회사를 그만둘 수밖에. 막상 그만두고 나니 조금 비장한 마음이 생기긴 했지만, 평생을 자유로운 여행자로 살고 싶은 건 아니었다. 여행이 끝나면 살던 곳으로 돌아와 다시 비슷한 직장에 취업하겠다는 생각이었다. 재취업이 어려울 거라며 말리는 사람들도 있었지만, 그건 그때의 내가 알아서 하겠지.

여행 준비를 제대로 했는지, 잊은 건 없는지, 크고 작은 걱정이 많을 때 지인의 소개로 조병준 시인을 만났다. 여행 선배인 조병준 시인에게 조언을 구했더니 체력을 기르고 맛있는 걸 많이 먹어두라고 했다. 준비해야 할 건 그것뿐이라고. 마음이 한결 편해졌다. 그리고 지나가듯 장기 여행이 잘 안 맞는 사람도 있다는 이야기를 하셨다. 여행은 그저 좋기만 한 것이라고 막연하게 생각하던 내게 그 말이 무척 강렬하게 다가왔다. 회사까지 그만두고 가는 여행인데, 여행이 적성에 안 맞으면 어쩌지? 배낭을 메고 집 앞 정류장에서 공항 가는 버스를 기다리며 조금 후회도 했던 것 같다. 설렘과 걱정 그리고 후회. 온갖 감정이 뒤섞인 채 버스에 올랐다. 경유지 뉴욕에선 그 후회가 조금 더 커졌다. 이 무거운 가방을 어깨에 메고 앞으로 6개월을 더, 잔뜩 긴장한 상태로 걸어야 한다는 거지. 아늑하고 안전한 나의 집에 가고 싶었다. 남은 6개월의 여정을 떠올리면 막막했다. 어서 6개월이 지나고, 무사히 여행을 마무리한 상태가 되었으면 좋겠단 생각을 했다.

과테말라에서 시작한 여행은 멕시코, 쿠바, 콜롬비아… 중미를 거쳐 석 달 정도 지났을 때 남미 페루에 도착했다. 페루에서 여행을 시작하는 한국인이 많았는데, 그들은 완연한 여행자의 행색인 나에게 이것저것 질문을 했다. 그때마다 나는 마치 숙련된 여행가가 된 듯 이런저런 정보를 알려주었다. 벌써 여정이 반이나 지났다니. 그 시기 즈음엔 생각했다. 집에 가고 싶지 않다고. 이 배낭 하나에 든 짐과 함께 영원히 길 위에서도 살 수 있을 것 같다고. 해보기 전엔 몰랐는데, 여행이 체질인 것 같다. 다행이다. 길 위에서 여행이 영 맞지 않는 여행자를 만나기도 했다. 당시엔 조금 놀랐지만, 지금 생각해 보면 자신도 남도 속이지 않는 솔직함이 무척 멋있는 사람이었다. 이후 볼리비아, 칠레를 거쳐 마지막 여행지 아르헨티나에

도착했다. 이제 여행이 정말 얼마 남지 않았다. 처음엔 끝나지 않을 것처럼 길게 느껴지던 여정이 순식간에 지나갔다. 여행을 시작하던 나에게 말해주고 싶다. 여행에 대한 걱정과 불안은 내려두라고. 대신 다른 걱정이 고개를 든다. 집으로 돌아가면 나는 과연 재취업을 할 수 있을까. 어디서 살게 될까. 뭐 하고 살 수 있을까. 회사를 그만둘 때의 패기가 사라졌다.

회사원

고민이 조금씩 싹을 틔우고 마음속에 뿌리를 내리고 있을 때 즈음 남미 대륙 남쪽 지역, 아르헨티나 엘 칼라파테에 도착했다. 한국은 여름인데, 그곳은 한겨울이었다. 거리에 눈이 잔뜩 쌓여 있어서 발이 푹푹 빠졌다. 미리 검색해 둔 숙소인 후지민박에 도착했다. 문을 두드려도 아무도 나오지 않아서 앞에서 조금 기다렸던 기억이다. 여행하다 보면 자주 있는 일이라 당황하지 않았다. 시간이 조금 흐르고 어느 동양인이 다가오더니 문을 열어주었다. 숙소에 손님은 우리 일행뿐이었다. 바깥의 추위와는 다르게 집 안은 라디에이터 열기로 따뜻했다. 눈이 많이 오는 계절은 이곳에선 비수기다. 주인은 비수기를 틈타 고국에 다니러 갔다 했고, 문을 열어준 동양인은 겨울 동안 숙소를 지키는 일본인 매니저였다.

체크인 노트에 이름과 국적, 바로 전에 갔던 도시, 직업을 적으라고 한다. 이름을 적고, 그 옆에 국적을 적고, 이제 직업을 적어야 하는데, 머릿속이 하얘졌다. 뭐라고 적어야 할지 모르겠다. 한국에서 요리를 하던 친구는 '요리사'라고 적었고, 소설가 친구는 '작가'라고 적었다. 회계사 시험에 합격하고 마이너스 통장으로 여행을 나온 친구는 '회계사'라고 적었다. 우리는 모두, 일을 잠시 멈추고 여행 중인 여행자였지만, 나만 직업이 없다. 직장을 그만두니 직책을 잃었고, 직업을 잃었다. 더 이상 회사원도 과장도 아니다. 그래서 빈칸에 뭐라고 적었지? 잘 기억이 나지 않는다. 다만 그때의 결심은 지금도 여전히 생생하다. 이 여행이 끝나고 한국으로 돌아가면 나도 꼭 직업을

가지겠노라고. 지금 요리를 하지 않아도 요리사이고, 며칠
글을 쓰지 않아도 작가인 친구들처럼, 나를 증명할 직업을
갖고 싶다고.

여행에서 돌아온 지 얼마 되지 않았을 때, 여전히 직업도
직장도 없을 때, 어라운드의 청탁을 받아 여행에 대한
글을 한 편 썼다. 그리고 처음 원고료를 받았다. 차근차근
시간이 흘렀고 차곡차곡 문장이 쌓였다. 이제는 제법 글로
밥벌이도 한다. 누군가 "직업이 뭐예요?"라고 물으면
이제는 "아, 글을 써요."라고 대답한다. 어떤 글을 쓰냐고
질문하면 "에세이 같은 거…."라며 말끝을 흐린다.
에세이뿐 아니라 뭐든 쓴다. 책도 출간하고, 이렇게
매체에 글도 연재하지만, 사실은 내 이름이 드러나지 않는
글을 제일 많이 쓴다. 굳이 말하자면 나의 현재 직업은
작가겠지만, 글을 쓴다고 다 작가인가? 실은 갈수록
더 모르겠다. 아무튼 직업이 생겼다. 후지민박에서 간절히
바라던 소망이 이루어진 건가.

작가라는 호칭이 조금 익숙해지고 나자, 또 다른 고민이
생겼다. 욕심은 끝이 없지. 나는 죽을 때도 작가일
수 있을까. '[부고] 정다운 작가 본인상'이라는 부고 기사가
날 수 있을까. 그러길 바란다. 가능한 한 오래 쓰고 싶고,
더 많은 것에 대해 나만의 시선으로 쓸 수 있는 사람이길
바란다. 바랐다. 어떤 글은 쓰면서 과거형이 되기도 한다.
작가로 죽고 싶단 이야기를 쓰고자 시작한 글인데, 쓰다
보니 그러지 않아도 괜찮다는 생각이 든다. 여전히 글을
써서 돈을 많이 벌었으면 좋겠고, 내 글을 더 많은 사람들이
읽기를 바라지만, 그게 솔직한 마음이지만, 사실은 그러지
않아도 괜찮을 것 같은 마음이 절반의 절반 정도는 된다.
지금 글을 쓰는 이 순간이 좋다. 하루 중, 일주일 중, 한 달
중 가장 즐거운 시간이다. 그거면 충분하지 않은가.

예전의 나라면, 회사원이던 내가 회사를 그만두고 여행을
다녀온 후 작가가 되고 직업을 갖게 된 이야기로 마무리
지었을 이 글의 결말을 다시 쓴다. 이제는 회사원이 당연히
직업이라고 생각한다. 다시 후지민박에 간다면, 나는
직업란에 거침없이 '없음'이라고 적겠다. 그 어떤 열등감도
없이. 언젠가 나 자신을 작가라고 부르기 더 어려워지는
날이 오더라도, 내가 하는 일을 하나의 직업으로 규정짓지
못해도, 어떤 종류의 일이든, 노동은 그 자체로 의미가
있다는 걸 안다. 그 노동이 비록 돈으로 계산이 되지 않고,
사람들 눈에 잘 보이지 않아도 내가 나를 먹일 수 있게
만드는 일을 하고 있다면 그게 직업이지. 아무렴.

지금

쓰고 보니 걱정하느라 충분히 즐기지 못한 날들에 대한
이야기이기도 한 것 같다. 하지만 지나고 보니 가장
빛나던 순간이기도 했다. 장기 여행을 막 시작하던 나에게
"너는 여행을 좋아하게 될 거고, 무사히 여정이 마무리될
거야."라고 말해주고 싶은 것처럼, 자존감이 바닥이던
후지민박에서의 나에게 "머지않아 너에게 직업이 생길
거야. 글을 써서 돈을 벌고, 건강보험료도 제법 내게
될 거야."라며 어깨를 두드려 주고 싶은 것처럼, 미래의
내가 지금 나에게 해주고 싶은 말은 무엇일까. 아마도 지금
쓰고 있는 글에 집중하라는 이야기이지 않을까. 미래를
걱정하는 대신에 현재에 집중하라고. 미래의 내가 알아서
할 테니 성큼성큼 걸어가라고.

잠만자와 불탄 집 그러나
우리는 아직 젊음

**모든 일엔 끝이 있다. 그 끝을 생각하며 슬퍼할지, 그러거나 말거나 청하를 마실지,
선택은 자유다.**

글·사진 **김건태**

지난밤 잠만자(별명) 씨에게서 전화가 걸려왔지만 받지 않았다. 퇴근
후에 저녁을 먹고 샤워를 하고 잠옷을 입고 레티놀 크림까지 바른 후엔
아무것도 상대하기 싫어지기 때문이다. 몇 번의 부재중 알림 끝에
메시지가 도착했다. "왜 전화 안 받아? 차단했어? 내일 머해? 약속 있어?
나 만나. 내가 갈게." 잠만자 씨는 막무가내였다. 이런 식의 구애는
곤란한데, 하고 생각하다가 무척이나 간절해 보였으므로 우리는 다음 날
회전초밥집에서 만나기로 했다.
회전초밥집에서 만난 잠만자 씨는 평소와 달리 점잖은 모습이었다. 평소
날것을 좋아한다는 걸 알고는 있었지만, 유난히 차분한 얼굴을 보니 요즘
많이 힘든가 싶었다. 우리는 회전 레일에 면한 부스에 앉아 청하를 시켰다.
잠만자 씨는 레일의 역방향으로 앉는 바람에 어떤 초밥이 오는지 보이지
않는다고 중얼거렸다. 아무래도 자리를 바꿔 달라는 의미 같았지만, 나는
모른 척 장국을 들이켰다. 잠만자 씨는 한숨을 쉬며 간장에 와사비를
섞었다. 검은색이 녹색이 될 정도로 섞었다. "그렇게 먹다가 곧 죽겠어."
잠만자 씨는 고개를 저으며 대답했다. "불이 났어.", "응?", "집에 불이
났다고. 칫솔도, 구두도, 브라자도 다 타서 없어졌다고." 잠만자 씨는 잔에
든 청하를 원샷 하고는 자신이 촬영한 불탄 집을 보여줬다.

사연인즉, 일을 하던 중에 집에 불이 났으니 당장 오라는 경찰의 전화를 받았다고 했다. 경찰과 소방관, 국과수가 다녀간 그의 집(이었던 공간)에는 억지로 뜯어낸 현관문만 덩그러니 놓여 있었다고 했다. 충전해 둔 근막 마사지기가 누전되어 불타올랐고, 창문을 닫아놓은 바람에 집과 건물 복도 가득 연기가 찼고, 건물의 모든 사람이 대피하는 소동이 벌어졌다는 거였다. 청소 업체를 불렀지만, 전소 판정을 받아 도무지 손을 쓸 수 없다고 덧붙였다. 담담하던 잠만자 씨가 몇 번이나 울컥하기에 "괜찮아?" 하고 물었더니, "와사비가 매워서 그래." 하고 대답했다. 그나저나 전소된 사람이 내 주변에 있다니, 나는 놀랍고 신기한 마음이었다. 누구도 다치지 않아 다행이라고 위로했지만, 그걸로는 충분하지 않은 모양이었다. "다 그만둘까 싶어. 지쳤어. 정말 지쳤어." 나는 습기 찬 그의 목소리가 단지 와사비 때문만은 아니라는 사실을 깨닫고는 가만히 입을 닫았다.

잠이 많은 잠만자 씨는 삼십 대 초반의 헤어 디자이너다. 헤어 디자이너는 끈기 없던 그가 유일하게 오래 일하는 직업이었는데, 의외로 승승장구하는 바람에 불과 몇 년 만에 한 매장의 오너가 됐다. 자기가 짱인 줄 아는 타입이랄까. 바로 그런 기세가 잠만자 씨를 빠른 기간에 높은 위치까지 올려놓은 것이었다. 보통의 경우 중간자 급의 실무자를 할 만한 연차에 대표가 되었으니 축하할 만한 일이었지만, 나는 걱정이 앞섰다. 기술자로서 일을 잘하는 것과 조직을 잘 관리하는 것은 다른 방향의 일이니 말이다. 아니나 다를까 위가 약한 잠만자 씨는 거의 매일 위장약을 달고 살았고, 스트레스로 살과 근육이 쭉쭉 빠져갔다. 하루하루 건강과 멘탈을 잃던 그에게 이번 화재 사고가 일종의 트리거가 된 셈이었다. 하소연하던 그는 드디어 엉엉 울기 시작했다. "먹으면서 울어." 나는 그의 입에 참치 뱃살 초밥을 넣어주었고, 그는 맛있다며 조금 씹다가 또 울기를 반복했다.

시간이 지나고, 가슴에 찬 울음 풍선의 바람이 빠지자 잠만자 씨는 말했다. "허무해. 힘들게 쌓아놓은 것들이 당장에 끝날까 봐 무서워. 오빠 안 그래?" 나는 가만히 레일 너머 초밥 요리사를 지켜봤다. 새하얀 요리사 옷을 입은 그는 리드미컬한 움직임으로 밥알을 쥐고 와사비와 생선을 올린 다음 부드럽게 모양을 잡아 접시에 얹었다. 참 쉽고 단순한 동작처럼 보였다. 그러나 그 쉬운 동작을 완성하기 위해 얼마나 많은 고초를 겪었을까? 그는 어쩌면 일본의 어느 시골 마을, 괴팍하고 머리가 만질만질한 초밥 장인에게 "빠가야로!" 같은 모진 욕을 들어가며 기술을 전수받은 사람일지도 몰랐다. 그리고 지금의 자리에 오른 거겠지. 하지만 그에게도 끝이 있을 것이다. 피겨퀸 김연아에게도, 50년 전통 해장국집 할머니에게도, 그리고 나에게도, 끝은 누구에게나 공평하게 온다. 그래서 나는 겨우 이렇게 대답할 뿐이다. "글쎄, 나는 귀신의 집이 더 무서워." 커리어가 끝나는 일보다 귀신의 집이 더 무섭다고 말하기까지, 나에겐 기억나는 사람이 두 명 있었다. 한 명은 배낭여행에서 만난 독일 사람이었다. 어느 저녁, 여러 국적의 사람들이 테이블에 모여 맥주를 먹으며 자기소개를 했다. 독일에서 온 카센터 직원이라고 자신을 소개한 남자는 스스로 안식년을 주는 중이라고 했다. 한국인 청년 하나가 당신은

얼마나 일했기에 안식년을 갖느냐고 묻자 그는 손가락 세 개를 펴 보였다.
"3년 동안 열심히 일했으니 안식년을 주는 거야." 돌아가면 다시 취직할
수 있느냐고 재차 묻자 그는 대답했다. "일은 다시 구하면 돼. 그게
무엇이든." 이번엔 미국인 할아버지가 모든 독일인이 당신과 같은지 묻자
그는 고개를 저었다. "내가 모든 독일인을 대표하진 않지만, 적어도 많은
독일인이 일보다 일 바깥의 삶이 더 소중하다는 것 정도는 알아."
또 한 명의 사람은 딸기맨(별명) 씨로, 사진가였다가 경영자였다가
딸기 농부가 된 사람이었다. 그는 황희 정승 시대의 소처럼 일했다.
일터에서 죽는 걸 삶의 유일한 목표로 여기는 사람 같았다. 카테고리가
다른 직종으로의 전직은, 전의 기술들이 더는 쓸모없어진다는 의미이기도
했다. 수십 년의 경력을 뒤로하고 새로운 일을 한다는 게 두렵지 않았냐는
물음에 그는 말했다. "먹고살려면 뭐든 하게 된다."
독일맨 씨와 딸기맨 씨, 각자 일을 대하는 생각은 달랐지만 한 가지
공통점이 있었다. 모든 일에 끝이 있음을 안다는 것. 그리고 자신에게
어떤 일이 벌어지더라도 삶에서 지켜야 할 더 중요한 것이 있다는 것.
나는 올해로 12년 차 에디터다. 다른 직업이라면 아직 멀었다고,
더 성장해야 한다고 다그칠 수 있겠지만, 아무래도 매거진 바닥에선
나이가 들수록 신선함이 떨어지는 것만 같다. 유통기한이 임박한 먹거리
같달까. 마트 진열장 앞쪽에 진열되어 있지만, 소비자는 결국 진열장
안쪽에 숨긴 최신 제품을 고른다. 아, 정말이지 자본주의는 구제불능이다.
나 역시 에디터 이후를 생각하지만, 그다음에 무슨 일이 벌어질지는
도무지 모르겠다. 한 시인의 말처럼 "인생은 이상하게" 흐르는 법이므로,
아무것도 약속하지 않는 삶이 더 낫지 않을까, 생각하게 된다.

내 이야기를 한참 듣던 잠만자 씨는 왠지 안심한 듯한 표정을 지었다.
흐르는 콧물을 닦으며 레일 위의 초밥을 쓸어 담기 시작했다. 잠만자 씨는
참치인 줄 알고 골랐는데 사실은 육회였던 정체불명의 초밥을
내 앞으로 밀면서 말했다. "나만 대책 없이 사는 게 아니었네. 그래도
오빠가 있어서 다행이야." '하향 비교'라고 했던가. 인간은 자기보다
불행한 사람을 보며 위안을 얻는다는데, 아마도 잠만자 씨에겐 내가
더없이 좋은 상대였나 보다. 그러거나 말거나 우린 청하를 마셨다.
세상 끝난 것처럼 우울했다가도 배가 부르면 기분이 좋아버리는 우리는
아직 인생의 절반도 살지 않았다. 그러므로 아직은 더 방황해도 괜찮은
쪽으로 생각할 것. 나는 기꺼이 그가 건넨 육회 초밥을 씹으며 말한다.
"이번 만남이 도움이 됐다면 초밥값은 너가 내는 걸로."

글쓰기의 법칙

글 배순탁─음악평론가·〈배철수의 음악캠프〉작가

01. '소리'
── 윤상

02.
'Tiny Dancer'
── Elton John

03. 'Robbed'
── Rachel Chinouriri

내 직업은 음악평론가다. 방송작가이기도 하다.

주말 제외 매일 MBC에 출근해 그날 방송될 음악을 선곡한다. 틈날 때마다, 특히 주말을 이용해 그 밖의 일을 하나둘 처리한다. 칼럼을 쓰거나 번역을 하거나 책 작업하는 경우가 대부분이다. 요즘 내 삶의 만족도가 굉장히 높다. 너무 높아서 이러다 대형 악재가 덮치는 게 아닐까 불안할 정도다. 술을 줄이고 운동을 더욱 꾸준히 한 결과다. 덕분에 일도 잘된다. 글에서 수차례 강조했듯이 육체가 정신을 다스린다. 정신이 육체를 지배하는 건 최민수 형이나 가능할 경지다. 명심하고 명심하자.

글쓰기에 대해 말하고 싶다. 어쨌든 내 직업의 본령인 까닭이다. 모두가 글을 잘 쓰고 싶어 한다. 《AROUND》 독자라면 더욱 그럴 것이다. 핵심만 요약하면 이렇다. 여기, 두 명이 있다. 한 명은 이 세상에서 책을 가장 많이 읽었다. 대략 100만 권쯤 읽었다고 치자. 그러나 글을 써본 적은 드물다. 다른 한 명은 전 세계 평균에서 조금 더 읽은 정도다. 대신 글쓰기를 습관화했다. 분명하게 말할 수 있다. 후자 쪽이 가까운 미래에 글을 잘 쓸 확률이 압도적으로 높다. 습관을 이길 수 있는 건 이 세상에 거의 없다. 은은하면서도 완강하게 배어 있는 습관이야말로 당신의 미래를 열어주는 최후의 문지기다.

기술적인 부분을 설명할 차례다. 내가 지키려 애쓰는 몇 가지 원칙이 있다. 먼저, 단문을 쓰려고 애써봐야 한다. 보편 법칙은 아니지만 아마추어의 글은 대개 길고, 프로의 글은 소수의 예외를 제외하면 짧다. 이유는 하나 더 있다. 단문을 칠 줄 알면 장문도 칠 수 있다. 그 반대는 성립하지 않는다. 단문이 꼭 정답인 것은 아니다. 그러나 단문과 장문, 이렇게 선택지를 두 배로 늘려줄 수 있다. 적시하면 단문 2, 3개에 장문 1개가 내 이상적인 글쓰기다. 느낌표와 말줄임표를 남발해서도 안 된다. 전형적인 아마추어 글쓰기다. 이삭 바벨Isaac Babel의 다음 말을 되새기자. "어떤 강철못도 적당한 자리에 찍힌 마침표만큼 차갑게 인간의 심장을 꿰뚫을 수 없다."

다음은 어미다. 이게 정말 중요하다. 어미의 경우 겹치는 문장이 2개를 넘어가면 안 된다. 그러면 글을 읽는 맛, 김훈식으로 말해 글의 전압이 뚝 하고 떨어져버린다. 물론 예외가 없지 않다. 어떤 주제를 강조하고 싶을 때다. 이때는 연속적 단문과 동일한 어미로 쭉쭉 치고 나가도 괜찮다. 단 단문 3개, 많아야 4개가 한계다. 어미를 문장마다 바꾼다는 건 주어를 자유롭게 다룰 수 있다는 뜻이다. 선택지가 폭발적으로 증가한다. 이 글을 쓰면서도 어미를 다르게 쓰려고 노력했다. 체크해 보기 바란다.

이제 가장 중요한 진실을 여러분과 나누고 싶다. 글을 쓴다는 행위가 뭐 그렇게 대단한 게 아니라는 점이다. 글 속에 '진짜 그 사람'이 있을 거라는 건 완전 착각이다. 허상이다. 환상이다. 글은 자신을 보다 근사하게 전시하기에 참 좋은 도구다. 그렇다. 영화는 영화고 인생은 인생이다. 글은 글이고 사람은 사람이다. 직업은 직업이고 인간은 인간이다. 언제나 되새기려고 한다. 내 직업에 과한 의미를 부여하지 않으려고 한다. 그저 최대한 공들여 쓰고, 철저하게 마감 지키면 그뿐이다. 프로페셔널한 자세만 당신에게 있다면 그것으로 충분하다. 하긴, 이 세상 어떤 직업이 안 그렇겠나.

'소리'
윤상

한국어로 글 쓰는 사람 중 내 마음속 넘버원은 문학평론가
신형철이다. 그는 윤상 광팬으로 유명하다. 나도 윤상을
사랑한다. 신형철의 책《인생의 역사》를 보면 그가 쓴
윤상에 대한 글을 만날 수 있다. 그가 선택한 윤상 최고
앨범은 [Insensible]이다. 나는 [이사(移徙)]를 꼽지 않을 수
없다. 바로 이 곡, '소리'의 존재 때문이다.

'Tiny Dancer'
Elton John

고등학교 시절부터 음악으로 글 써야겠다고 결심했다.
1990년대 초반이었고, 자료를 구하기란 하늘의 별
따기였다. 어렵게 손에 넣은 해외 음악 잡지를 붙들고서는
사전을 뒤져가며 이해하려 애썼다. 본고장인 영국과
미국의 음악평론가는 나에게 영웅이었다. 캐머런
크로Cameron Crowe라는 음악비평가가 있다. 1970년대
《롤링 스톤》에서 글 잘 쓰는 걸로 유명했다. 나중에는
영화감독으로 더 유명해져서 근사한 사운드트랙을 여럿
쏟아냈다. 그중 하나가 바로 자전적인 이야기를 담은
〈올모스트 페이머스〉(2000)다. 이 영화를 봤다면 이 곡
'Tiny Dancer'를 잊을 수는 없다.

[이사(移徙)] (2002)

'Robbed'
Rachel Chinouriri

그런 음악이 있다. 지금까지 내가 쓴 글, 내가 한 얘기,
다 무시해도 좋다. 하지만 제발 이 음악만큼은 시간 내서
감상하라고 애걸하고 싶은 그런 음악. 바로 이 곡이다. 요즘
이 곡에 빠져서 휘청대고 있다. 듣자마자 이건 어떤 식으로든
글로 옮겨야겠다는 결심이 섰다. 첫 글을 여기에 쓴다.

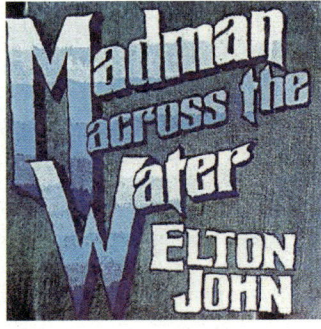

[Madman Across the Water] (1971)

[What A Devastating Turn of Events] (2024)

Rectangle
내 이름은 직사각형

액자를 만들며 보낸 6년을 시시콜콜한 한 장의 일기로.

글·사진 전진우

가볍게 시작

주변에 액자가 필요한 사람들을 만나 이러쿵저러쿵 제작 노트를 적어
온 것이 이제 아홉 권이 되었다. 무인양품에서 아무 생각 없이 샀던 줄이
없는 스프링 노트. 살면서 꾸준히 일기나 업무 일지를 쓴 적이 없었는데,
역시 밥벌이는 아무래도 긴장이 된 모양이다. 위로와 격려, 작은 칭찬을
보낸다. (잘 받았습니다.)
7, 8년 전쯤 가구 회사에 다니던 나는 주변 예술가 친구들의 부탁으로
처음 나무 액자를 만들기 시작했다. "고급 나무로 고급 액자를 만들어
주세요."라고 말하면서 다들 돈이 별로 없다던, 그야말로 재미가 있던
시절이었다. 할 일 없는 주말마다 회사에 나간 나는 길게 잘려 쓸모가
없어진 나무 자투리들을 가공해 상상 속 액자를 만들어 냈다. 마치 방금
전까지는 어디에도 없었을 것 같은 심플한 모양의 액자틀. 그걸 손에
쥐었을 때의 기분이란 꽤나 근사했다. 그런데 기쁨은 잠시였다. 그림을
어떻게 고정할 것이며 유리와 배경지는 어디서 구하나. 또 와이어라든지
돔보라든지 액자 뒤편의 철물도 쓸 만한 걸 찾아야 했다. 그런 문제들을
쏙 피하는 대신 나름의 사명으로 받아들이면서 액자 제작소는 시작되었다.
포시즌스 프레임, 멜팅 프레임, 걸구네 액자 등등 친구들이 추천해 준
이름들을 뒤로하고 나는 '렉탠글rectangle'이라는 이름을 지었다.
직사각형이라는 뜻의 짧은 단어 안에는 무한에 가까운 형태가 기다리고
있었다. 가끔 둥근 액자는 못 만드냐는 문의가 있지만, 그다지 스트레스를
받고 있진 않다. 2019년에 정식으로 사업자를 낸 뒤로 유리도 직접
자를 줄 알게 되었고 작은 철물을 만 개 단위로 구비해 두고 있기에 이제
작업실에 들어가면 꽤나 든든한 기분이 든다. 물론 아직 배울 것도 갖출
것도 참 많지만 말이다. 그 무렵 나는 서른다섯쯤이었다. 6년이 훌쩍
지나가 버렸다. 이제 막 액자를 발견한, 그 기분이 아직도 여전한데
말이다.

액자 제작의 균형

그간 일하면서 특별히 알게 된 것들이 있을까. 한번 생각해 보았다.
액자라는 물건과의 인연에 관해서 말이다. 가장 먼저 떠오른 단어는
의외로 마케팅이다. 내가 전혀 신경 쓰지 못했는데 액자라는 물건을
고르면서 여태까지 저절로 진행되고 있는 것.
가구 회사에 다닐 때 실장님들을 따라 종종 배송에 따라가곤 했다. 며칠간
열심히 만든 가구를 실어다 주고 나면 뿌듯함과 함께 괜한 아쉬움이
있었는데 그 이유는 이제는 다시 볼 일이 없다는 사실 때문이었다. 남의 집
안으로 들어간 가구였으니 보통은 그렇게 인연이 끝난다. 액자의 경우라면
다르다. 물건 자체가 드러나기 위한 운명이어서 나는 내가 만든 액자를
심심찮게 다시 만나곤 한다. 전시장에서 잠깐씩 보는 것은 물론 인터넷을
통해서도 지금의 위치를 알게 될 때가 있다. 특히 여러 지역에서 초대전을
치르는 작가들은 전국 각지에서 같은 액자로 전시를 열기도 하고 말이다.
서울의 카페나 편집숍 같은 곳에서는 오래전 제작한 액자를 직접 만져볼
때도 있다. (이때 주의해 달라고 경고를 받는 건 제작자인 나도 마찬가지다.) '누구누구
전시에서 보고 찾아왔어요.', '좋아하는 가게에서 물어보고 찾아왔어요.'

그런 이야기를 듣고 있으면 일 잘하는 마케터의 숨은 도움을 받고 있는
것만 같다. 그렇게 물건의 속성에 힘입어 나는 별다른 홍보 없이 이제껏
액자 장사를 이어오고 있다. 예상하지 못한 고마운 일이다. 그러나저러나
인생은 새옹지마. 또 그만큼의 불행이 올 것이다. 나는 그저 작은 작업실에
앉아 꼼꼼하게 제작을 해나간다.

마케팅과 함께 또 하나 떠오르는 단어가 있다면, 아이러니하게도 '숨기'다.
처음부터 그런 생각이 있었던 건 아니지만, 액자의 역할은 한편으로
'잘 숨기'가 아닐까. 액자 안에 들어가는 그 '무엇'이 잘 보이도록 도와야
하니까 말이다. 신부보다 화려한 하객은 불청객과 같다.

지금은 직업전선에서 물러난 아빠와 함께 액자 제작에 관해 시시콜콜
이야기를 나눌 때가 있는데, 아빠는 내 액자들을 보면서 늘 혀를 끌끌
찬다. 이건 누구나 만들 수 있는 액자라며 거침없이 지적하고, 용이라든지
꽃이라든지 조각을 더해야 하지 않겠냐는 식이다. 치열한 경쟁 사회와
거기서 생존한 사람의 열기가 아빠의 대사에 모두 담겨 있다. 나는 일단
알겠다고 대답한다. 숨기에 관해서는 자세히 말하지 않는다. 아빠의
열기는 참 멋진 것, 혼자 결정해야 하는 것이 늘 있을 뿐이다. 드러나는
액자와 숨는 액자 사이에서 나는 앞으로도 균형을 찾아가야 한다.
'적어도 방해는 말아야지.' 하는 정도면 좋지 않을까?

오래 할 수 있다면

2019년부터 1, 2년 정도는 의뢰자의 이름으로 폴더를 만들어 제작
노트와 완성된 액자 사진들을 외장하드에 저장해 두었다. 언젠가부터
바빠지면서 이어가진 못했지만. 몇 년간 꽤 많은 액자를 만들었다.
액자 제작자로 사는 것이 이제 익숙하면서 또 한편으로는 늘 제자리걸음을
하는 것 같은 기분이다. 그 이유 중 하나는 내가 제대로 배운 적 없기
때문인 것 같다. 가구를 만들던 방식을 응용해 어떻게든 액자틀은
만들었지만 그 외에 액자를 구성하는 수많은 기술에 관해서는 여태 땅을
기어가듯 배웠다. 유리 가게와 표구사를 드나들며 물어보고 유튜브를
검색해 보면서 말이다. '오래 하고 싶다.'는 생각이 들 때마다 나는
그럼 더 배워야 한다고 결론 내린다. 아빠 말대로 카빙을 곁들이거나,
옻칠을 배운다거나 작품 복원, 배첩 같은 전통 기술을 배워 완성도를
높일 수도 있을 것이다. 또 액자에 쓰이는 철물을 직접 제작해 볼 수도
있고 말이다. 그런 내용들이 아홉 권의 노트 곳곳에 기도처럼 적혀 있다.
섣부른 이야기지만, 내가 배우지 못한 걸 배우고 나면 작은 학교 같은 걸
만들어 볼 수도 있지 않을까? 멀리서 소식만 훔쳐보고 있는 오랜 경력의
액자 제작자들과 목수들 그리고 유리 가게 아저씨와 인화 작업실을 가진
친구들을 작은 학교의 선생님으로 초대해 볼 수도 있을 것이다.
한편 이런 설레는 계획 반대편에는 주말의 낮잠처럼 나른한 생각도 있다.
'동네에 있는 작은 액자 가게 아저씨로 나이 들어 갈 수도 있지.' 간혹
부담스러운 프로젝트를 맡았을 때나 서울에서의 생존에 마음이 쫓길 때
나는 이런 생각을 하곤 한다. 열 평 남짓의 작은 가게를 운영하며 소박하게
사는 삶. 가족사진이나 영정 사진을 위한 특별 디자인이 있는 가게가
되려나. 매출은 줄겠지만 거기에는 또 귀한 여유와 작은 새로움이 있을
것이다. 이러나저러나 오래 하려면 다치지 않아야겠지. 차분하게 즐겁게.
창문을 열고 먼지를 털고 열 권째 노트를 펼친다.

세상에 없는 마을

순진하면 어때요

글 이주연(산책방) 일러스트 휘리

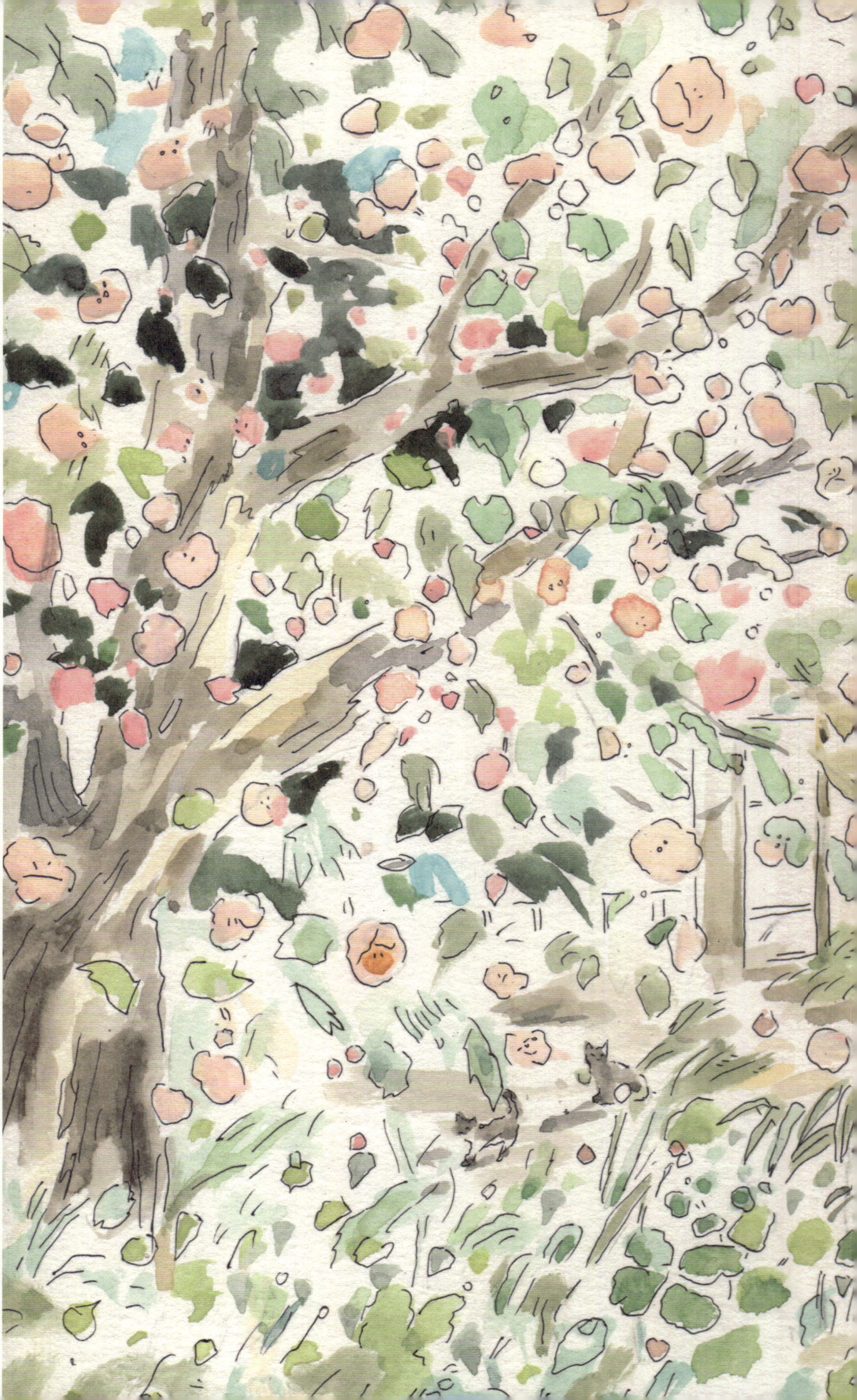

"어머! 파프리카 색깔이 꼭 장난감 같네?"
"엄마, 여기 눈 달린 오이가 있어!"

"치악산 복숭아 당도최고"라는 현수막이 인터넷상에서 한창 떠돈 적이 있다.
판매하려는 것도 아니고 홍보하려는 것도 아니다. 판매라면 으레 있어야 할
금액이나 판매자 연락처가, 홍보라면 으레 있어야 할 생산자 이름이 전혀
보이지 않는다. 큼직하고 굵게 적힌 열 글자, 그게 다다. 아마 우리네 복숭아를
자랑하려다가 본분을 잊은 게 아닐까.
시장에 가면 과일이나 채소 앞에 '치악산 복숭아 당도최고' 같은 손 글씨들이
옹기종기 적혀 있는 걸 볼 수 있다. 비슷하게 생긴 수확물 사이에서 우리네 것이
어떤 점이 멋진지 강조해 보고자 하는 상인들의 요령이다. 목청 높여 "사세요!
맛있어요!" 하는 일도 있지만, 그건 늘 그 자리를 지키는 시장보단 트럭이나
노점상에서 볼 풍경이다. 작물을 에워싼 글자들에서 나는 종종 상인의 성정을
본다. 소름이 오소소 돋을 만큼 가지런한 팻말과 반듯한 글씨, 책이라면 눈을 질끈
감았겠지만 시장이어서 "귀엽다!"는 탄성부터 터져 나오는 얼렁뚱땅 맞춤법,
얼기설기 그려둔 정체 모를 캐릭터, 여기 있어선 안 될 것만 같은 잘 디자인된
이름표까지. 그런 걸 보고 있으면 한 자 한 자 글자를 적어 내려갔을 상인들의
모습이, 그네들의 성격이나 품성이 어렴풋이 보이는 것만 같다.
내게 〈체험 삶의 현장〉 같은 직업 체험의 기회가 주어진다면, 낯선 곳에서
한달살이를 하듯 한 달 정도 다른 일을 맘 편히 해볼 수 있다면, 한 번쯤 동네
마트의 청과물 코너를 맡는 씩씩한 점원이 되고 싶다. 시장은 베테랑의 영역이기에
그 안에서 경쟁할 엄두는 좀처럼 나지 않으니까, 동네에 오래 자리하고 있는

적당한 크기의 마트에서 청과물의 질서를 담당하는 편이 수월할 것 같다. 너무
늦지 않은 나이에, 그렇다고 너무 이르지도 않은 나이에 해볼 수 있다면 좋겠다.
세상 과일의 맛을 웬만큼 알고, 땅에서 나고 자란 채소를 직접 만져본 적 있는
적당한 나이대에. 소싯적 환경 미화 시즌에 교실을 꾸미던 손놀림을 발휘하여 마트
청과물 코너에서 어떻게든 내 나름대로 아름다움을 책임져 보는 것이다.
마트에 출근하면 좋아하는 앞치마를 두르고 귀여운 두건을 쓴다. 머리카락이
떨어지는 걸 방지하기 위해서이기도 하지만 실은 두건이라는 건 평상시에 쓰긴
뭔한 특급 귀여운 아이템이기 때문에 이럴 때 마음껏 써보고 싶다. '오늘은
알배추가 실하네?' 싶으면 마트 주 고객층 평균 신장을 가늠하여 대강 눈높이
정도에 알배추를 진열하고, '파프리카 색이 선명하잖아?' 싶은 날엔 시선이 닿기
좋은 중앙에 주인공처럼 놓아두는 게 내 일이다. 상태가 좋지 않아 팔 수 없는
채소엔 눈알 부자재를 붙여서 귀여운 역할을 입히는 것도 내 일이다. 시간이
날 때마다 채소에 이름표를 붙이는 것도 내 일이다. 흙이 좀 묻어도 괜찮을
귀엽고 튼튼한 앞치마를 허리춤에 동여맨 채, 정성스럽고 교양 있게 채소들을
대해주고 싶다. 이 푸르른 이파리에 과하지 않을 귀여움을 한 스푼 묻혀 진열해
두면 우리 마트 매출은 금세 오를 테고 '마켓컬리'나 '오아시스' 같은 플랫폼에서
컬래버레이션을 하자며 연락해 오는 일도 있겠지. 그건 조금 곤란한데…. 나는
흙을 만지고, 손 글씨로 이름표를 만들고, 수명을 다한 채소에 눈알 붙여주는
아날로그 귀여움이 내 일이라 믿는다. 그러니까 이런 입체적인 귀여움을 디지털로
옮길 재간도, 욕구도 없다. 인터넷 장보기가 보통의 일이 되어도 굳이 장바구니를
들고 시장으로 나가는 데는 이유가 있는 법이고, 나는 그 천연의 귀여움을 지키는
게 내 일이라 믿는다. 그러니까 컬래버레이션 제안은 죄송하지만….

"꽃과 시장이 있고, 사람은 거의 없지만 간간이 어린아이가 뛰어노는 모습을
볼 수 있는 놀이터가 있는 곳. 그런 동네에 가려면 몇 번 플랫폼에서 몇 시 차를
타고 어떻게 가야 하나요?"
"네?"

어릴 때부터 곧잘 전철을 탔다. 전철 타는 게 좋았고, '어린아이가 전철을 타고
어딘가에 간다.'는 것이 멋지다고 생각했다. 다녀오고 나면 마치 모험을 끝낸 듯
"나 오늘 혼자 전철 타고 이모네 갔다 왔어." 할 수 있다는 것이 좋았다. 그땐
잘 몰랐는데, 지금에 와서 돌아보니 나는 '전철표'라는 것도 좋아한 것 같다.
개찰구에 표를 넣으면 뱀이 파리를 날름 핥아 삼키듯 표를 쏙 빨아들이는 구멍이
신기했다. 마그네틱으로 정보가 읽혀 내 표가 통과되거나 거절되는 시스템도
신기했다. 카드로 태그하면 손쉽게 문을 열어주는 지금 개찰구보다 훨씬 엄격하고
예민한 개찰구가 있던 시절. 전철만큼 전철표를 가지고 통과하던 그 순간이,
전철표라는 물성이 분명히 좋았던 것 같다.
그걸 어렴풋이 깨달은 건 처음 일본에서 'JR'이라 불리는 철도를 타던 날이었다.
자동 발매기도 있었지만 많은 사람이 티켓 판매소에 기다랗게 줄을 서서 차례를
기다리고 있었다. 사람이 사람에게 표를 내어주는 모습에서 나는 어렵지 않게
어릴 적 나를 소환할 수 있었다. 나는 기다랗게 늘어선 사람들 사이에 한 자리를
차지한 채 사람들 면면을 살폈다. 일렬로 선 사람들은 빈 창구 직원이 손을 들면
그쪽으로 걸어가 목적지를 말했다. 창구 안에 있는 직원에게 가고자 하는 역
이름을 읊고, 가장 빨리 탈 수 있는 열차를 안내받고, 때때로 요일과 시간을 지정해
가능한 차편을 전달받고, 거미줄처럼 복잡한 노선도를 가리키며 환승역을 찾거나
방면을 체크하며 갈 길을 익혔다. 지루해 보이는 이도, 발을 동동 구르는 이도
없었다. 나는 내 차례가 오길 기다리면서 누구도 서로 채근하지 않는 분위기에
대해 생각했다. 오랜만에 느끼는 이 느긋함의 정체는 뭘까. 어디에서 오는 걸까.

내 차례가 되었을 때, 나는 가야 할 역 이름 대신 엉뚱한 것을 물었다. 내가 타려는 노선 중 사람이 적고 대단한 관광지가 없는 곳이 어디냐고. 여기는 관광 안내소가 아닌데, 이런 질문은 실례일 텐데, 하고 생각하는 내게 직원은 '여기가 좋을 것 같다.'며 처음 듣는 역 이름을 알려주었다. 철저히 계획한 대로만 움직여야 안심하는 성격인 내가 무턱대고 그러자며 직원 말에 따라 티켓을 끊었다. 직원은 타이핑 몇 번이면 될 것 같은 과정을 일일이 철한 서류들을 뒤적거리며 하나씩 처리해 나갔다. 클릭 몇 번이면 금세 인쇄된 티켓이 나올 것 같은데, 스탬프를 굴려 오늘 날짜에 맞춰 왕복 티켓에 일일이 도장을 찍어 주었다. 혹여나 번질세라 종이를 꽈악 눌러 잉크가 묻어나지 않도록 섬세히 마무리까지 해주는 걸 보며 나는 이런 느린 친절을 오래 누리고 싶다고 생각했다. 누구도 채근하지 않을 때에야 사랑할 수 있는 손때 묻은 느긋함을.

한산한 동네를 보통 열차로 누비고 돌아온 그 밤, 나는 JR 티켓 창구에 앉아 사람들을 맞이하는 꿈을 꾸었다. 어딘가 가고 싶어 하는 이들에게 노선을 적확히 안내하고, 빠르게 갈 수 있는 방법과 느리게 가는 방법을 두루 소개해 주는 꿈. 꿈속에서 나는 근사하게 각이 진 유니폼을 입고 있었고, 손님에게 복잡한 길을 차근차근 설명하는 지혜도, 손으로 직접 숫자와 글자를 써서 티켓을 완성해 주는 노련함도 갖추고 있었다. 꿈에서 깬 그날 아침, SNS에 "다음 생엔 JR 티켓 창구에서 일하고 싶어."라는 글을 남겼을 때 금방 답글 하나가 달렸다. "어우, 재미없어. 그거 3D 산업 아냐?" 어쩌면 내가 꿈꾸는 느긋한 친절은 사실 시시하고 재미없는 것인지도 모른다. 제대로 된 구시대를 살아보지 못해서 갖고 있는 환상, 실제로 내 삶이 되면 불편하다고 여길 허상. 하지만 한낱 환상에서 깨지 않는 것도 나만의 삶을 위한 나름의 요령이다. 그러니까 어떤 비웃음이나 손가락질은 그냥 그런대로 흘려 보내는 것도 괜찮지 않을까? 어떤 순진함들을 남긴 채 살아가는 것이, 내게는 분명히 필요하다.

지렁이와 함께 혼비백산

"어떤 일을 하고 싶어요?"
"산속에서 살고 싶어요."

외국어를 배우다 보면 어린아이가 된 듯한 기분을 자주 느낀다. 아주 간단한 이야기를
주고받을 때마다 오래전에 해본 대화들을 떠올리게 된다. "제 취미는 피아노를
치거나 책을 읽는 것입니다. 당신의 취미는 무엇인가요?", "저는 어릴 때 경찰이
되고 싶었습니다. 가장 빠르게 달려 나쁜 사람의 손목을 잡아 체포하고 싶었습니다."
같은 문장을 더듬더듬 연결해 말하다 보면 지금의 나와 과거의 나를 두루 떠올리게
된다. 때때로 나를 돌아보는 일도 있다. 직업을 묻는 간단한 질문에 내가 하는 일이
무엇인지 생각하고, 어떻게 표현해야 할지 정리하고, 어떤 점에서 보람을 느끼는지
떠올리고… 그런 것들을 생각하면 새삼스럽게 내가 하는 일들이 낯선 일처럼
보이기도 한다. "제가 하는 일은 책을 만드는 것입니다. 사람을 만나서 인터뷰를
하거나, 에세이를 쓰거나, 글들을 묶어 편집합니다." 언젠가 외국어 수업에서
"먼 미래엔 무슨 일을 하고 싶어요?"라는 질문을 받았다. 나는 제법 긴 시간 꿈꿔온
일을 상상하며 더듬더듬, 짧은 외국어를 잇기 시작했다.
"나는 산속에 책방을 만들 생각입니다. 그곳엔 사람이 없고, 네온사인이 안 보입니다.
나무가 있고, 가끔 동물이 있고, 가을이 되면 낙엽 밟는 소리가 들립니다. 겨울이
오면 눈도 내립니다. 위험하지 않습니다. 책방 앞에 작은 텃밭을 만듭니다. 아침에
일어나면 물을 줍니다. 잘 자랐는지 살펴봅니다. 많이 자라면 내가 갖습니다.
바구니에 담아서 흙을 닦습니다. 낮이 되면 의자에 앉아 책을 읽습니다. 일기를
씁니다. 가끔 낮잠을 잘 수도 있습니다. 빵이랑 우유를 먹습니다. 책방의 책들을
정리합니다. 누군가 책을 보다가 놓고 갔습니다. 읽던 채로 놓았습니다. 같은
페이지가 자꾸 펼쳐집니다. 무거운 책으로 누릅니다. 산속 책방까지 일부러 오는
사람은 많지 않습니다. 그래서 한 명 한 명이 소중합니다. 나는 아침에 닦아 놓은
채소를 카운터에 둡니다. 손님이 오면 못 먹는 채소가 있는지 물어봅니다. 내가 가진
채소들을 작은 봉투에 담습니다. 오이는 그대로 먹어도 됩니다. 손님이 책을 사면
좋겠습니다. 그런데 안 사도 괜찮습니다. 여기까지 와줘서 고맙습니다. 내가 기른
채소를 선물로 줍니다. 누군가는 됐다고 합니다. 상처받을지도 모릅니다. 산속에
들어가기 전까지 거절에 익숙해집니다. 지금 나는 그것을 연습합니다."
모국어로 대답해야 했다면 이처럼 진실하게 이야기할 수 없었을지도 모른다. 누가
봐도 너무 순진하고… 세상 물정 모르는 꿈이니까. 하지만 '하고 싶은 것'이나
'꿈'이라는 건 대개 그런 모양 아닌가? 진짜 산속에 책방을 만들 수 있게 된대도
대단히 잘할 자신은 없다. 과거에 책방을 시작하는 회사에서 일해본 적이 있어서 처음
책방이란 공간을 만드는 데 얼마나 큰 노력이 필요한지 몸소 경험했으니까. 책장에
수십 권, 수백 권의 책을 꽂는 데 얼마나 많은 돈이 드는지, 그것들을 요령껏 진열하고
알리는 데 얼마나 큰 수고가 드는지, 대형 서점보다 더 좋은 무언가를 갖추기 위해
얼마나 많은 고민을 해야 하는지 충분히 안다. 그뿐이랴, 나는 농작물을 키워본 적도
없고, 하필 흙에서 사는 지렁이를 무서워하고, 문명과 대단히 멀어진 곳에서 살아본
적도 없다. 산속 책방이라면 불을 끄면 어두울 것이고, 위험할 것이고, 폭설이나
폭우에 취약할 것이고, 손님이 0명인 날도 많을 테다. 작물을 수확하기는커녕 지렁이
출현에 혼비백산할지도 모른다. 다행인 것은 내가 외국어로 '혼비백산' 같은 단어는
모른다는 것이다. 사전에서 '지렁이'를 찾아볼 일도 없었다. 언젠가 외국어로 "지렁이
출현에 혼비백산할 게 뻔해서 꿈은 그만 꾸겠습니다." 같은 말을 너끈히 할 줄 알게
된다면, 그땐 이 순진한 꿈에 대해 다시 생각해 볼 수 있을까?

Essay

꾸준함의 비결

물속에서 악어가 헤엄치는 모습을 보았다. 아니 어쩜 저렇게 멍청한 모양이 있는지…. 반쯤 물에 잠겨 세로단 눈을 뜨고 있는 물 밖 모습과는 다르게 물속 악어는 정말 멍청하기 그지없었다. 손과 발은 아등바둥하며 어디론가 둥둥 떠다니고 있었다.

과거에 나는 얼마나 멍청했는지 종종 떠올려보곤 하는데, 그럴 때면 나는 물속 악어의 모습을 떠올린다. 물 밖으로는 겸연한 표정을 하고 둥둥 떠다니는 멍청이. 누군가는 멍청했던 시절에 저지른 일들을 창피해하며 이야기하고, 누군가는 내심 자랑스러워하며 영웅담처럼 이야기하기도 한다. 이를테면 누군가의 돈을 빼고 오토바이를 훔쳤다는 식의 무용담을 늘어놓는 것이다. 내가 그 정도로 멍청했던 것은 아니지만 그렇게 적극적으로 멍청하게 굴지 않았기 때문에 미처 내가 멍청한지 모르고 있었다. 인제 와서야 '그때는 정말 큰일 날 뻔했어…'라고 생각할 뿐이다.

내가 얼마나 멍청이었느냐 하면, 나는 세상에 어떤 직업이 있는지 몰랐다. 의사나 판사, 군인, 축구 선수, 연예인처럼 초등학교 교과서에 나올빌 법한 직업을 제외하고 나면 어떤 직업이 있는지 몰랐다. 이를테면 회계사나 목수, 엔지니어, 연구원 같은… 이렇게 적다 보니 여전히 몇 가지 직업밖에 떠오르지 않아 당혹스럽지만, 아무튼 지금보다도 훨씬 더 멍청했던 나는 세상에 얼마나 다양한 직업이 있는지 몰랐고, 내 눈에 보이는 세상 밖의 세상은 별로 차 있는지 몰랐다. 생활기록부에 적는 아버지 직업은 회사원이었기 때문에, 난 의사나 판사가 아니라면 모든 친구들이 회사원이 될 것이라고 생각했다. 삼성전자나 무슨 무역 회사의 직원이라는 것도 없이 그저 회사원. 지금 생각해 보면 그것은 없는 말이나 마찬가지 아닌가.

그런데 창피하게도 이토록 무지했던 기억은 유치원이나 초등학교 때 이야기가 아닌 무려 고등학생 때 이야기다. 아니다. 나는 그보다 훨씬 더 오랫동안 멍청했다. 제수를 마치고 같은 학원 학생들끼리 자기소개를 할 때 난 졸업하고 회사원이 될 거라고 이야기했던 것을 기억해 냈다. 술자리에서 한 명씩 돌아가며 장래 희망을 말하는 오글거리는 술자리였다. 누구는 나무를 연구하는 사람이 되고 싶다고 했고 누구는 안정적인 직업인 선생님이 되고 싶다고 했다. 다들 똑심 있는 계획을 이야기하는 걸 들으며 재들은 정말 똑똑하구나 생각했고, 그렇다면 나는 뭐가 되고 싶냐고 말할지 망설였다. 하지만 내 순서가 다가올 때까지 결국 신박한 직업을 떠올리지 못하고 회사원이 될 거라고 말했다.

접수에 맞춰 건축학과에 지원해 임시 결과를 앞도 상황에서도 나는 건축이 뭐 하는 건지 몰랐다. 지금처럼 유튜브를 자주 보는 세상이었으면 찾아보거나 했을까? 어느 날 티브이에서 방영하는 건축 다큐멘터리를 보면서 저런 일을 하려면 무슨 과를 가야 하나 궁금해하던 기억이 난다. 상암 월드컵 경기장을 설계하고 시공하는 과정을 담은 다큐멘터리였다. 건물 지붕이 마치 방패연처럼 완만한 곡선으로 디자인된 걸 보고 자동차 디자인과 유사하다고 생각했고, 아마도 자동차공학과를 졸업한 사람들이 저런 일을 하지 않을까 생각했다. 다시 한번 말하자면 나는 이미 건축학과에 지원한 후 임시 결과를 기다리는 상황이었다.

너무 멍청한 얘기라 하면 금치 아프니까 나름 기민했던 모습도 이야기해 보겠다. 난 대학교에 다니면서 노래도 만들었고 그림도 그렸고 책도 만들었다. 예헴. 그러니까 그것들은 모두 커서 뭐가 될 수 있을까에 대한 두려움 때문에 시작한 일이었다. 그게 뭐라도 남을이 못하는 거

한두 개 향 좋 얼면 좋지 않을까 하는 생각에 이것저것 해본 것이다. 음악을 만드는 건 대충 찍어 먹는 수준으로 맛은 봤지만, 그럼 그리고 글 쓰는 것만큼 무준히 했으나, 다행인 것은 재능은 출중하지 않았던 탓에 래퍼가 되지 못했던 것이고, 생각보다 명청했던 탓에 좋은 작가가 되지 못한 것이다. 어쩌다 보니 건축가가 되었다고 하면 이 직업에 너무 큰 실례가 아닐까 싶어 부연하자면, 나의 노력과 실력을 애써 축소해 가며 운이 좋았다고 강조하려는 것은 아니다. 건축적 재능과 함께 나의 명청함 또한 큰 재능이었다는 것을 강조해 말하고 싶은 것이다.

한없이 가벼워 하찮은 인정욕구에 너무나도 쉽게 휘둘리는 나에게 가장 큰 축복은 한 가지 일을 오래 해왔다는 것이다. 그 많은 즉 〈쇼미더머니〉에 나가 금 목걸이 받으려 좀 서지 않았다는 뜻이며, 더 좋은 기회를 만나 지금 하던 일을 그만두지 않았다는 뜻이다. 그것은 그러고 싶었으나 그러지 못했다는 것을 의미하기도 한다. 한 가지 일을 계속해 온 결과로 '나는 무언가를 이해하는 수단을 얻게 되었다.'고 생각한다. 내가 무언가를 이해한다는 것은 그것이 내가 하는 일을 통해서 가능하게 된 것들이다. 무언가를 이해하게 되었다는 것은 말이 무척 요란스럽게 들릴 수 있으나, 그것은 내가 하는 일을 통해 무언가를 길게 이해하지 못했을 것이란 뜻이다. 주우면 이룰을 얇고 불을 피우고 그럼에도 추위가 해결되지 않으면 그 자리를 떠나는 수밖에 없다. 너무나 다우면 떠나는 수밖에, 그 외에 어쩔 도리가 없다. 그래서 한자리를 지키고 있는 사람은 좀 미련한 사람이거나 게으른 사람이거나 혹은 좀 감각이 둔한 사람일 수 있다.

다른 방법이 없어 한자리를 지키고 있는 것이 열리해 보이지는 않는다. 그러나 그렇게 한자리를 지켜서 세상을 조금이라도 이해하는 시선을 얻게 되다면 그것은 제능일 수 있다.

최근 몇 년에 걸쳐 나의 직업은 또 한 번 위기를 맞이했다. 나는 투자 실패의 거재의이며, 정제 분야의 전문가는 아니기 때문에 그 위기가 무엇 때문에 온 건지는 잘 모르겠다. 코로나 때문인지 전쟁 때문인지, 경기는 쉽게 좋아지지 않았고, 그래서 많은 건축가들이 위기에 봉당 빠져 버렸다. 우리 이럴 땐 뭐라도 해야 하는 게 아니냐며 호들갑 떨지만 결국은 할 줄 아는 게 없는걸. 엣그제는 회사에서 좋은 아이디어가 떠올랐다며 우리도 굿즈를 만들어 팔자는 이야기를 나누었다. 근데 그게 맞는 이야기일까…?

명청한 제능이 물을 한없이 무겁게 만드는 제능, 어떤 추진력도 발생시키지 못하는 아둔한 제능이다. 악어의 손과 발 같은 제능이다. 나처럼 진중하지 못하고 독특하지 못한 사람은 차라리 물갈퀴가 없는 것이 제능일 것이다. 조금 더 독특했더라면, 조금만 더 세상일에 밝았더라면 이곳저곳 돌아다니고, 이것저것 맛보다가 이 일 저 일 어렵지 않게 맴돌았을 것이다. 조그마한 기회라도 있으면 내가 있는 곳을 뒤쳐나갔을 것이다. 미꾸라지처럼 요란하게 당장 눈에 띄는 일을 좋았을 것이다. 부지런했지만 다행히 명청했던 탓에 나는 무겁게 가라앉아 한 가지 일만 할 수 있었다고 생각한다. 마치 물에 떠 있는 악어처럼 명청하게… 오랫동안 한 가지 일을 한다는 것은 그래서 명청한 사람에게 주어지는 축복이 아닌가, 생각한다.

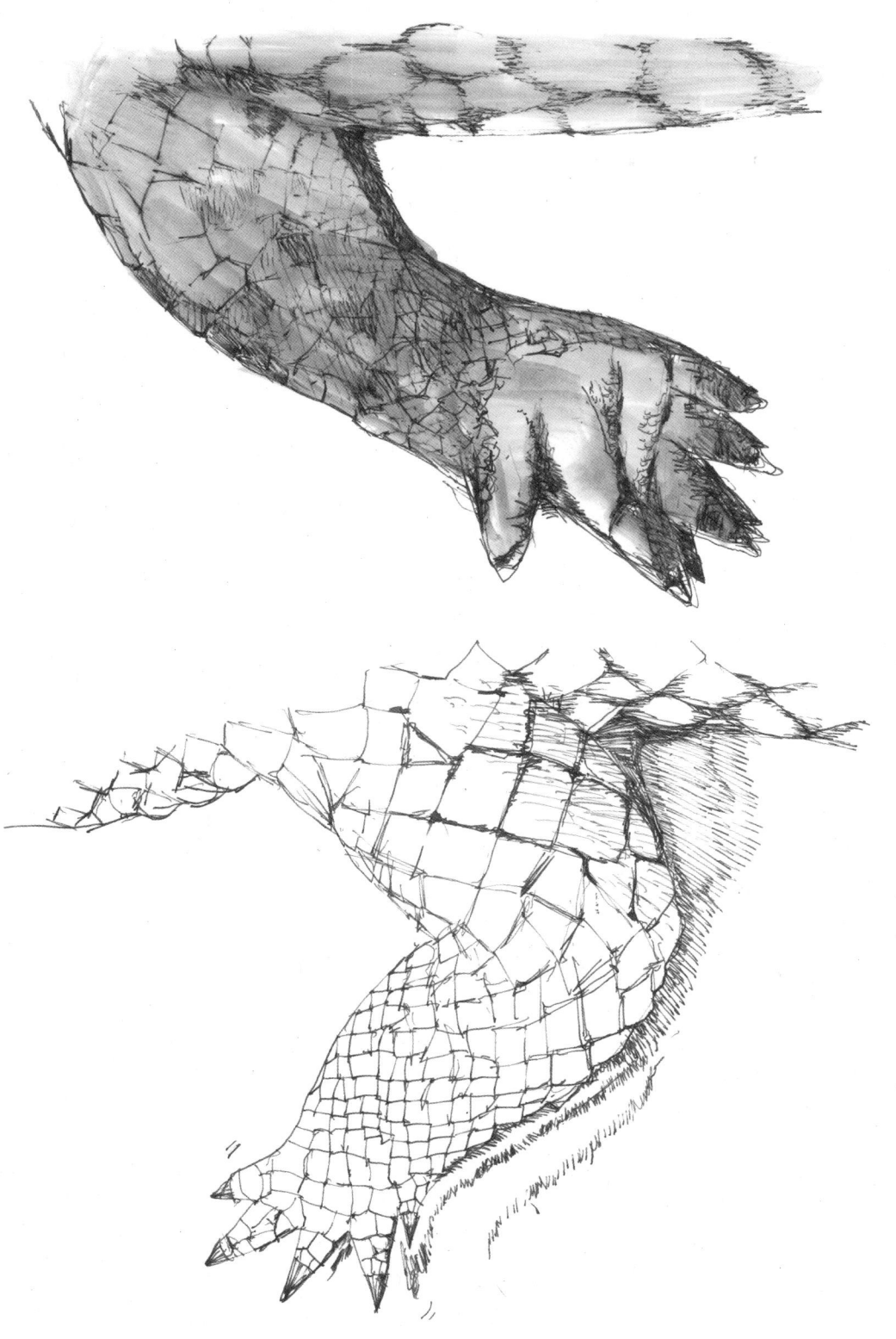

안 망한 게 기적!

8년째 사업을, 아니 장사를 하고 있다. 내가 장사라니 말도 안 돼! 하지만 먹고살 길이 없으니 이거라도 해야지, 하는 마음으로 시작한 것이 근 10년에 가까워 오고 있다. 여기까지 버티고 있는 비결은 나도 모르겠고, 그냥 안 망한 게 기적일 뿐이다.

글 한수희   일러스트 점선면

어느 저녁, 여느 때처럼 티브이 앞에 앉아 넷플릭스를 뒤지다가 내가 좋아하는 야쿠쇼 코지가 나오는 드라마 하나를 발견했다. 제목은 〈육왕〉. 아니 뭔 제목이 이렇게 육체적이야? 아무것도 모르고 틀었더니 버선 공장 이야기였다.

주인공 미야자와 코이치는 100년을 이어온 버선 회사 코하제야의 4대 사장이다. 말이 좋아 100년 기업이지 과거의 영화는 사라진 지 오래, 21세기의 버선 공장은 망하기 직전이다. 요즘 누가 버선을 신는가? 5대째여야 할 아들 역시 버선 공장 따위 망해버려라, 좋은 회사에 취직하려고 날마다 면접을 보지만 매번 탈락한다. 위기에 처한 미야자와에게 열정적인 은행 직원 사카모토가 제안한다. "버선 제조업에는 미래가 없습니다. 신규 사업을 고려해 보시죠. 100년을 버틴 코하제야만의 강점이 반드시 있을 겁니다."

그리하여 버선 회사는 느닷없이 마라톤 슈즈, 그러니까 마라톤 버선을 개발하게 된다. 드라마의 야릇한 제목 '육왕', 일본어로 '리쿠오'는 육상의 왕을 뜻하는 그들의 마라톤 버선 이름이다. 과연 돈 없고 백 없는 코하제야는 완벽한 마라톤 슈즈를 개발할 수 있을 것인가, 인기 마라톤 선수 모기 히로토에게 리쿠오를 신길 수 있을 것인가, 그리고 리쿠오를 신은 모기는 부상을 딛고 마라톤 대회에서 우승할 것인가, 그의 우승으로 코하제야의 미래도 밝아질 것인가, 아들 다이치는 버선 공장으로 돌아올 것인가. 뻔하지만 뻔해서 더 흥미진진한 질문들을 품은 채 이 드라마는 가볍게, 그리고 뚝심 있게 달려 나간다.

일본 드라마의 각종 정형화된 설정과 연출, 연기의 단점들을 고스란히 탑재한 이 드라마를 끝까지 보게 하는

데는 주연을 맡은 야쿠쇼 코지의 살아 있는 연기의 힘이 크다. 그리고 나는 이 드라마를 보면서 생각했다. 아아, 어쩔 수 없이 이번 달에는 그 얘기를 해야겠군.

그 얘기, 그 얘기라 함은 바로 나의 일, 나의 사업 얘기다. 나는 사업을 한다. 아니 사업보다는 장사라고 하는 게 맞다. 나는 온라인으로 물건을 판다. 처음 시작할 때는 누구도 이 장사가 오래갈 것이라 믿지 않았지만, 어느 누구보다 내가 가장 믿지 못했지만, 어느덧 시작한 지 8년째가 되었다. 어영부영 버티다 보면 어찌저찌 10년이 될 것 같다. 놀라운 일이다.

레드오션 중의 레드오션, 온라인 상거래업에서 8년을 버티고 10년을 버틴다는 것, 남의 일이라면 대단하게 느껴질 것도 같지만 막상 내 처지에서는 그렇지도 않다. 그야말로 우당탕탕탕 10년이었다. 아무것도 모르는 채 시작해 작은 실패와 작은 성공을 반복하며 여기까지 왔다. 그렇다고 내가 운영하는 상점이 대단한 성공을 거두고 번창하는가 하면 딱히 그런 것도 아니다. 뭐랄까, 지금껏 안 망한 게 기적이라고 해야 하나?

작가라는 타이틀을 달고 이야기할 자리가 있을 때마다 나는 늘 "생업은 따로 있고요, 글쓰기는 부업입니다. 일종의 빡센 취미생활이라고 할 수 있죠."라고 말한다. 그 말이 맞다. 그런데 나는 내 생업인 장사와 글쓰기가 영 관계없다고 생각하지 않는다. 장사가 있기에 글을 쓰며 지치지 않는다. 글쓰기가 있기에 장사에 감사할 수 있다. 장사를 하지 않았더라면 아이들을 먹이고 입히고 공부시킬 수 없었을 것이다. 장사 덕분에 저축도 하고 집도 살 수 있었고(비싼 집 아님) 커피도 사 마시고 옷도 사 입고 여행도 가고 빵에 버터도 두껍게 발라 먹게 되었다. 일하는 건 물론 싫지만(누가 일을 좋아해?) 장사는 싫어해 본 적이 없다.

자주는 아니지만 종종 마음이 두근거린다. 장사하며 살 거라곤 상상조차 해본 적이 없는데 이렇게 살고 있는 걸 보면 신기하기도 하고, 인간이 자기 한계를 미리 그어둘 필요는 없다는 생각도 한다.

> 한 번도 회사를 떠나 일해본 적 없는 평범한 사람이 불안과 불확실함 속에서 고군분투하며, 그럼에도 자기 목소리를 담은 브랜드를 시작한 이야기. 느리더라도 어떻게든 원하는 방향으로 엉금엉금 걸어 나아가는 이야기. 그런 이야기도 필요하지 않을까, 하고 용기를 냈습니다.
> — 김보희, 《터틀넥프레스 사업일기》 중에서

얼마 전 작고 귀여운 책 한 권이 도착했다. 이름은 《터틀넥프레스 사업일기》. 내 책 두 권을 함께 펴낸 터틀넥프레스의 대표 김보희, 아니 이렇게 말하면 좀 어색하고 나의 '보희 님'이 쓴 책이다. 오랜 시간 회사원으로 일하다가 출판사를 차려 책을 한 권씩, 두 권씩 만들어가며 그는 매일 일기를 썼는데, 그 일기를 책으로 펴낸 것이다. 보희 님의 목표는 매년 한 권씩 '사업일기'를 출간하는 것. 이 책을 통해 그는 1인 출판업의 노하우뿐 아니라 어쩌다 보니 사업하게 된 사람의 기쁨과 슬픔을, 두려움과 설렘을, 행복과 불행을 가감 없이 드러낸다. 그럼으로써 그는 사업의 성공과 실패가 문제가 아니라, 아무것도 없는 맨땅에서 작은 출판사를 조금씩 일구어가는 매일매일이 나의 소중한 인생임을 밝힌다.

> 2월 20일 월요일
> 마음이 조급해질 때면 평소에 안 하던 생각들을 하게 된다. 그때 이런 선택을 했다면 달라졌을까, 물론 알고 있다. 시간을 돌려 그때로 간다고 해도 똑같은 선택을 했을 거라는 것. 이 기억을 가지고 회귀하지 않는 한 말이다. 그런데, 회귀하지 않고도 그렇게 살 수 있지 않을까. 지금의 깨달음, 그 깨달음을 가지고 미래로 가는 거다. 그러면 다시 사는 것과 같지 않을까. 다시 산다면 나는 어떻게 할까?
> –막연한 두려움 때문에 (퇴사 후) 쉬지 못하고 바로 일하지 않을 거다.
> –발 동동 구르며 두려워하기보다 틀리고 실패하더라도 일단 해볼 거다.
> –몸을 가볍게 하고 작은 것들을 툭툭 시도해 보며 작은 성취감을 쌓아갈 거다.
> 지금의 이 말들을 가지고 미래로 가자. 다시 미래를 살아보기로 한다.
> — 《터틀넥프레스 사업일기》 중에서

사업을 하고 있는 사람으로 한마디 보태(에헴) 사업의 가장 즐거운 점이 무엇인가 하면, 이것이 돈을 벌기 위한 노동인 동시에 꿈을 현실로 만들어가는 과정이라는 것이다. 하나의 가게는, 하나의 브랜드는, 하나의 회사는 하나의 세계다. 내가 만든 세계. 처음부터 끝까지 내가 좋아하는 것들로 채우고 내가 할 수 있는 방식으로 일하며 내가 원하는 이상향을 향해 나아가는 세계. 이 점이 가장 매력적이면서도 이 점이 가장 곤혹스럽다. 왜냐하면 우리의 꿈과 이상은 종종 이윤 추구라는 사업의 목표로 향하는 데 걸림돌이 되기 때문이다. 물론 나 역시 이런 부분을 머리가 터지도록 고민하고 있다.

그러면서 내린 잠정적인 결론은 이윤 추구가 최종적이고 유일한 목표가 아니라, 수많은 목표 중의 하나라고 생각하면 사업은 다시 재미있어진다는 것이다. 나의 목표 중에는 이윤 추구도 분명히 있지만(가장 중요하긴 하다), 내가 재미를 느낄 것, 일하면서 즐거울 것, 성장하고 있고 배우고 있다는 느낌을 받을 것, 다른 이가 정해준 목표와 속도로 정신없이 달려가는 것이 아니라 내가 정한 목표와 속도로 느긋하게 갈 것 등도 있다. 그런 목표의 달성이 조금 부족한 이윤을 충분히 채우고도 남는다. 사업도 중요하지만 그렇다고 사업이 내 인생보다 더 중요할 수는 없는 것이다.

5월 26일 금요일

카페에서 우연히 첫 출판사 대표님을 만났다. 막내였던 보희 씨가 출판사를 시작할 줄은 몰랐다 하셔서, "저도 제가 그럴 줄 몰랐어요!" 하고는 둘이 엄청 웃었다.
대표님 연세를 헤아려보니, 내가 입사했을 때 대표님 나이가 지금의 나와 비슷했을 것 같았다. 대표님의 처음은 어땠는지 여쭤봤다. 지금은 큰 규모에, 수많은 직원을 이끄는 대표님도 자신이 책 만드는 데에 재능이 없는 것 같아 그만두고 싶었던 순간이 있었다고 하셨다. 사업도 아무 준비 없이 시작해 정말 힘들었다고. 다들 그렇게 우당탕하는 거라고. 보희 씨가 부족한 게 아니라고 하시며 분명 본인보다 더 잘할 거라고 과한 응원을 해주셨다. 눈물이 꿀렁거려 참느라 혼났다.

— 《터틀넥프레스 사업일기》 중에서

모든 것은 나에게서 시작한다. 내가 주도권을 잡고 있다. 하지만 그것은 나 좋을 대로, 나 편한 대로만 하겠다는 뜻이 아니다. 내가 이 집의, 이 가게의 주인이다. 그래서 여기에 온 손님들이 좋은 시간을 보내다 갈 수 있도록, 모자람과 불편함이 없도록, 그들이 이곳에서 발견하고 싶어 하는 것들을 찾을 수 있도록, 손님의 마음이 되어 하나하나 애써본다. 그런데 신기하게도 그 마음은 글을 쓸 때의 마음과 꼭 같다. 내 글은 나의 이야기이고 그 모든 것은 나에게서 비롯되지만, 그것을 글로 쓸 때는 내 글을 읽게 될 사람들을 배려하는 마음이 가장 중요하다. 물론 내 글이 완벽하지 못한 것처럼 나의 장사도 완벽과는 거리가 멀다. 8년을 해도 모르는 것과 못하는 것이 너무 많다. 그런데 나는 절망하지 않는다. 아직도 더 배울 것이 많고, 더 해볼 것이 많다는 의미로 받아들인다. 그렇게 생각하면 즐겁다. 즐겁지 않을 수가 없다.

그런데 〈육왕〉을 계속해서 보다 보니 내가 중요한 걸 빼먹었다는 걸 알게 됐다. 사업에서 정말로 중요한 것은 무엇인가 하면, 그건 바로 혼자가 아니라는 점이다. 〈육왕〉에는 지긋지긋할 정도로 등장하는 무척 오글거리는 음악이 있다. 일본어 가사 중 다른 건 몰라도 그거 하나는 알아듣는다. 히토리쟈 나이. 혼자가 아니야. 등장인물들은 매회 그 음악에 맞춰 눈물을 글썽인다. 오오, 역시 오글거린다.
그러게, 사업은 혼자서 하는 것이 아니다. 보희 님 역시 노트 맨 뒷장에 도움을 준 고마운 사람들의 이름을 적은 '은희(은혜 갚을 보희) 리스트'를 써두었다고 했다. 10년 가까운 세월을 버티기까지 나 혼자였다면 불가능했다. 정말로 그렇다. 나의 부족한 면을 동료들이 채워주었고, 그들의 부족한 면을 내가 채워준다. 힘든 일이 있어도, 벽 앞에 선 것처럼 막막할 때도 서로 용기를 북돋우며 버틴다. 셋이 함께라면 뭘 못 하겠느냐며 불안을 가라앉힌다. 희망이라는 소중한 것을 공유한다.

12월 21일 목요일

책이 많이 출고된 날은 기쁘면서도 두렵다. 곧 하향 곡선을 그리고 주문이 없는 날도 있을 텐데. 근데 이건 마치 여행 중에 집에 돌아가 일상에 복귀했을 때를 걱정하는 것과 같잖아. 그러면 여행을 못 즐긴다. 그보단 이제 나는 또 책을 위해 무슨 일을 할 수 있나 생각해보자. 죽기 직전에 책의 부수나 순위는 떠오르지도 않을 거다. 하지만 내가 이런 시도들을 하고 변화를 경험했던 그때가 '즐거웠다'는 기억은 오래오래 남을 테니까. 오늘도 내가 할 수 있는 일을 하자.

— 《터틀넥프레스 사업일기》 중에서

오늘도 안 망한 게 기적이다. 기적으로 가득 찬 이 세상, 나는 씩씩하게 집을 나서 나의 누추한 사무실로 들어가 동료들에게 인사를 건넨다. 컴퓨터를 켜고 자리에 앉아 어제의 매출을 확인한다. 오늘 하루 또 망하지 않게 하기 위하여 내가 할 일들을 하나씩 처리한다. 오늘도 밥상에 올릴 반찬거리를 사기 위하여, 맛있는 커피를 사 마시기 위하여, 아이들을 학교에 보내기 위하여 일을 한다. 모르는 것을 배우기 위하여, 낯선 세계를 탐험하기 위하여, 작은 성공과 작은 실패를 거듭하기 위하여, 더 나은 내가 되기 위하여 일을 한다. 남들에게는 대수롭지 않겠지만 나에게는 그저 놀라울 뿐인 이 기적을 이루기 위하여, 나는 오늘도 일을 한다.

그리움 | 발행인 송원준

"너른 팔로 껴안는 집." 어릴 적 유일한 여행은 명절 때 외갓집에 가는 것이었다. 기차와 버스를 갈아타고 시골길을 걸어 외갓집에 도착하면 함께 놀기를 기다리던 사촌들이 있었다. 지금은 아무도 살지 않지만, 그때의 북적거리는 그곳이 그립다.

Vol.97 〈대구에 머무른 장면〉

행복과 즐거움의 쓰임 | 편집장 김이경

"지금의 행복은… 음, 충만하다는 느낌이 커요. 좀 거창하게 들릴지도 모르지만 제 마음에 있는 행복과 즐거움이 쓰임을 다하고 있다는 생각이 들거든요." 마음의 행복과 즐거움이 쓰임을 다하고 있다니 누구보다 가진 것 많은 사람 아닐까? 나도 물건이든 마음이든 충분하게 쓰이는 감정을 느껴보고 싶어졌다.

Vol.88 〈느슨하고 긴 돌봄의 방식〉 신지혜—작가

가장 많이 읽은 것 | 에디터 이명주

"이 책을 읽는 동안, 당신 주변의 시간은 조금 느리게 흐릅니다." 이 문장이 나를 두드리다 못해 어라운드라는 세상으로 끌어당겼지. 세로로 쓰인 문장을 읽을 땐 고개를 살짝 갸우뚱 움직여야 한다. 어라운드가 우리의 주변을 바라보는 방식과 비슷하게.

《AROUND》 맨 마지막 페이지

창작의 태도 | 에디터 차의진

"창작자의 태도는 그때 당면한 문제를 내 안에서 첨예하게 맞닥뜨린 다음, 열과 성의를 다해, 솔직하게, 즐겁게 작품을 만드는 거예요. 그 이상도, 그 이하도 아니에요." 원대하고 거창한 무언가를 만들어 보려고 끙끙대기보다 나에게 떳떳하자. 그렇게 《AROUND》를 만들자!

Vol.100 〈재미 따라 걷는 사람〉 이수지—그림책 작가

조용한 길모퉁이에서 | 마케터 문주원

"우리는 여행지에서 더 많은 재미를 기대하곤 해요. 그런데 멋진 여행을 하고 나면, 우리 주변에도 재미와 근사한 풍경이 함께한다는 걸 새삼스럽게 깨닫게 돼요. 일상이 더 귀해지는 거죠." 조금 긴 여행을 하는 기분으로 살아가고 싶은 바람을 담아 꼽아본 한 문장.

Vol.84 〈조용한 길모퉁이에서〉 브래디 윌러—사진작가

100호 동안의 진심 | 브랜드 프로젝트 디렉터 하나

"'어떻게 이야기를 전할까?' 어라운드의 시작부터 지금까지 가장 많이 한 고민이다. 우리만의 문제가 있지 않을까." 한 가지 주제를 정하기 시작한 29호, 판형을 바꾼 64호, 표지를 리뉴얼한 82호, 10주년을 넘어 100호까지. 어라운드에 머무르고 떠나는 구성원과 매거진의 크고 작은 변화를 포함해 매 호 '어라운드스러움'에 대해 고민하는 한 사람이 있으니

편집장님이다. 백 번째 책이 발행되는 이 기쁨과 영광은 저마다의 《AROUND》를 품고 함께해 주시는 독자, 그리고 아기를 낳으러 가는 길에도 가제본을 들고 가던(무서웠다.) 우리 대장에게 돌린다. 내가 돌릴 영광인지 잘 모르겠지만 아무튼.

Vol.80 '편집장의 글' 중에서

조용한 흥분 | 브랜드 프로젝트 매니저 정현지

"어떤 것이든 좋은 걸 혼자 발견했을 때, 그 순간에 집중해서 갇혀 있는 기분. 저는 그 감정을 조용한 흥분이라고 불러요." 온 마음을 쏟아 결국엔 좋은 걸 발견하거나 만들었을 때 외치는 내 안의 조용한 환호성!(주체하지 못할 때면 자리에서 곧잘 시끄럽게 군다.) 어라운드에서 그런 시간을 차곡차곡 쌓아가는 중이다.

Vol.76 〈말 끝엔 언제나 사랑〉 유지혜—작가

어라운드에서 배운 것 | 브랜드 프로젝트 매니저 지정현

"시간이 축적되어서 쌓여있는 것들. 사라져서 없어지는 연민보다는, 시간이 만든 두꺼운 층, 먼지의 층 같은 걸 좋아해요." 시간이 새겨진 가치를 찾고 닦아 마땅히 있어야 할 곳에 가져다 두는 방법.

Vol.45 〈흘러 모여든 순간에게〉 구본창—사진작가

요즘 매일 생각하는 것 | 브랜드 프로젝트 매니저 이하나

"저는 아름다움이란 '최종의 형태'라고 생각해요. 내면에 켜켜이 쌓아온 것들이 잘 버무려져야만 완성되는 것 같거든요. 아름다움은 애써 꾸민다고 만들어지는 게 아니라 충실하게 쌓아야만 만들어지는 것 같아요." 아름다운 것을 아름답게 볼 수 있는 눈을 가진 사람이 되고 싶다. 요즘 개인적인 최대의 화두다. 아름다움이 뭘까? 그 해답의 실마리를 찾은 것 같다.

Vol.74 〈용기와 조화가 모여〉 이재영—6699press

계절을 주고받는 사이 | 브랜드 프로젝트 매니저 오은정

"오가는 채소를 보면서 나는 왜 사라져 가는 것들이 하나둘 떠올랐을까. 이웃, 마음 그리고 사람." 채소를 교환하는 사이가 머금는 것은 맛뿐만 아니라 다정함과 든든함, 그리고 계절의 단면인가보다. 꽃다발처럼 한아름 주고 받아보고 싶어라.

Vol.72 〈채소 교환 일기: 작가 무과수 X 오송민〉

그날의 기억 | 브랜드 프로젝트 매니저 최하은

"Q. 레지던시 사용 요금은 어떻게 되나요? A. 무료예요. 제로 프랑이죠. 넉넉하게 베풀면 마법 같은 일이 생겨요." 뜻을 모아 작은 찻집을 운영하던 어느 날, 먼 파리의 책방을 보며 남몰래 공명의 기분을 만끽했던 기억이 오늘 하루를 성실하게 살게 한다. 공명할 수 있는 누군가를 기다리며.

Vol.64 〈자본주의 속 노마디즘이 머무는 곳〉
알렉상드르 뒤메렐—0fr.

1년 정기구독

AROUND는 격월간지로 짝수 달 초에 발행됩니다. 정기구독을 신청하시면 어라운드를
온라인 콘텐츠로도 만나보실 수 있으며, 작업실 '발견담'의 이용권을 드립니다.

AROUND 매거진(총 6권) & 온라인 콘텐츠 감상 & 작업실 '발견담' 이용권
97,200원 / a-round.kr

AROUND NEWSLETTER

책에서 못다 한 이야기를 펼쳐 보입니다.
또 다른 콘텐츠로 교감하며 이야기를 넓혀볼게요.
홈페이지에서 뉴스레터를 구독해 주세요.

a-round.kr > Newsletter

Publisher

송원준 Song Wonjune

Editor in Chief

김이경 Kim Leekyeng

Editor

이명주 Lee Myeongju

차의진 Cha Uijin

Art Director

김이경 Kim Leekyeng

Designer

윤원정 Yoon Wonjung

Cover Design Guide

오혜진 O Hezin

Front Cover Image

전진우 Jun Jinwoo

Back Cover Image

강현욱 Kang Hyunuk

Photographer

강현욱 Kang Hyunuk

박은비 Park Eunbi

임정현 Lim Junghyun

최모레 Choe More

해란 Hae Ran

Project Editor

이주연(산책방) Lee Zuyeon

김건태 Kim Kuntae

배순탁 Bae Soontak

전진우 Jun Jinwoo

정다운 Jung Daun

한수희 Han Suhui

한승재 Han Seungjae

Illustrator

심규태 Sim Kyutae

점선면 Jeom Seon-myeon

휘리Wheelee

Marketer

문주원 Mun Juwon

Copy Editor

기인선 Ki Inseon

Management Support

강상림 Kang Sanglim

Publishing

㈜어라운드

도서등록번호 제 2014-000186호

출판등록일 2009년 12월 5일

ISSN 2287-4216

창간 2012년 8월 20일

발행일 2025년 4월 7일

AROUND Inc.

서울시 마포구 동교로51길 27

27, Donggyoro 51-gil, Mapo-gu, Seoul, Korea

광고 문의 / 070 8650 6378

구독 문의 / 070 8650 6375

around@a-round.kr

a-round.kr

instagram.com/aroundmagazine

blog.naver.com/aroundmagazine

어라운드는 나무를 아끼기 위해
고지율 20퍼센트인 재생종이 그린라이트를 사용합니다.